행복을
만드는
기술

행복을 만드는 기술

초판 인쇄 2023년 06월 02일
초판 발행 2023년 06월 09일

지 은 이 강석진, 전영, 이원형, 김성숙, 노동영, 김영순, 전성수
펴 낸 이 박찬익

펴 낸 곳 ㈜박이정출판사
주   소 경기도 하남시 조정대로45 미사센텀비즈 8층 F827호
전   화 031)792-1195   팩   스 02)928-4683
이 메 일 pijbook@naver.com   홈페이지 www.pjbook.com
등   록 2014년 8월 22일 제305-2014-000029호

I S B N 979-11-5848-892-5(03190)
책   값 16,000원

강석진 | 전　영 | 이원형 | 김성숙
노동영 | 김영순 | 전성수

행복을 만드는 기술

우리 시대를 대표하는 학자들이 한자리에 모여
삶을 가치 있게 바라보고 보다 더 행복해질 수 있는
삶의 지혜를 펼쳐 보인다.

박이정

머리말

  행복이 무엇인가란 질문을 참 많이 받는다. 이 세상을 살아가면서 행복하고 싶지 않은 사람은 단 한 명도 없을 것이다. 그런데 행복이 무엇이냐고 물으면 똑 부러지게 이것이다 라고 정의를 내리지 못한다. 일찍이 서구의 역사상 가장 위대한 지성인 중 한 분인 그리스의 철학자 아리스토텔레스는 인간이 지향할 궁극적인 가치를 행복한 삶이라고 규정하고, 행복은 삶의 의미이며 행복은 사람의 목적이고, 행복은 인간존재의 총체적 이유라고 했다. 같은 맥락에서 긍정심리학자들을 비롯하여 세계석학들이 모여 "행복은 무엇인가! 행복은 어디에서 오는가? 어떻게 하면 더 행복할 수 있을까?"라는 질문에 대답하고자 끊임없이 질문을 던지고 연구해 왔다. 같은 문제의식에서 출발하여 각 분야에서 우리 시대를 대표하는 학자들이 한자리에 모여 삶을 가치있게 바라보고 더 행복해질 수 있는 삶의 지혜를 펼쳐 보인다.

  서울대학교 경영대학원 초빙교수를 다년간 역임한 필자 강석진은 시인, 화가, 경영학 박사로서 국내 최초로 세계화경영, 경영전략을 영어로 강의하여 인기를 한 몸에 받고 GE(General Electric) Korea 회장을 역임하고 지금은 융합상생포럼 이사장으로 재직하고 있다. 한 때 미국만이 아닌 세계에서 시가총액금액 기준으로 첫 번째에 해당하는 GE의 총수, 젝 웰치가 강석진을 21세기 한국의 징기스칸이라고 극찬하고 GE Korea 회장으로 임명했다. 또한 박정희 대통령이 초청한 미국의 세계적인 투자금융회사 스쿠우론 회장은 30세의 청년 강석진을 일약 부사장으로 임명했다. 세계의 총수들이 이력서 한 장없이 강석진을 선택한 이유는 뭘까? 뿐만 아니라 삼성, 현대를 비롯하여 수 많은 대기업 성장에 혁혁한 공을 세운 비결은 뭘까! 그 해답은 바로 강석진 필자가 몸소 경험한 성공과 행복을 동시에 이룬 노하우, '행복의 여섯기둥'과 세계 긍정 심리학자들이 일찍이 설파한 행복이론에서 그 비결을 찾는다.

유아교육전문가인 전성수 교수는 행복과 성공을 동시에 성취하는 비결을 유대인 가정의 하브루타에서 찾는다. 하브루타에 대해 필자가 내린 정의는 "짝을 지어 질문하고, 대화하며 토론하고 논쟁하는 것이다. 한 발 더 나아가서 전교수는 유대인의 노벨상과 아이비리그 30%의 비밀, 하브루타를 더 심도있게 파헤친다. 이스라엘까지 건너가서 연구하는 열정을 보이고 이 분야에 관련된 논문 및 서적 3,000권을 독파한다. 나아가서 국회정기학술세미나 위즈덤교육포럼 교육부 장관 특별 정책 과정에서 인하대 전영 교수와 함께 전국에 계시는 교장선생님 1,000여명과 교육전문가들을 모시고 수년간 주제 발표를 하고 전국을 누비고 특강을 하여 많은 호응을 얻은 바있다. 이 연장선에서 교육부 개정 2015 교육과정까지 반영시켜 지금 유치원 초·중·고에 토론 문화가 활발하게 형성되도록하는데 혁혁한 공을 세웠다. 하브루타는 우리에게 있어 모든 교육에 대한패러다임을 바꾸는 교육혁명의 출발점이 될 수 있으며, 하브루타는 우리가 최고의 가치라고 생각하는 행복과 성공을 동시에 가져다 주는 핵심이라고 결론을 내린다.

한국의 대표적인 암 전문가로서 유방암 분야의 세계적인 권위자로 알려진 노동영 서울대학교 의대 명예교수, 강남차병원 원장은 서울대학교부총장, 서울대학교 의과대학교수 겸 서울대학교 병원 강남 센터 원장을역임했다.

그는 행복에 대한 근원적이고 철학적인 질문을 던진다. 그가 말하는행복은 마음 먹기에 달려있다고 한다. 언제 어떤 상황 속에서도 긍정 마인드를 갖고 건강문화를 조성하고, 예술활동이나 신체 활동을 꾸준히 한다면 우리 모두가 행복해질 것이라고 강조한다. 그는 의사로서 환자들과의 일상을 서슴치 않으며 유방암 여성들의 아픔을 덜어주고자 만든 환우들의 모임인 비너스회를 창립하였다. 특히 그가 매일하고 있는 유방암Q&A는 5만여 건을 넘고있다. 그의 행복론은 매일같이 사랑을 실천하면서 얻은 결론이다.

일본 국립 츠쿠바 대학 예술학박사이자 화가 김성숙 교수는 광주교육대학교 미술교육과교수 및 한국미술교육학회장, 이사장, 전국여교수연합회 회장, 이사장을 역임하고, 현재는 광주교대 미술교육과 명예교수로서 한국미술교육학회 자문위원과 한국여교수연합회 고문직을 맡고 있다. 김교수는 행복은 이 순간에도 "현재" 속에 우리와 함께 하고, 지금 여기에서 내가 숨을 쉬는 생명체로서 '살아 있음' 그 존재 자체가 행복이라고 역설한다.

행복은 삶의 순간 순간에 문득 느껴지던 지극히 평온한 상태, 더 이상 바랄 것도 없고, 아무것도 욕구하지 않는 부족함이 전혀 없는 바로 그 상태이다. 행복은 현재 내가 마음먹기에 달려있다. "현재를 잡아라."(carpe diem) 행복은 현재에 내가 생각하는 대로, 내가 마음 먹는대로 이루어진다고 강조한다.

베를린 자유대학교 철학박사 김영순 교수는 교육과학기술부 범부처 범교과체험교육 사업단장 및 전국교육대학원 원장 협의회회장과 한국언어문화교육학회, 한국국제문화교육학회 회장을 역임했다. 현재는 인하대학교 사범대학 사회교육과교수, 인하대 다문화융합연구소 소장, BK21 글로벌 다문화 교육연구단 단장직을 맡고 있다. 김교수는 그리움이란 관점에서 행복을 찾는다. 그리움 자체가 내게 기다리는 시간, 그리워하는 시간, 과거의 추억을 되새겨서 내 삶에 현실로 가져오는 시간들, 그것이 사람이던, 자연이던, 장소이던, 어떤 상황이던간에 이 세상에 존재하는 그리움의 모든 대상은 모두 행복이 된다.

세계적으로 인정받고 있는 이원형 조각가는 페파다인 미술대학 학사.
브리티시 콜럼비아 대학원, 노턴 바몬드 대학원을 모두 수석으로 졸업하
고, 2020년 캐나다 외무성 대표 작가로 선정되었다. 또한 캐나다(네덜란
드, 멕시코) 조각가 협회 고문, 이사로서 활동하며, 한국, 멕시코, 미국 등
에서 Won Lee 미술상이 제정이 되었고, 세계 각도시 매거진, 신문 인터
뷰가 계속되고, 미국, 한국, 영국, 캐나다, 콩고, 중국, 멕시코, 베트남, 싱
가포르 등 전세계에 대형 작품을 설치했다.

이원형 조각가는 시간의 흐름을 잊고 자연속에 묻혀 자유를 만끽하고
내 영혼과 함께 소망하는 작품 속에 빠져 성취감과 행복을 느낀다. 때로
는 시간을 사색하고, 예술을 사색하고, 끊임없이 도전의 가치란 관점에
서 행복을 바라본다. 또한 그는 자연과의 만남, 아름다운 인간관계에서
또 다른 행복을 체감한다. 때로는 작품과의 무언의 대화를 통해 작품과
만나고 작품의 세계로 흠뻑 젖어 몰입하는 가운데 행복을 느낀다.

월드 피스코 아카데미 대학원 원장 및 교수와 인하대학교 사회교육학
과, 교육대학원 교수, 대한민국 사이버국회 국회의장(공동), 대한민국을
빛낸 21세기 한국인상 심사위원장을 역임하고 현재는 국제지도자연합
부회장, 위즈덤교육포럼공동대표, 국회인성교육실천포럼자문위원을 맡

고 있는 전영 교수는 그동안 행복학 연구에 긴 세월을 바쳐오면서 행복은 그냥 오는 것이 아니라 내가 만드는 것이다라고 확신한다. 그리고 '감사'를 아는 삶, '감사하다'는 마음을 갖는 것이 행복의 제 1 조건이라고 힘주어 말한다. 또한 인생은 짧다. 하루라도 빨리 의미있고 즐거운 일을 찾고, 자기가 정말 제일 잘할 수 있는 일을 찾아서 현재 자기가 하는 일에 열정을 다하고 몰입해서 성취감과 행복을 느껴보라고 역설한다.

끝으로 이 책이 나오도록 처음부터 마무리까지 소처럼 우직하게 아낌없는 성원과 보살핌을 주신 '행복연구전문가' 前 월드피스코 아카데미 대학원 원장 전영 교수, 강석진(융합상생포럼이사장), 이원형 조각가, 김성숙(광주교대교수), 노동영(서울대교수), 김영순(인하대교수), 전성수(前 부천대교수)님들께 감사의 마음을 전합니다. 그리고 이 책의 출판을 쾌히 승낙해주신 ㈜박이정 박찬익 사장님과 편집부 직원들에게도 깊은 감사를 드립니다.

2023년 4월 1일

서울대학교 전 부총장
서울대 의대 명예교수
저자대표   노동영

목차

01

어떻게 이력서 한 장 없이
꽃길만 걸었는가?

강석진 (Kang Suk Jean)

화가, 시인, 경영학 박사

전) GE Korea 회장, 서울대 경영대학원 초빙교수,

융합상생포럼 이사장

행복은 가장 가까운 사람들과 사이좋게 지내는데서 온다. 가족과 친구,

직장동료, 사업상 파트너도 마찬가지다. 결국 이러한 모든 인간관계가 바로

행복의 핵심요소이다. 혼자서는 결코 행복이나 삶의 의미를 찾아볼 수 없는

것이다. 우리가 추구하는 성공과 행복 모두 인간관계에서 비롯된다.

01
어떻게 이력서 한 장 없이 꽃 길만 걸었는가?

행복에 대한 나의 생각

인간이 처음 갓난아기로 세상에 태어났을 때는 우주의 창조주께서 지구별에 보내주신 가장 순수한 생명체다. 의식이 깨어나면서 신기한 세상을 처음으로 보게 되며 처음에는 순수한 호기심에 가득 찬 마음으로 세상을 바라본다.

나이가 들면서 철이 들기 시작하고 지능이 깨어나면서 좋아하는 것과 하고 싶은 일 그리고 하기 싫은 일을 알기 시작한다.

철이 들면서 좋아하는 일을 할 때는 행복을 느끼게 되고, 좋아하는 일을 더 하고 싶어한다. 좋아하는 일을 할 수 없게 될 때, 아쉬운 마음은 있을 수 있으나 아직 불행하다는 생각은 하지 않는다. 어린 나이에는 불행이라는 용어의 뜻이나 불행하다는 느낌을 아직은 알지 못하기 때문이다.

나이가 들며 사회 안에서 활동하게 되었을 때 인간은 행복이라는 감정과 때로는 불행하다는 감정을 느낄 수가 있게 된다. 다른 사람들과 나를 비교하게 되며 다른 사람들이 누릴 수 있는 것을 나는 할 수 없다는 것을 알게 될 때 불행하다고 생각을 할 수가 있다. 이때부터 인간은 행복을 추구하기 위해 행복한 삶을 위해 최선의 노력을 다하게 되며 노력과 능력에 따라 행복을 느끼는 수준의 차이가 생기면서 삶의 질이 여러 형태로 나타난다.

인간은 삶에 대한 근본적인 의문을 가지게 되며 "우리는 어떻게 행복해질 수가 있는가?"에 대한 해답을 찾으려고 노력하게 된다.
또한 "행복은 어디에서 오는 것인가?"라는 원천적인 질문에 대한 답을 찾아서 자신의 삶을 보다 행복한 것으로 만들고 싶어하며 누구나 행복을 추구하게 된다.
이때부터 인간은 불행이라는 개념도 알게 되며 불행해지지 않기 위해 최선을 다하며 노력하게 된다.

과연 행복이란 무엇인가?

사전에는 행복이란 일상생활에 만족하며 즐겁고 흐뭇하게 느끼는 감정이나 상태라고 쓰여 있다. 사람들은 흔히 돈이 많으면, 명문대학에 합격하면, 좋은 직장에 취직하면, 매우 행복할 것이라고 생각한다. 그러나 그것은 착각이다. 일시적으로 행복을 느끼는 것은 사실이지만 지속적으로 정서적으로 그렇게 행복하지 않다는 것이다. 왜냐하면 행복은 자신 밖에 있는 것이 아니라 자신의 내면 안에 있기 때문이다. 일찍이 서구의 역사상 위대한 지성인 중 한 분인 그리스의 철학자 아리스토텔레스는 2천3백 년 전에 행복은 마음먹기에 달려 있다고 하지 않았던가!

세계적으로 행복학 강의로 잘 알려진 하버드 대학교의 탈 벤 샤하르(Tal Ben Shahar)교수는 행복은 "즐거움과 의미의 포괄적인 경험"이라고 말하면서 행복한 사람은 긍정적인 감정과 삶의 의미를 함께 느낀다고 정의한다. 또한 캘리포니아 주립대학교 류보머스키(2007)교수는 행복을 "즐거움 만족 또는 웰빙을 누리면서 자신의 삶이 좋고 의미 있으며 가치 있다고 생각되는 상태"라고 정의한다.

이외에 긍정심리학의 창시자 마틴 셀리그만을 비롯하여 세계적 석학들의 견해를 종합해보면 "행복은 즐겁고, 삶에 의미가 있고, 삶이 만족스러우며, 일시적 순간적이지 않고 지속적으로 정서적으로 마음이 평온한 상태"라고 정의한다 (전영, 2016).

따라서 우리는 행복한 인생을 살아가는 방법에 대해 마음을 비우고 깊이 있게 생각하게 된다. 무엇이 우리를 행복하게 하고 행복은 어디에서 오는 것인가? 우리는 어떻게 행복해질 수가 있는가? 이러한 근본적인 질문에 대한 나의 생각을 정리해 보면서 나 자신의 진정한 행복이 무엇인지? 나의 행복은 어디에서 어떻게 오게 되는 것인지? 그 행복의 근원을 추구해 보려고 한다.

무엇이 우리 인간을 행복하게 하는가?

행복은 물질적인 만족에서보다는 정신적인 만족에 더욱 많은 영향을 받게 된다고 행복연구가들은 말한다.

물질적 경제적 부에서 행복을 추구하는 사람들도 많이 있지만 경제적인 부를 충분히 누리고 있으면서도 정신적으로는 행복하지 못한 사람들도 있다. 사회적인 지위를 통해서 행복한 삶을 추구해온 사람들도 있지만, 인정받는 지위를 가진 사람들 중에도 정신적으로 행복하지 못한 사람들이 있다. 또한, 신체적으로는 건강한 사람들 중에서도 정신적으로는 건강하지 못하고 행복하지 않은 사람들도 흔히 본다.

반면에 물질적으로는 소유한 것이 별로 없어도 행복한 사람들, 정신적으로 영적으로 행복한 삶을 살아가고 있으며 주변의 사람들과 사회로부터 존경을 받는 사람들도 우리 주변에서 많이 본다.

　물질적인 욕망과 사회적인 지위에 대한 욕구를 버리고 정신적 영적인 수도를 하면서 행복을 추구하고 있는 수도자들과 종교 지도자들을 우리는 존경하고 있다. 그들은 영적으로나 정신적으로 가장 행복한 인생을 살아가고 있는 것이다.

　경제적으로는 소박한 삶을 살아가고 있으면서도 자신이 좋아하는 일에 몰입하여 정신적으로 행복한 시인과 문인들, 예술가들을 볼 수가 있으며 그들은 사회의 많은 사람들로부터 사랑받고 있다.

　물질적으로나 사회적 지위는 평범한 서민들 중에 정신적으로는 가장 행복하게 살아가고 있는 소박한 사람들을 우리의 주변에서 많이 볼 수가 있으며, 나는 그들의 욕심이 없는 소박한 삶을 존경하고 부러워하고 있다.

　이제 우리는 행복에 대한 근본적인 질문을 할 수밖에 없다.

　따라서 행복한 인생을 살아가는 방법에 대해 마음을 비우고 깊이 생각하게 된다.

　무엇이 우리를 행복하게 하고, 행복은 어디에서 오는 것인가? 우리는 어떻게 행복해질 수가 있는가?

　이러한 근본적인 질문에 대한 나의 생각을 정리해보면서 나 자신의 진정한 행복이 무엇인지 나의 행복은 어디에서 어떻게 오게 되는 것인가를 다시 한번 생각을 정리하면서 행복의 근원을 추구해보려고 한다.

내가 경험한 행복의 여섯 기둥

우리가 집을 지을 때 견고한 대들보와 탄탄한 기둥이 반드시 필요하듯이 내가 경험한 행복의 여섯 기둥이 행복에 어떤 역할을 해 왔는지 설명 하고자 한다.

첫째, 성실한 삶이 성공과 행복의 원천이었다.

둘째, 행복은 성실한 인간관계에서 비롯하였다.

셋째, 내가 좋아하는 일을 즐거운 마음으로 성실한 자세로 최선을 다했다

넷째, 가치 있고 의미 있는 일을 소중하게 생각하면서 최선을 다했다.

다섯째, 나에게 주어진 일에 성실한 자세로 모든 열정을 쏟으며 몰입했다.

여섯째, 내가 책임을 지고 맡은 일에 성실히 최선을 다한 결과, 하는 일에서 성취감과 행복을 느꼈다.

<행복과 성공의 핵심요소 상관관계>

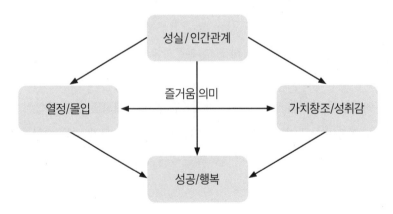

첫째: 성실한 삶이 성공과 행복의 원천이다.

아래의 글은 외과의사인 아툴 가완디(Atul Gawande)가 저술한 뉴욕 타임스 베스트셀러 1위에 오른 책 속에 나오는 내용이다. 훌륭한 의사가 되는 비결은, 첫째, 환자를 돌보기 전에 반드시 손을 씻어라, 둘째, 정성을 다하고 성실하게 환자를 돌봐라. 셋째, 진단이 확실치 않으면 체크리스트를 작성하라.

이것은 누구나 할 수 있는 평범한 일이다. 그렇지만 뉴욕 타임즈가 선정한 베스트셀러에 담긴 메시지는 단지 이 세 가지뿐이다.

사실, 수술하는 사람이 손을 씻지 않고 수술한 결과 감염이 되어서 죽은 환자뿐만 아니라 성실히 진료하지 않아 실수로 죽은 환자가 한 두 명이 아니라고 실토한다.

바둑은 한 수 한 수를 놓고, 한 번 놓은 바둑알은 절대로 되돌릴 수 없다. 생각 없이 대충 놓았던 그 한 수가 결국 판을 좌우하는 결정적인 한 수가 될 수 있기 때문이다.

정주영 전 현대 명예회장은 쌀가게에서 일하던 젊은 시절, 새벽 4시에 출근해서 가게 앞을 깨끗이 청소하고, 남의 눈치 보지 않고 스스로 주인처럼 일할 때도 하루하루 성실하게 최선을 다했다고 한다. 성실한 삶은 바로 그런 자세다. 세상에 성실하지 않고 성공한 사람은 아무도 없다. 성공한 사람은 그 비결을 '성실'이라고 말한다. 행복도 마찬가지다.

우리 사회 어느 곳에서도 성실한 사람은 보물과 같은 존재다.
성실의 사전적 의미는 "정성스럽고 참되어 거짓이 없음"으로 표기되어 있다.

초등학교 6년 개근은 성실한 모범 학생으로 우등생 이상으로 높이 평가를 받고 있다.

필자도 초등학교 6년, 중학교 3년, 고등학교 3년, 모두 12년을 개근한 것에 대하여 주위 사람들로부터 많은 칭찬을 받았다. 사실 개근은 성실의 상징이기 때문이다. 흔히들 CEO는 정직하고 성실해야 한다고 강조한다. 공자는 '오로지 성실하고 신용을 지키는 사람만이 다른 사람으로부터 존경과 신임을 받을 수 있다고 말했다.' 어떤 상황이라도 불성실한 사람은 인격적으로 대우받기 어렵다.

성실한 사람은 교만하지 않고 겸손한 삶을 살며 항상 긍정적인 사고로 목표를 위해 최선의 노력을 다한다. 일찍이 2,300년 전에 아리스토텔레스는 '인격이 최고의 행복'이라고 간파했다. 한국에서 철학의 아버지라고 존경받는 연세대 김형석 명예교수는 "행복은 인격의 산물이며 인격을 완성하고 승화하는 요소"라고 한다. 사실 우리가 말하는 인격 속에는 성실이 녹아있고, 또한 성실 속에는 거짓이 없고 진실이 포함되어 있다.

행복연구전문가 전영 교수는 특히 세계의 석학, 긍정심리학자들이 주장하는 행복의 핵심요소인 긍정정서, 의미, 몰입, 관계, 성취에도 모두 일상에 나타나는 성실함이 스며 있다고 강조한다. 또한 성실한 사람은 언제나 자기 부족함을 느끼고 인정하면서 살기 때문에 최선의 노력을 아끼지 않는다고 한다.

성실은 최고의 재산이다. 세계적인 투자가로 명성과 부를 성취한 워런 버핏은 "신뢰는 만들어지는데 평생이 걸리지만, 무너지는 데는 단 5분도 안 걸린다."는 명언을 남겼다. 이 명언 속에 깊이 담긴 보석은 바로 성실이다. 버핏은 부연하기를 성공하는 데는 여러 요소가 있지만 가장 중요한 요소는 바로 '성실'이라고 주장한다.

심지어 '성실'이란 요소가 빠지면 나머지 요소는 모두 무용지물이라고 말할 정도로 성실의 중요성을 강조한다. 평소 버핏은 매우 검소하면서도 겸손한 성품을 지닌 사람이다. 그가 남긴 또 하나의 명언이 있다. "정직은 아주 비싼 재능이다. 정직하지 않은 인간들에게는 기대하지 말라"고 일침을 가한다. 버핏이 주장하는 성실 속에는 성공, 행복, 검소, 겸손, 인내, 끈기, 정직이 깃들어 있음을 설파한 것이다.

필자의 입장에서도 지난 세월을 반추해보면, 어떻게 이력서 한 장 없이 당시 세계 최고의 기업인 미국 GE(General Electric)에서 필자를 영입하였으며, GE의 최고경영자이자 세계에서 가장 존경 받는 경영의 대가인 잭 웰치 회장의 확고한 신뢰를 받을 수 있었는가? 그리고 '21세기 한국의 징키스칸'이란 칭송을 받으면서 28년동안 흔들림 없이 GE-Korea의 경영을 책임지며 GE의 세계화 경영의 성공사례를 한국에 구축할 수 있게 된 비결은 무엇인가? 그것은 '성실'을 바탕으로 GE의 경영자들과 상호 신뢰와 협력을 할 수 있는 성실한 인간관계가 있었기 때문이었다.

GE에서 모든 열정을 쏟아온 28년간의 경험을 뒤돌아 보면 경영리더의 가장 중요한 덕목은 "성실"이라고 자신 있게 말하고 싶다. 행복의 여섯 가지 기둥에는 성실이 그 기본 바탕으로 되어있다.

둘째: 행복은 성실한 인간관계에서 나온다.

인간은 태어나서 죽을 때까지 한 순간도 사회를 떠나서 살 수 없다. 그래서 일찍이 세계적 철학자 아리스토텔레스가 "인간은 사회적 동물"이라 하지 않았던가! 인간은 가정에서 부모와 자녀, 형제자매, 학교에서 친구와 동료, 선후배, 일터에서 상사와 직장 동료, 전략적 협력 파트너, 그리고 사회집단에서 여러 계층의 사람들과 끊임없이 서로에게 영향을 주고받으며 관계를 맺으면서 살아간다. 하버드 대학에서 72년 동안 추적조사와 집중 연구한 결과에서도 인생에서 가장 중요한 것은 인간관계 (Human Relationship) 라고 밝혔다.

<모나리자 미소의 법칙>을 쓴 행복 연구의 대가 에드워드 디너(Edward Diener)와 긍정 심리학의 창시자인 마틴 셀리그만(Martin Seligman)도 매우 행복한 사람들의 공통점은 상호 존중하며 신뢰하는 다양한 인간관계를 맺고 있다는 사실을 매우 행복한 범주에 속하는 사람들을 집중적으로 연구 조사하여 밝혀냈다. 또한 원만한 인간관계가 행복의 가장 중요한 요소라는 사실을 간파했으며, 행복한 사람들이 사교적이고, 외향적이며 긍정적인 성향을 지니고 있다는 사실도 밝혔다.

행복은 가까운 사람들과 사이좋게 지내는 데서 온다. 가족과 친구, 직장동료, 사업상 파트너도 마찬가지이다. 결국, 이러한 모든 인간관계가 바로 행복의 핵심 요소이다.

혼자서는 결코 행복이나 삶의 의미를 찾아볼 수 없는 것이다.

하버드 대학교 알프레드 위간(A.E.Wiggan) 박사가 각 분야에서 실패한 사람들을 대상으로 조사한 연구보고서에 의하면 전문적인 지식의 결여로 실패한 사람들은 전체의 불과 15%밖에 안되며, 나머지 85%의 실패자들은 모두 인간관계를 잘못했기 때문이라고 한다. 또한 미국의 카네기 재단에서 사회적으로 성공한 사람들을 대상으로 "당신이 성공한 비결은 무엇입니까?"라는 질문의 설문 조사를 5년 동안 한 연구 결과에서도 재능, 기술, 노력보다는 인간관계를 원만하게 잘했기 때문이라고 한 응답이 85%나 됐다고 한다.

필자가 28년간 GE에서 모든 열정을 쏟으며 자신 있고 행복하게 일을 할 수가 있었던 것은 잭 웰치 회장뿐만 아니라 함께 일했던 모든 GE의 동료 임직원들과 상호 신뢰를 바탕으로 하는 성실한 인간관계를 지켜왔기 때문이라고 확신한다.

우리가 추구하는 성공과 행복도 모두 인간관계에서 비롯되며 더불어 인간관계를 좋아지게 하는 열쇠도 있다. 바로 감사이다. 유대인의 지혜 보물창고, 탈무드에는 "세상에서 가장 지혜로운 사람은 배우는 사람이고, 세계에서 가장 행복한 사람은 감사하며 사는 사람이다."라고 쓰여있다. 감사하는 습관은 성실한 인간관계를 유지하는 데 있어 매우 중요한 요소이다.

* 오늘부터 매일 감사 일기를 써보세요.

　행복연구전문가 전영교수의 증언과 감사나눔신문에서 오랜 세월 실천해온 경험과 사례에 의하면 감사일기를 매일 쓰게 되면 행복감이 증진되는 것을 느낄 수 있다고 한다. 감사에는 즐거움과 고마움의 의미가 담겨있고 진정한 즐거움의 원천이 될 수 있다. 감사는 사랑의 감정이며, 감사 속에 칭찬, 인정, 격려가 스며 있고, 소통, 배려, 나눔, 존중, 겸손 등 행복한 인간관계의 기반이 담겨있다.

　감사하는 태도는 바로 즐거움의 원천이고, 감사하는 마음 자체는 더 진정한 참 행복의 원천이 되는 것이다. 감사하는 마음으로 긍정적인 측면에 초점을 두고 매일 감사일기를 쓰게 되면 저절로 긍정마인드가 형성된다. 매일의 일상에서 좋은 일을 찾아내고 감사하는 것은 우리의 일상생활에서 무한한 행복의 잠재력을 쌓는 시초가 된다. 우리가 쓰는 감사편지, 감사일기, 감사 연습하기와 같이 매일 매일 모이는 그 힘들이 언젠가는 나비효과로 나타나 우리의 삶에 긍정적인 기적을 가져올 것이다.

　매일 매일 쓰는 감사일기의 나비효과는 캘리포니아 데이비스 대학교의 심리학과 로버트 에먼스 교수와 마이애미 대학교 심리학과 마이클 매킬로프 교수의 실험에서도 밝혀졌다. 감사하는 태도를 가진 사람은 정신적 상처와 스트레스를 훨씬 덜 받게 되고, 긍정적인 마음을 유지하는 사람들은 부정적인 사람들에 비해 더 강한 면역력을 갖고 있으며 위장기능이 좋아지고, 혈액순환이 잘되고, 체내독소가 줄어들어 항암작용도 잘된다고 한다. 또한 같은 스트레스를 받는 상황에서는 사실, 질병의 위험에서 벗어나 평균 10년 이상 장수한 것으로 밝혀졌다.

이처럼 감사의 위력은 점점 각박해지는 이 사회에 큰 힘이 되고 있다. 누구나 진심으로 감사하게 되면 그에 대한 감사가 자신에게 돌아오는 부메랑효과가 있다. 또한 플라시보 효과(Placebo effect, 환자의 심리적 요인에 의해 병세가 호전되는 현상)와 같은 치유 효과도 거둘 수 있다. 실제 암 수치도 내려가는 것이 밝혀졌다.

감사하는 마음과 태도는 깨달음을 주고, 관계를 회복시켜주며, 잘된 일과 잘못된 일을 구별해줄 뿐만 아니라 사려 깊은 사람이 되게 하고, 깊이 생각하는 습관을 갖게 해준다. 더불어 행복을 느끼는 것은 물론 대인관계도 원만해지고 잠재력 계발 및 창의력, 판단력, 분석력, 종합적 사고력에도 큰 도움을 주어 삶의 질을 높이는데도 큰 도움을 준다는 것이 세계 석학들의 연구에서도 확인되었다.

감사나눔의 실천은 이처럼 "나 자신에게는 잠재능력 개발에 긍정심리를 심어주고 가정에는 나눔과 배려의 문화를, 일터에는 소통과 화합의 분위기를 만들어 주고, 사회는 함께 행복한 사회가 되고, 이것이 다시 선순환으로 이어져 자신에게 더욱더 많은 행복과 긍정을 가져다 준다"고 한다. (손욱, 2013)

* 오늘부터 바로 실천하는 것이 비결이다.

오늘부터 매일 잠들기 전에 기분 좋은 일, 만족스러운 일, 행복한 일, 감사한 일 등 다섯 가지를 우선 21일 동안만 써보자. 문제는 실천이다. 우선 오늘부터 바로 실천하는 것이 비결이다. 이 다섯 가지 '감사일기'는 초등학생부터 대학교 총장님까지 누구나 쉽게 할 수 있다.

감사일기를 쓸 때는 감사한 이유와 감사의 대상이 있다. 이때 대상은 사람이 될 수도 있고, 감사를 느낀 상황이나 사물, 자연환경도 될 수 있다. 감사는 깨달음이자 긍정마인드이며 감사를 통해 사고력이 풍부해지고 생각하는 힘이 크게 달라지는 것을 느낄 수 있을 것이다.

* 다음은 감사일기 쓰는 방법과 감사일기의 실제 사례이다.

감사일기 쓰는 방법

• 큰 것보다 작은 것에 감사하십시오.

• 미래보다 현재에 감사하십시오.

• 가장 가까운 사람에게 감사하십시오.

• 감사로 눈을 뜨고 잠자리에 들 때 감사하십시오.

• 날마다 반복되는 소소한 일상에 감사하십시오.

• 무슨 일이든 당연하게 생각하지 말고 의식적으로 감사하십시오.

• 입술에서 감사 찬양이 떠나지 않게 하십시오. 감사하십시오.

• 다른 사람에게 먼저 감사하십시오.

• 하루에 100번 이상 감사하십시오.

• 평생감사를 가훈으로 삼으십시오.

<365일 날마다 감사> 중에서

사례 1 인성초등학교 3학년 (홍*인) 학생이 쓴 감사일기

- 즐겁게 수업을 할 수 있게 해주셔서 감사합니다.
- 친구들과 사이 좋게 지낼 수 있게 해주셔서 감사합니다.
- 선생님! 우리에게 공부를 잘 가르쳐 주셔서 감사합니다.
- 아빠! 영어를 잘 가르쳐 주셔서 감사합니다.
- 엄마! 밥을 맛있게 먹을 수 있게 해주셔서 감사합니다.

사례 2 인하대학교 1학년 (조*석) 학생이 부모님께 드리는 다섯 가지 감사일기

- 오늘도 무사히 등교하게 해주셔서 감사합니다.
- 부족함이 없게 자라나게 해주셔서 감사합니다.
- 어디가도 손가락질 받지 않게 가정교육을 잘 시켜주셔서 감사합니다.
- 기대에 미치지 못해도 격려해주시고 칭찬해주셔서 감사합니다.
- 집안이 화목하여 집안일에 대해 고민하지 않게 해주셔서 감사합니다.

사례 3 대림대학교 제갈정웅 총장님 다섯 가지 감사일기

- 감사 효과를 많은 사람들에게 알릴 수 있어 감사합니다.
- 감사 특강 강의료로 학생들에게 장학금을 줄 수 있어 감사합니다.
- 저희 대학교 전교생이 감사일기를 쓰기 시작하여 감사합니다.
- 감사일기로 가까운 사람들의 삶이 변화되는 것을 볼 수 있어 감사합니다.
- 감사로 동양문화와 서양문화의 연결고리를 발견할 수 있어 감사합니다.

사례 4 **필자(전 서울대학교 경영대학원 초빙교수)의 감사일기**

- 이 아름다운 세상에 나를 태어나게 해주신 부모님께 감사합니다.
- 밝은 하루를 시작하게 해 주신 저 푸른 하늘의 태양에게 감사합니다.
- 봄이 온 것을 나에게 알려 준 남산 길의 개나리 꽃들에게 감사합니다.
- 아름다운 풍경화를 그릴 수 있게 해주신 대자연의 따뜻한 마음에 감사합니다.
- 나의 건강을 항상 염려 해주는 가족들에게 감사합니다.

셋째: 내가 좋아하는 일을 즐거운 마음으로 성실한 자세로 최선을 다했다.

일(work)과 관계(relationship)을 떠나서는 하루도 살아갈 수 없다. 특히 내가 좋아해서 선택한 일과 직업은 행복에 있어서 매우 중요하다.

직업을 연구하는 학자들은 직업을 인생의 수로에 비유한다. 그래서 그 사람의 직업에 해당하는 수로가 정해지면 인생에 해당하는 물이 흘러가는 방향은 다 정해진 것이라고 주장한다.

서양의 격언에서도 배우자와 직업이 정해지면 개인의 인생은 다 정해졌다고 하면서 직업의 중요성을 강조한다. 일과 직업의 만족도를 결정하는 가장 중요한 요인은 우선, 직업을 선택하는 사람의 가치관, 취미, 적성, 성격, 능력 등이며 이를 깊이 있게 고려해야 한다.

또한 직업의 업무 특성, 본인의 능력, 자질 그리고 직장 환경 및 미래 전망 등을 폭넓게 살펴 보아야 한다. 하지만 무엇보다도 가장 중요한 것은 내가 가장 좋아하는 것은 무엇이고, 내가 가장 잘 할 수 있는 것은 무엇인지 그리고 내가 정말 하고 싶은 것은 무엇인지를 찾아내는 것이다.

그래서 긍정심리학의 대가 마틴 셀리그만(M. Seligman)은 진정으로 느낄 수 있는 행복은 자신이 가장 잘 할 수 있는 강점을 찾고 그 강점을 일상에서 발휘하는 것이라고 하지 않았던가. 또한 다중지능 이론의 창시자 하버드 대학교 교수 하워드 가드너도 마틴 셀리그만이 상기 언급한 내용에 대하여 격찬을 했다.

필자가 신입생으로 입학했을 당시의 약학과는 누구나 선망하고 부러워하는 학과였다. 하지만 일년 동안 수업을 받아보니 나의 적성에 맞지 않았고 흥미가 생기지 않았다. 뿐만 아니라 제일 선호하고 잘 할 수 있는 과목이 아니었다.

사실 나의 선호도와는 무관하게 당시 내가 졸업했던 고등학교에서 최우수학생 특별추천으로 무시험 입학한 것이 바로 약학과였던 것이다. 혼자 고민 하던 끝에 대학의 학장님과 솔직한 심층 면담을 하였으며 학장님께서 심사숙고 후 경제학과로 전공과목을 바꿔 주셨다.

이때부터 필자는 신나게 모든 열정을 쏟으며 경제학을 전공하였으며 최호진 교수님, 백영훈 박사님과 같은 당대 최고의 경제학 교수님들에게 직접 배울 수 있게 되었다. 또한 사회에 진출해서도 경제와 관련된 무역과 경영 분야에서 열정을 쏟으며 최선을 다할 수 있게 되었다.

* 사회 첫 출발, 좋아하는 일을 즐거운 마음으로 했다.

대학에서 경제학과를 졸업하고 첫 직장으로 당시 국내의 대표적인 대기업 입사시험에 합격하여 출근 준비 중에 있을 때 전혀 예기치 않은 일이 생겼다.

대학재학 중 입주가정교사로 자신의 아들을 성실하게 가르쳤던 필자에게 좋은 인상을 가졌던 당시 상공부장관께서 대학을 졸업하는 성실한 시골 출신 젊은이를 그가 신뢰하는 수출무역회사 회장에게 추천한 것이었다. 당시 수출은 정부의 최우선 경제정책 과제였으며 국가경제의 미래가 수출에 크게 의존하고 있었기 때문에 기회가 주어진다면 꼭 하고 싶었던 일이었다. 그래서 입사시험에 합격했던 대기업 현대건설을 포기하고 수출전문 중견기업 무역회사를 선택하게 되었다.

그것이 필자의 사회 첫 출발로 외국의 고객들을 대상으로 하는 수출업무를 직접 책임지는 무역 분야에서 활동을 하게 되었다. 세계시장을 향한 수출을 사회 첫 직업으로 선택했던 것이 내 인생의 가장 가치 있는 일이었으며 나의 미래를 위한 소중한 출발과 경험의 기회가 되었다. 좋아하는 수출무역 분야에서 보람을 느끼면서 모든 열정을 쏟아 소신껏 일했으며, 그 결과 20대 중반부터 국내 무역 분야에서 젊은 엘리트로 인정을 받게 되었다.

하고 싶은 일, 좋아하는 분야의 일이라면 그동안 경험했던 일과는 전혀 다른 새로운 분야의 일일지라도 실패에 대한 두려움보다는 도전 정신과 자신감을 가지고 긍정적인 마음으로 모든 열정을 쏟으며 책임감 있게 일을 하였다.

무역분야에서 해외시장과 외국인 고객들을 상대로 일을 하면서 넓은 세계를 알게 되었을 때 세계 무대에서 활동하는 것이 나의 미래의 꿈이 되었다.

수출을 직접 책임을 지고 나의 모든 열정을 쏟으며 최선을 다한 무역 회사가 성공적으로 발전했던 28세의 젊은 나이에 나의 미래의 꿈을 실현하기 위해 20대의 모든 열정을 쏟아온 회사를 떠나 세계에서 가장 큰 나라 미국으로 가기로 결심을 하였다.

* 넓은 세계무대를 향한 새로운 꿈에 도전을 하다.

세계무대를 향한 첫 출발로 미국의 대학에서 석사과정을 마친 후 미국사회에서 활동을 할 계획을 세웠다. 한 번도 가본 적이 없는 미국에는 아무런 지인도 없었지만 워싱턴이 미국의 수도이므로 당연히 미국의 중심 도시라고 생각하고 목적지를 워싱턴으로 결정하였으며 경제적인 자립 문제는 현지에서 아르바이트를 하면서 직접 해결할 계획이었다.

1968년 당시 아무런 지인도 없는 워싱턴 공항에 처음 도착한 나에게 전혀 예기치 않은 일이 생겼다. 나의 워싱턴 도착을 사전에 알고 공항에서 나를 기다리고 있었던, 한번도 보지도 못하고 듣지도 못한 워싱턴의 한국교민회 회장을 처음 만나게 된 것이다.

미국에 올 때까지 전혀 생각지도 못했던 일이었다.

스텐리 리(Stanley Lee) 워싱턴교민회 회장은 미국에서 성공한 사업가였으며 당시 새로운 미래 산업으로 아시아 지역과의 교역을 위한 무역회사를 미국에 설립 하였으나 미국의 교민 중에서는 국제무역 분야에 경험이 있는 사람을 찾을 수가 없어 한국에 있는 그의 서울대학 동창 중에 무역회사를 경영하고 있는 친구에게 자신이 설립한 무역회사의 경영을 맡길 수 있는 무역분야의 유능한 젊은이를 한국에서 찾아 달라고 부탁하였다. 그의 친구는 무역계에서 인정하는 젊은이 필자 강석진을 추천했고, 그가 근무했던 무역회사로 연락해서 강석진은 얼마 전 회사를 그만 두고 미국으로 떠났으며 며칠 후에는 워싱턴 공항에 도착하게 된다는 정보를 알게 되었다. 이렇게 하여 교민회 회장이 워싱턴 공항에서 나를 기다렸다가 처음 만나게 된 것이었다.

이처럼 전혀 예기치 않았던 일로 인해 워싱턴 교민회 회장의 무역회사 일을 맡게 되면서 워싱턴에서의 첫 미국생활이 시작 되었으며 미국에서 처음 경제 자립을 위해 계획했었던 접시 닦기 같은 아르바이트 일은 한번도 해 보지 못하였다.

교민회 회장의 추천과 보증으로 인근 메릴랜드대학 석사과정에 등록 하였으며 거주할 아파트 숙소까지 임대할 수 있었다.

* 새로운 분야인 미국 투자금융회사에서 아시아지역 투자프로젝트 담당 부사장으로 발탁된 특별한 경험

워싱턴에서의 생활이 안정되고 반년쯤 지났을 때 나에게 전혀 예기치 못한 일이 일어났다. 어느 날 워싱턴 시내의 무역회사 사무실에서 일을 마치고 숙소로 돌아온 나에게 낯선 전화가 걸려 왔다. 전화를 하신 분은 놀랍게도 뉴욕에 있는 미국 투자금융회사의 유진 스코우론(Eugene Skowron)

회장이었다. 그는 나에게 새로 시작한 아시아지역 투자사업부를 맡아달라고 간곡하게 부탁을 하면서 수일 내에 뉴욕에서 만나자고 했다.

외국인 투자유치를 최우선 목표로 추진한 박정희 대통령 정부의 초청으로 한국을 처음 방문했던 유진 스코우론 회장은 그가 한국을 방문했던 일주일 동안 함께하며 자신을 성실하게 보좌해 주었던 한국의 젊은이로부터 좋은 인상과 감동을 받았으며 언젠가 그의 회사가 아시아 지역 투자 사업을 추진하게 된다면 그 젊은이에게 경영의 책임을 맡겨야겠다고 생각했던 것이다. 그는 한국 정부의 도움으로 워싱턴에 있는 나의 연락처를 알게 되었다고 했다.

다음날 이 사실을 워싱턴 교민회 회장에게 설명하자 그는 나와 함께 뉴욕으로 가서 투자금융회사의 회장을 직접 만나 보자고 하였다. 며칠 후 뉴욕의 스코우론 회장 사무실에서 함께 만나 몇 시간을 논의한 후에 스텐리 리 교민회 회장은 강석진은 자기가 꼭 필요로 하는 무역 분야 전문가지만 젊은이의 미래를 위해서는 자신이 양보하겠다고 결정내렸다.

이렇게 하여 미국 투자금융회사의 유진 스코우론 회장으로부터 사전에 전혀 예기치 않게 직접 발탁이 된 필자는 30세에 일약 최연소 부사장으로 임명되어 아시아지역 사업의 해외투자 프로젝트를 직접 책임지게 되었던 것이다.

그 당시 미국에서 새로운 사업 분야였던 해외투자 사업을 직접 추진하면서 앞으로 다가오는 시대에는 세계화 경영이 가장 중요하게 될 것이라는 사실을 직접 이해하게 되었으며 맡은 일의 중요성을 인식하고 좋아하게 되면서 모든 열정을 쏟으며 최선을 다하였다.

필자가 처음으로 열정을 쏟으며 추진하였던 사업은 첨단 반도체 생산 사업의 한국투자 프로젝트로, 미국의 전자분야 대기업이었던 실바니아(Sylvania Electric Co.)와 공동사업으로 추진하였다. 한국 최초의 반도체 프로젝트는 정부의 큰 관심과 함께 신속한 외국인 기업 투자 승인을 받았다.

그러나 1970년대 초 당시의 반도체는 미국의 군수산업에만 사용이 되었으며 장기간 지속된 월남전쟁이 1970년도 초에 종결되자 미국의 모든 군수산업의 수요는 급속히 추락하였다. 그 결과 한국정부가 승인을 했던 한국 최초의 반도체사업 투자프로젝트는 아쉽게도 실행되지 못했다.

* 대한전선에서 전자제품 수출을 총 책임지고 성공하게 된 특별한 경험

당시 필자가 추진하였던 반도체사업의 한국측 파트너로 결정된 대한전선은 70년대초 당시 한국의 제1위 전선 회사이자 제2위 가전회사였다. 반도체 프로젝트를 추진할 수 없게 된 상황을 설명하면서 작별 인사를 위해 방문했던 필자에게 대한전선의 설립자 설경동 회장은 대한전선의 전자제품 해외 수출 총책임자를 맡아 달라는 강력한 제안을 하였다.

당시 필자가 속한 미국 투자금융회사의 유진 스코우론 회장에게 이 사실을 보고하자 그는 70년대 미래성장 산업인 전자분야의 세계시장 개척을 위한 2년간의 현장경험은 미래의 아시아지역 신규사업 투자프로젝트 추진에 대단히 중요하다고 하시면서 설경동 회장께서 간절히 요청하는 대한전선 전자제품 해외 수출을 2년간 책임을 지도록 동의해 주셨다. 그 결과 필자는 뉴욕의 투자금융회사 부사장 직을 유지하면서 설경동 회

장의 전적인 지원을 받으며 대한전선의 수출을 총책임 지고 이 일에 모든 열정을 쏟을 수 있었다. 이는 드물게 특별한 사례였다.

 필자는 처음 경험하게 된 전자산업 분야이었기 때문에 새로운 사업에 대한 호기심과 창의적인 생각 그리고 개척자 정신을 갖고 사명감과 함께 모든 열정을 쏟게 되었다.

 한국의 전자산업 초창기의 가장 어려웠던 해외시장 개척과 수출을 위해 대한전선은 필자의 제안으로 한국 최초 자체모델 전자제품을 직접 개발하여 유럽 시장과 먼 남아프리카 시장에까지 수출을 하였다. 또한 필자는 당시 전자제품의 가장 큰 시장인 미국진출을 위해 미국의 대표적인 기업 GE를 설득하여 GE 브렌드의 전자제품을 최초로 한국의 대한전선 공장에서 생산하여 장기간 미국으로 수출하게 되었다. 이러한 도전적인 모험과 노력의 결과, 필자가 수출을 책임진 2년 후에는 대한전선이 한국의 전자산업에서 수출 1위 기업으로 성장을 하였으며, 1972년 12월 수출의 날에 대통령의 전자산업 수출 1위 기업표창장을 받는 영광을 가질 수 있었다.

넷째: 가치 있고 의미 있는 일을 소중하게 생각하면서 성실한 자세로 최선을 다했다.

 행복은 의미 있는 삶에서 온다. 진정한 일의 가치를 발견하고 의미 있는 삶을 위하여 직장이나 일하는 장소에서 일의 의미와 즐거움을 찾는 것은 행복한 삶을 꾸려 나가는데 매우 중요하다. 행복이 편안하고 즐거운 순간의 감정이라면 삶의 의미에는 보다 깊은 차원의 무언가가 담겨있다. 또한 삶의 의미를 추구하는 사람들은 가정과 학교와 일터에서 잘 적응하고, 항상 긍정적인 생각과 함께 장수한다는 연구 결과도 밝혀졌다.

자신만을 위해 뭔가를 이루어 낸 이기적인 삶보다 자신보다 더 큰 무엇인가를 위해 공헌하고 있다는 생각이 들 때 삶의 의미를 발견할 수 있게 되는 것이다. 우리는 살아가는 동안 가치 있고 의미 있는 일을 할 때 매우 뿌듯함을 느낀다.

빅터 프랭클(Victor Frankl 1963)은 의미 추구를 인간의 가장 기본적 동기라고 주장하고, 의미는 인간으로 하여금 극심한 고통을 견디고 이겨 내도록 하는 동시에 기쁨과 행복을 느끼게 한다고 강조했다. 또한 의미 추구는 삶을 만족시키는데 가장 중요한 역할을 한다고 하였다. 세계에서 가장 위대한 과학자인 앨버트 아인슈타인도 성공한 사람이 되려고 애쓰지 말고 오히려 가치 있는 사람이 되도록 하자(Try not to become a man of success, but rather try to become a man of value)고 했다.

필자는 당시 대한전선에서 추진 해온 한국의 전자제품 수출이 매우 가치 있고 의미 있는 일이라 생각하여 최선을 다 했으며, 더 큰 세계 무대를 향한 미래의 꿈을 위해 마틴 셀리그만의 위대한 가르침의 핵심을 다시 한 번 생각했다. "내가 가장 잘 할 수 있는 강점, 그 강점을 여기서 발휘하는 것"이었다. 그 목표를 위한 가장 도전적인 과제가 세계에서 가장 존경 받는 대기업 GE를 설득하는 것이었다.

당시 한국에서 어느 기업도 접근 하지 못했던 세계적인 대기업 GE를 대상으로 과연 마케팅을 할 수 있을까? 더구나 대한전선에 참여하기 전에는 전자제품 수출을 한 번도 해보지 않은 필자가 어떻게 GE를 대한전선의 전자제품 수출의 가장 중요한 고객으로 만들 수 있을까? 그 비결은 바로 앞에서 제시한 행복 여섯기둥의 정신이다. 가장 성실한 자세로 GE에 접근 했으며 GE와 합의한 맡은 일에 모든 열정을 쏟으며 최선을 다한 결과 GE가 대한전선의 가장 중요한 고객이 된 것이다.

그 결과 필자가 책임졌던 대한전선의 수출은 한국의 전자산업 수출 1위 기업으로 대통령 표창을 받게 된 영광에 멈추지 않았다. 이처럼 최선을 다한 노력을 인정받은 필자는 당시 세계에서 가장 존경받는 기업이었던 미국 GE로부터 GE의 아시아 지역 사업 운영을 직접 책임져 달라는 전혀 예상치 못한 제안을 받게 되었다. 필자의 상사였던 미국 투자금융회사의 유진 스코우론 회장과 대한전선의 설경동 회장도 미국의 대표적인 기업 GE의 제안에 동의를 해 주셨다. 이것이 필자가 GE와 함께 한 28년 소중한 경험의 첫출발이 되었다.

* 당시 세계에서 가장 존경받는 기업 GE와 함께 했던 28년
GE의 한국에서 실행한 세계최초 세계화경영(Globlaization)의 성공사례

1973년에 GE의 아시아지역 현지 경영의 책임을 맡았던 필자는 4년 후인 1977년에 GE의 아시아 지역 전략기획 담당 간부로 임명이 되었다. GE의 경영전략 임원회의에 필자가 처음으로 참석하였던 70년대 후반 당시에는 GE와 미국의 대표적인 기업들이 아시아, 중남미 등 해외 국가들을 단순한 해외 시장으로 보고 해외시장 진출을 목표로 하였던 기존의 국제

화 경영의 접근 방식이었다. 필자는 이러한 GE의 기존의 해외사장 접근 방식을 바꾸어 아시아 국가들과 장기적인 동반성장 관계를 구축하는 것을 기본목표로 하여 GE의 첨단 선진 산업기술과 선진 경영방식을 상대방 국가의 산업과 기업들에게 제공하면서 공동의 장기 성장을 추구하는 방식을 GE의 새로운 아시아 진출전략으로 추진해야 한다는 세계화 경영전략을 제안하였다. 70년대 후반 당시에는 미국을 비롯한 세계 선진국들의 경영계에는 필자가 당시 제안하였던 "세계화"라는 경영 개념과 경영 용어가 전혀 없었기 때문에 필자의 의견을 전달하며 GE 경영자들을 설득하는 것이 쉽지 않았었다. "왜 다른 나라에 우리의 첨단산업 기술을 제공해야 하느냐?"라는 근본적인 질문들이었다.

필자가 최초로 제안하였던 GE의 아시아 진출을 위한 새로운 세계화 경영전략을 제일 먼저 이해를 하고 이를 GE에서 처음으로 실행하기로 동의를 하셨던 분이 당시 GE 레지날드 존스 회장이었다. 그는 필자가 제안한 동반자 관계 구축을 통한 새로운 세계 진출의 경영전략 원칙에는 동의를 하지만 GE 뿐만 이니라 미국의 대표적인 어느 기업들도 당시 해외의 경제계와 동반자 관계 구축의 세계화 경영을 실천한 성공사례가 없으므로, 이를 GE에서 제일 먼저 실행하기 위해서는 "Jean Kang 당신이 GE한국의 경영을 총책임지고 GE의 세계화 경영 성공사례를 한국에서 먼저 구축해 달라"는 결정을 하였다.

이러한 존스 회장의 결정으로 필자가 한국 GE의 경영을 중심으로 한국에서 최초로 추진 하였던 새로운 한국 진출 방식은 그 후 GE의 다른 국가 진출에도 실행이 되었으며, 이러한 특별한 GE사례는 미국의 다른 기업들에게도 확산이 되었다. 그 결과 80년대 중반에는 이러한 방식의 세계 진출을 설명하는 "세계화 경영"이라는 새로운 경영용어가 탄생하게 되었다. 필자와 레지널드 존스 당시 GE 회장은 "세계화 경영"의 세계 최초 개척자가 된 셈이다.

존스 회장의 결정으로 필자는 1979년부터 GE의 한국 경영을 총책임지게 되었으며, 1981년부터 후임 회장으로 취임한 잭 웰치 회장은 필자의 세계화 경영 추진을 적극적으로 지원하였다. 필자가 추진하였던 세계화 경영은 기획대로 GE의 선진 첨단산업기술들을 한국에 제공하면서 한국의 대표적인 기업들과 합작투자와 기술제휴 등 다양한 협력 방법을 통해 전략적인 동반성장 프로젝트들을 성공적으로 추진하였다.

그 결과 GE는 한국의 대표적인 기업들, 삼성그룹, LG그룹, 현대그룹, 대우그룹, 한국전력, 한국중공업, 포항제철, 동양제철화학, 아시아나항공, 대한항공, 등. 다양한 산업분야의 기업들과의 합작투자와 기술제휴협력 등 전략적인 동반자 관계를 구축해 왔으며, GE의 직접투자 사업도 추진하였다. 잭 웰치 회장의 적극적인 지원과 함께 세계화 경영을 한국에서 추진한 결과 GE한국의 년간 총매출은 약 300배 이상 성장하였으며 GE 전체 세계화 경영의 성공모델이 되었다. 또한 한국기업들과의 전략적인 제휴와 협력을 통해 GE의 다양한 분야의 첨단산업기술들을 한국에 제공 함으로써 한국의 산업 선진화와 세계화에 큰 기여를 하였다.

잭 웰치 GE 회장은 필자가 GE-Korea에서 추진하고 있었던 세계화 경영의 실제 사례를 80년대 후반에 GE 전체의 세계화 경영 성공 모델로 선정하였으며 GE의 모든 사업부들이 GE-Korea의 사례와 같은 경영전략으로 세계화 경영을 추진하도록 하였다.

80년대 후반부터 "세계화 경영"이라는 경영 용어는 미국뿐만 아니라 선진국들의 경영계와 학계에서 가장 중요한 핵심과제로 급부상하였으며, GE는 세계화 경영의 최초의 성공 모델로서 세계의 경영인들에게 벤치마킹의 대상이 되었다.

* 선진 경영의 지식과 경험을 한국의 경영자들과 미래의 꿈나무 젊은 세대들에게 전달하는데 열정을 쏟다

필자는 한국GE의 세계화 경영을 열정적으로 추진해 오면서 다른 한편으로는 한국의 경제개발과 산업 발전에 중추적인 역할을 맡고 있는 경영인들에게 당시 가장 중요한 과제였던 세계화 경영의 핵심전략과 GE의 창조적인 선진 경영기법의 실행방식을 한국에 전달하기 위해 한국의 여러 경제단체들과 경영인들을 위해 많은 특별강연과 경영자문을 하였다.

다른 한편으로는 한국의 미래 세대를 위해 대표적인 경영대학들에게 특별 강의를 통해 세계 최첨단 선진 경영의 지식을 미래의 경영 리더를 꿈꾸는 젊은이들에게 전달하였다. 서울대 경영대학원에서는 초빙교수로서 매 학기마다 "세계화 경영"과 "경영전략" 과정을 맡아서 실제 성공사례를 중심으로 여러 해 동안 강의를 하였으며 필자의 특별한 현장위주 강의에는 가장 많은 대학원 학생들이 수강을 하였다. 또한 한국에 유학을 온 여러 나라의 외국인 학생들도 수용하기 위해 서울대에서 한국 최초로 영어

로 경영 강의를 진행하였다. 다른 한편으로는 서강대 경영대학원과 이화여대 국제대학원의 요청으로 겸임교수로서 특별 과목을 맡아 강의를 여러 해 동안 하였다. 또한 미국 뉴욕의 컬럼비아대학 경영대학원에서도 필자를 특별 초청하여 MBA 과정에서 세계화 경영을 성공사례를 중심으로 특별강연을 하였다.

다양한 산업 분야에 진출한 GE의 한국사업 경영을 위해서는 많은 시간과 노력을 집중해야 하면서도, 다른 한편으로는, 미래의 리더를 꿈꾸는 젊은이들에게 비전과 자신감을 심어주는 초빙교수 역할을 필자는 가장 가치 있는 소중한 일이라고 생각했으며, 잭 웰치 회장 역시 같은 생각이었으므로 그는 필자가 많은 시간을 미래의 인재개발을 위한 초빙교수 역할에 사용하는 것과 한국의 경영자들에게 GE의 선진 첨단 경영기법을 공유하는 것을 적극적으로 이해하며 격려를 해 주었다.

* 사람중심의 리더십과 조직문화,
  지식생산성과 가치창조의 상관관계에 대한 새로운 분야의 학술연구를
  네델란드 대학에서 8년간 추진하여 완성하다.

다른 한편으로는 필자가 GE의 경영에 깊이 참여하여 직접 실행하면서 체험한 가치창조를 극대화할 수 있는 사람중심 경영, 지식생산성 경영을 보다 심도 있게 논리적으로 연구하기 위해 GE의 사례와 한국의 대표적인 4대 기업들의 경영사례를 중심으로 실증사례 분석과 선행연구를 통하여 경영의 핵심분야인 "리더십"과 "조직문화", "지식생산성"과 "가치창조"

간의 상관관계를 네델란드의 대학에서 2007년부터 8년간 심도 있게 학술연구를 하였다.

* 새로운 분야의 학술연구에 대한 사명감을 가지고 모든 열정을 쏟으며 연구한 결과

　방대한 학술연구 논문(289page)을 8년 후인 2015년에 완성하였으며 박사학위 논문의 심사위원들은 경영의 핵심 요소인 4가지 요인들을 연결한 상관관계를 연구한 세계 최초의 독창적인 우수한 학술 연구논문으로 평가하였으며, 네델란드의 대학(University of Twente)에서 경영학 박사 학위를 취득하였다.

　필자는 본 학술 연구에서 사례 연구 대상으로 선정하였던 한국의 대표적인 4개 기업들의 경영자들은 자신들의 경영 지식과 경험을 바탕으로 경영 현장에서 행복의 여섯 기둥을 성실히 실행하면서 주인의식과 개척자 정신과 함께 창의력을 발휘하면서 최선을 다하며 경영을 해온 경영 리더로서 남들이 부러워하는 꽃길을 걸어온 분들이라고 생각했다.

다섯째: 나에게 주어진 일에 성실한 자세로 모든 열정을 쏟으며 몰입했다.

　행복은 몰입하는 삶에서 나온다. 몰입의 사전적 의미는 '깊이 파고들거나 푹 빠지다'로 표기되었다. 또한 몰입은 주위의 모든 잡념과 방해물들을 차단하고 원하는 어느 한 곳에 자신의 모든 정신을 집중하는 일이라고 하며 몰입하는 사람의 심리상태는 에너지가 집중되고 완전히 몰입하여 활동을 즐기는 상태이다."라고 쓰여있다. 심리학자로서 몰입의 창시자인

칙센트 미하이 교수는 몰입을 마치 자유롭게 하늘을 날아가는 듯한 느낌이거나 물 흐르는 것처럼 편안하고 자연스럽게 행동이 나오는 상태라고 정의했다. 이렇게 일단 몰입을 하면 몇 시간이 한순간처럼 짧게 느껴진다. 사람들은 자신이 좋아하는 일에 몰두하다 보면 시간의 흐름을 잊는다.

좋아하는 일에 몰입하게 되면 시간과 공간, 그리고 자기 자신에 대한 생각마저 잊어버리게 되는 상태에 이르게 된다. 그때 경험하는 즐거움이 바로 행복의 즐거움이다. 수술 중에 천장에서 뭐가 떨어졌는데도 수술에 온 신경을 집중하느라 까맣게 몰랐다는 외과의사, 빙판 위해서 미소를 띠우고 묘기를 보여주며 아름다운 자태를 뽐내는 무아지경의 올림픽 금메달리스트 김연아의 모습에서 우리는 인간 최고 몰입 장면을 엿볼 수 있다. 또한 그림에 집중한 화가들의 모습 속에서도 이러한 몰입 경험을 발견할 수 있다.

화가들은 미술 작업에 심취하여 모든 것을 하나로 몰입할 때 피로를 잊은 채 휴식도 취하지 않으며 작업에만 몰두하는 행복한 몰입의 경험을 한다.

필자도 GE에서 경영에 몰입하면서 다른 한편으로는 미술 활동에 모든 열정을 쏟았다. 아침에는 회사로 출근하여 경영에 모든 열정을 쏟았으며 퇴근 후 저녁에는 화실에서 미술작업에 몰입하였다. 또한 매주 주말에는 화가 친구들과 함께 아름다운 대자연의 풍경을 현장에서 스케치하였다. 이처럼 미술 작품 창작활동에 몰입하는 시간이 필자에게 가장 행복한 시간이었다. 이러한 작품 활동의 결과 필자는 8회의 개인 미술 전시를 하였으며 한국과 세계의 잘 알려진 이름있는 화가들과 함께 한국, 미국, 불란서, 이태리, 러시아, 캐나다, 일본, 중국, 멕시코, 브라질 등 세계 여러 나라에서 150회 정도의 공동 미술 전시에 필자의 작품을 출품 필자를 하며 미술 활동을 해 왔다. 이처럼 필자가 좋아해서 즐거운 마음으로 창의적인 미술 작품 창작에 몰입해온 경험이 필자의 창조적인 경영에 많은 영향을 미쳤다고 생각한다. 미국의 세계적인 경제방송인 CNBC에서 GE가 자랑하는 경영자이면서 또한 전문 화가로서 활동하는 특별방송 프로그램에 초대하였으며 30분간의 단독인터뷰 생방송에서 필자는 "가치창조에 성공한 창조적인 경영자를 종합예술가"라고 설명을 하였다. 이 방송은 반응이 좋아 몇 차례의 재방송을 하였으며 이 CNBC 방송을 시청하였던 잭웰치 GE 회장은 그 후 포춘(Fortune) 경영지와의 특별 인터뷰에서 자신도 종합 예술가라고 했었다.

자신이 좋아하는 분야에서 하고 싶은 일을 즐거운 마음으로 하였으며, 일을 일이라고 생각하지 않고 마음에서 우러나오는 열정을 쏟으면서 성실한 자세로 경영과 미술에 몰입해 온 것이다. 이렇게 열심히 책임진 일을 하다 보니 일에 대한 자신감도 생기고, 그 일을 효율적으로 더욱 잘 할 수 있는 창조적인 아이디어가 떠오르며 매사 일을 할 때마다 목표를 달성하는 꽃길만 걸어오게 된 것이라고 생각한다. 이럴 때마다 필자가 좋아하면서 성실히 열정을 쏟아 온 일들을 함께해온 모든 분들에게 감사함을 느낀다.

여섯째: 내가 책임지고 맡은 일에 성실히 최선을 다한 결과, 하는 일에서 성취감과 행복을 느꼈다.

성취는 목적한 바를 이루는 것이고, 성취감은 목적한 바를 이룰 때 느끼는 감정이다. 누구나 어떤 목표를 설정하고 이를 성취했을 때는 당연히 행복하다. 이처럼 성취는 그 자체로서 충분한 행복과 즐거움을 제공하는 요소이다. 성취는 긍정심리학에서 말하는 행복의 필수적인 중요한 요소로 자리매김하고 있다. 성취에는 무엇보다도 본인의 노력이 가장 중요하다.

성취는 목표 달성과 성공을 추구하는 인간의 본능에 기인한 것이며 또한 성취는 그 대상이 타인의 강요에 의한 것이 아니라 스스로 원하고 좋아서 하는 것이어야 한다.

목표를 설정하고 성취감에 젖어 있을 때 가장 행복한 것이다. 무엇보다도 뚜렷한 목적의식을 가지고 하는 일은 열정적으로 빠져들게 하면서도 깊은 만족감과 행복, 성취감을 안겨준다.

그냥 성취 자체가 좋아서 추구하는 사례는 우리 생활 주변 여러 곳에서 찾아볼 수 있다. 성취만을 위한 성취는 부(富)의 추구에서도 발견된다. 록펠러와 카네기, 빌 게이츠는 삶의 전반기에는 상상할 수 없는 부를 축적했으며, 그중 상당 부분을 의학, 교육, 문화, 과학 분야 등 사회에 기부하면서 삶의 후반기를 보냈다. 전반기에는 오직 성취가 좋아서 성취하는 삶을 살았고, 후반기에는 그동안 모은 재산을 사회에 기부함으로써 그 삶에서 가치와 의미를 창조한 것이다. 이들은 전반기에 많은 부를 축적했을 때보다 사회와 국가에 기부할 때 훨씬 더 많은 행복감을 느꼈다고 한다.

이렇게 성취감은 시간과 열정, 에너지를 쏟아 최선을 다한 결과 목적한 바를 이루었을 때 느끼는 만족감을 말한다. 행복은 본인의 강한 의지와 자발적인 마음이 우선 능동적으로 작용되어야 한다. 그리고 목표를 확고히 하고 목표를 달성할 때까지 전념하는 것이다. 뿐만 아니라 도전정신과 끈기와 인내가 수반되어야 한다. 직장생활에서 가장 행복한 것은 일(work)을 통해 얻는 성취감이다.

* 내가 좋아하는 일들,
  그들은 지금까지 어떻게 나를 찾아오게 된 것인가?

나는 젊은 시절부터 하고 싶은 일이 있으면 실패의 두려움 없이 그 일을 시작하였다. 좋아하는 일이었기 때문에 열정을 쏟으며 성실하게 최선을 다했으며 내가 좋아했던 일들은 대부분 좋은 결과를 가져왔으며 실패를 했거나 후회를 해본 적이 거의 없었다.

때로는 내가 원했던 일이 아닌 일이 나에게 주어졌을 때도 나는 그 일의 중요성과 의미를 이해하려고 했으며, 그 결과 나는 그 일을 좋아하게 되었다. 다양한 분야의 사회생활을 하면서, 또한 여러 분야의 일을 해 오면서도 내가 책임을 지고 했었던 일들을 한 번도 싫어해 본 적이 없었다.

내가 맡은 모든 일들을 긍정적으로 생각하는 것이 나의 습관이 되었으며 함께하는 사람들과 상호 신뢰하는 성실한 인간관계를 소중하게 지켜오면서 성실한 마음으로 최선을 다하는 것이 삶의 기본 바탕이 되었다. 내가 좋아하며 즐거운 마음으로 추구했던 일들을 통해 가치창조의 성취감과 보람을 느꼈으며 행복한 마음과 함께 할 수 있었다.

* 이러한 긍정적인 과정을 통해 내가 좋아하는 일들이 스스로 나를 알아서 찾아오게 된 것이 아니었을까?

내가 좋아하는 일에 모든 열정을 쏟으며 성실하게 최선의 노력을 다하는 나의 모습을 지켜본 사람들과 우주의 창조주께서 내가 좋아하게 될 일들이 스스로 나를 알아서 찾아오게 해 주신 것이 아니었을까? 또한 성실하게 열정적으로 일하는 나의 모습을 지켜본 새로운 중요한 일들이 나를 필요로 하여 스스로 나를 찾아서 온 것이 아니었을까?

이 일은 논리적이나 이론적으로 설명을 하는 것보다는 내가 직접 체험하며 살아온 실제의 삶의 경험을 통해 이해하는 것이 좋을 것 같아 내가 경험한 행복의 여섯 기둥에서 나의 삶의 체험을 설명하였다. 나는 이렇게 해서 행복한 꽃길만 걸었다고 생각한다.

* 나 혼자만이 아닌 함께 하는 우리 모두가 어떻게 행복해질 수가 있는가?

진정한 행복은 나만의 행복이 아닌 함께하는 우리 모두가 행복해야 한다. 우리가 살아온 사회는 나 혼자만이 아니며 언제나 우리 모두가 함께하고 있었다. 우리는 나 혼자만이 존재하며 살아갈 수가 없다. 우리 모두가 함께 일을 하면서 좋아하는 일에 함께 몰두할 수 있게 될 때 그 일을 함께하는 동료들과 긍정적인 좋은 인간관계를 가질 수가 있으며 이로 인해 상대방을 서로 인간적으로 존중하게 되는 사람중심의 열린 조직문화와 모두가 행복한 사회문화를 구축할 수 있게 된다.

이러한 열린 조직문화 속에서 모든 조직 구성원들은 자기가 하는 일을 즐거운 마음으로 받아들이며 스스로 우러나오는 모든 열정을 조직의 공동목표를 위해 쏟게 되므로 기업이나 공공조직 경영의 경우 경영의 최종 목표인 가치창조의 극대화를 성취할 수가 있게 되는 것이다. 그 결과 함께 하는 조직 구성원들 모두가 행복을 함께 나누는 사람중심의 열린 조직 문화를 공유할 수가 있게 되는 것이다.

사람 중심의 열린 조직 문화 속에서 함께 노력하는 조직 구성원들은 조직의 비전과 목표를 자신들의 꿈과 목표로 함께 공유를 할 수가 있게 되며, 공동의 비전과 목표를 성취하기 위해 최선의 노력을 함께 하게 된다. 창조적인 지식과 아이디어를 함께 소통하며 공유하게 됨으로 조직 전체의 지식의 생산성이 극대화될 수가 있다.

또한 좋아하는 일에 열정을 쏟으면서 일을 할 때는 함께하는 모든 사람들과도 좋은 인간관계를 구축할 수가 있게 되며, 좋은 인간관계를 통해 함께 일하는 과정이 모두에게 행복하게 된다.

이러한 상호 간에 존중하는 사람 중심의 높은 지식생산성의 열린 조직 문화에서는 모두가 좋아하는 일, 함께 하고 싶은 일의 목표 달성을 극대화할 수가 있으며 조직 구성원들 모두의 행복을 함께 추구해 갈 수 있게 된다.

조직의 리더가 해야 하는 가장 중요한 역할은 모든 조직 구성원들이 주인의식과 함께 스스로 우러나오는 열정을 쏟으며 조직의 목적을 위해 모두가 함께 최선을 다 할 수 있게 하는 사람 중심의 조직문화를 구축하면서 조직을 리드하는 것이다.

조직의 리더가 사람 중심적이며 비관료적이고 개방적이며, 상대방의 의견을 존중하면서 상호신뢰를 통해 책임과 권한을 긍정적으로 공유하는 리더인 경우, 그가 리드하는 조직 문화는 열린 소통의 조직문화와 함께 창조적인 지식과 아이디어를 상호 간에 자유롭게 소통하며 함께 공유하는 높은 지식생산성의 사람중심 조직문화이며 이를 통해 조직의 공동목표인 가치창조를 극대화할 수 있게 된다. 그 결과 조직 구성원들 모두가 성취감과 함께 행복할 수 있는 것이다.

나는 이렇게 해서 행복한 꽃길만 걸었다.

필자는 행복한 삶에 근본적인 의문을 갖고 행복은 무엇인가를 이론적으로 고찰하고 무엇이 우리를 행복하게 하고, 행복은 어디에서 오는 것인가 우리는 어떻게 행복해질 수가 있는가?의 원천적인 질문에 대한 답을 찾고자 했다.

이에 부응하여 필자는 살아온 경험을 바탕으로 행복의 근원 역할을 해온 행복의 여섯 기둥을 세우고 행복은 성실한 삶, 즐거운 삶, 의미 있는 삶, 몰입하는 삶, 성취하는 삶, 성실한 인간관계에서 온다는 가설을 세우고, 행복에 대한 세계 석학들의 견해와 특히 행복을 집중적으로 연구하는 긍정심리학자들의 생각을 살펴보면서 근원적인 해답을 찾아 다가가고자 했다. 나아가서는 "어떻게 이력서 한 장 없이 꽃길만 걸었는가?"를 설명하는 근원을 행복의 여섯 기둥에서 밝혀냈다.

이에 필자는 내가 정말로 좋아하고 하고 싶은 일을 찾아 연구하고 이론적으로 무장하고, 매사 즐거운 마음으로 긍정적인 사고를 가지고, 인류에게 가치 있고 의미 있는 일에 몰입하여 한 작품의 그림을 완성하듯 성실한 자세로 집중하고, 매사에 어느 누구의 눈치도 보지 않고, 주인 정신과 함께 창의적으로 도전적으로 설정한 목표를 달성하게 되고 성취감과 행복을 함께 했다.

아마도 행복의 여섯 기둥에서 보여준 이러한 나의 성실한 자세와 주인정신, 창의적인 도전정신을 높이 평가하고 입주한 가정교사로 인연이 된 김일환 전상공부장관님께서 상주 시골에서 상경한 꿈 많은 청년 강석진, 필자를 수출 전문 중견기업 무역회사의 회장에게 추천하여 내 적성에 맞고 좋아하는 수출무역 분야에서 사회 첫출발을 하게 되었다. 필자는 맡은 일에 보람을 느끼며 모든 열정을 쏟은 결과 20대 중반에는 국내 수출무역 분야의 젊은 엘리트로 인정받게 되었다.

무역업계에서 인정받은 수출전문가로 활동하면서 필자는 보다 넓은 세계무대에서 활동하는 것이 미래의 꿈이었다. 이 꿈을 실현하기 위해서 가장 기회가 많은 나라였던 미국으로 떠나기로 결정을 하였으며 아무런 지인도 없는 워싱턴의 공항에 처음 도착했을 때 필자를 공항에서 기다렸던 한 분이 있었다. 그 사람은 워싱턴 교민회의 스텐리 리(이석희) 회장이었다. 그는 자신이 워싱턴에 설립한 무역회사를 운영할 수 있는 젊은이를 추천해 달라고 한국에서 무역회사를 경영하는 그의 친구에게 부탁을 했는데 그가 강석진을 적극 추천하면서 며칠 전 미국으로 떠난 필자가 워싱턴 공항에 도착하는 일정을 그의 친구인 워싱턴 교민회 회장에게 알려 주었으며, 그는 필자를 공항에서 기다렸다가 처음 만나게 된 것이다. 그는 필자가 워싱턴에 정착하도록 하면서 자신의 무역회사 운영에 필자가 중책을 맡도록 하였다. 사전에 전혀 생각하지 못했던 일이었다.

필자가 워싱턴에 정착한 후 반년이 지났을 때 전혀 예기치 못한 전화한 통화가 왔다. 전화를 하신 분은 놀랍게도 뉴욕에 있는 미국의 투자금융회사 회장이었으며 그는 당시 외국인 투자유치를 최우선 목표로 추진하였던 박정희 대통령 정부 초청으로 한국에 처음으로 방문하였던 유진 스코우론 회장이었다.

스코우론 회장과 필자의 인연은 그로부터 7-8 개월 전으로 거슬러 올라간다. 당시 한국 정부는 무역 분야에서 활발하게 활동하고 있었던 필자에게 정부에서 초청한 스코우론 회장의 방한 중 정부를 대신하여 일주일 동안 그를 잘 보좌해 줄 것을 간곡히 부탁했으며 필자는 근무하던 무역회사 회장님의 승낙을 받고 스코우론 회장을 일주일 동안 가까이서 성실한 자세로 최선을 다해 보좌하며 함께 활동했다. 그때 필자는 한국 정부의 요청으로 스코우론 회장이 한국에 투자를 하도록 설득하는 데 최선을 다하였다.

한국을 처음 방문한 후 미국으로 돌아간 스코우론 회장은 그 후 핵심 미래 사업으로 아시아 지역 투자사업부를 만들었으며 한국에서 처음 만났던 성실하고 신뢰할 수 있었던 젊은이에게 경영을 맡기기 위해 자신을 한국으로 처음 초대하였던 한국 정부에 강석진을 찾아 달라고 국제전화로 부탁을 했던 것이다.

이렇게 해서 한국 정부의 도움으로 나의 워싱턴 연락처를 알게 되어 전화를 걸어온 스코우론 회장은 자기 금융회사의 아시아지역 투자사업을 맡아 달라고 간곡하게 부탁을 하면서 수일 내에 뉴욕에서 다시 만나자고 했다. 이러한 전혀 예기치 못했던 일로 인해 나는 일약 미국 투자금융회사의 30세 최연소 부사장으로 임명이 되었으며 일주일 후에는 뉴욕에서 평생 경험해보지 못했던 금융 분야의 중책을 맡아 활동하게 되었다. 금융 분야의 경험이 전혀 없는 필자가 어떻게 미국 투자금융회사의 최연소 부사장이 되었을까!

내 나름대로 유추해 보았다. 아마도 한국 정부에서 스코우론 회장을 한국으로 초청하였을 때 정부 주요 인사가 강석진(필자)을 추천하여 그의 방한 기간 중에 자신을 직접 보필을 하도록 한 것에 대한 확실한 신뢰와 믿음, 그리고 일주일 동안 함께 하면서 젊은이가 보여준 성실한 태도, 최선을 다하는 모습, 수출, 무역, 경제분야에 대한 지식과 전문성을 겸비하고 있다는 것을 감지하고 그에 대한 신뢰와 함께 중요한 결정을 했다고 생각했다. 하지만 앞에서 서술한 '행복의 여섯 기둥'에서 더 정확한 해답을 찾을 수 있다고 생각한다.

* 행복의 여섯 기둥의 영향력은 여기서 멈추지 않는다.

그 후 한국의 제1위 전선회사이며 당시 제2위 가전회사였던 대한전선의 설립자 설경동 회장님으로부터 정중한 요청을 받고 대한전선의 전자제품 수출을 총책임지게 되었으며 창의적으로 개척자 정신을 갖고 열정을 쏟으며 한국 전자 산업의 초창기에 어려웠던 해외 시장개척과 수출에 성실히 최선을 다한 결과 한국 전자 산업의 수출 1위 기업으로 성장시켰고 1972년 12월 수출의 날에 대통령의 전자 산업 수출 1위 기업 표창을 받는 영광을 가질 수가 있었다.

필자는 세계적인 대기업 미국GE를 대상으로 창의적이며 도전적인 방식으로 그야말로 상상할 수 없는 마케팅을 하여 GE의 전자제품을 OEM 방식으로 대한전선에서 생산 수출하게 하였으며 GE를 대한전선의 가장 중요한 고객으로 만들었다. 이로 인해 GE와 필자의 상호 신뢰와 존경이 기반이 되어 GE로부터 중요한 직책을 맡아 달라는 특별한 제안을 받게 되었으며, 당시 미국의 가장 존경 받는 기업 GE와 28년을 함께 하며 경영에 참여하게 되었던 것이다.

GE의 경영자로부터 능력을 인정받은 필자는 경영전략 담당 임원으로 승진한 후 GE의 경영전략 회의에 참석하여 세계 최초로 세계화 경영방식을 제안하였다. 몇 차례의 경영 회의에서 필자가 제안하였던 세계화 경영 전략을 당시 GE의 레지날드 존스 회장이 동의하면서 세계화 경영의 성공사례를 한국에 구축하도록 필자에게 GE의 한국 사업 총괄 책임을 부여하였다, 그 후 레지날드 존스 회장의 후임자인 잭 웰치 회장은 필자가 추진하는 세계화 전략을 적극적으로 지원하였다. 상사로서 동반자로서 또한 서로 신뢰하는 친구로서 20년간을 GE에서 함께 해오면서 필자를 "21세기 한국의 징기스칸"이라는 별명으로 불러 주신 잭 웰치 회장님에게 감사한다.

또한 필자가 GE Korea에서 추진하였던 세계화 전략에 적극적으로 동참하였던 미국 GE의 여러 사업부 경영책임자들과 공동의 목표를 위해 함께 최선을 다해온 GE Korea의 조직구성원들 모두에게도 깊이 감사한다.

세계화 경영전략계획을 성공적으로 추진하기 위해서 필자는 당시 한국에서 추진하였던 여러 분야의 GE 사업 프로젝트들을 성공할 수 있도록 모든 열정을 쏟으며 지혜를 모아 창의적으로 도전적으로 집중했다. 또한 세계적 대기업 GE로 하여금 한국의 대표적인 기업들, 삼성그룹, LG그룹, 현대그룹, 대우그룹, 한국전력, 한국중공업, 포항제철, 동양제철화학, 아시아나 항공, 대한항공 등, 다양한 산업 분야의 기업들과 합작투자, 직접투자, 기술협력을 통한 GE의 첨담 산업기술 이전 등 전략적인 제휴와 동반자 관계를 구축하도록 했다. 그 결과 GE가 한국에서 적극적으로 추진하였던 세계화 전략은 한국의 산업과 경제의 선진화에 놀랄만한 기여를 하였다.

80년대 초부터 GE는 한국을 출발점으로 하여 세계화 경영전략을 전사적으로 추진하였으며 80년대 중반부터 "세계화 경영"이라는 새로운 경영용어가 미국뿐만 아니라 선진국들의 경영계에서 가장 중요한 핵심 과제로 급부상하였다. 80년대 후반 GE의 신년 경영 회의에서 잭 웰치 GE 회장은 그 동안 필자가 GE 한국에서 추진해온 세계화 경영의 실제 사례를 GE 전체의 세계화 경영 추진의 성공 모델로 선정하였으며 GE의 모든 사업들이 한국 GE의 모델과 같은 방식으로 세계화 경영을 추진하도록 제안하였다.

다른 한편으로는 잭 웰치 회장이 취임한 후 그가 전사적으로 추진하였던 상하 간 부서 간 벽이 없는 열린 소통의 비관료적인 조직문화 구축과 함께 사람 중심의 창조적인 지식 생산성 경영이념을 실행하는 새로운 경영의 리더십 추진을 필자는 한국 GE에서 가장 앞서 실천을 하였으며 한국의 산업계에도 이러한 열린 조직문화 구축과 창조적인 사람 존중 경영 리더십을 적극적으로 전파하였다.

이렇게 잭 웰치와 함께 한 20년이 지난 2001년 같은 해에 잭 웰치와 필자가 GE를 은퇴할 때까지 GE는 경영혁신과 경영전략, 윤리경영 면에서 세계에서 가장 존경받는 기업으로 선정되었으며 순이익과 기업의 시장가치 세계 1위의 기업으로 발전하였다. 또한 필자가 경영을 책임졌던 GE의 한국 사업은 총매출이 약 300배 이상 성장을 하였다.

필자가 가설에서 제시한 행복의 여섯 기둥은 국내 대기업은 물론 국가 경제성장에도 엄청난 영향력을 미쳤다고 생각한다.

또한 필자의 경영학 박사학위 논문에서 밝힌 사람 중심 경영 리더십과 지식 생산성 조직문화와 가치창조를 함께 공유하면서 이를 현장 경영에서 실천하도록 격려와 박수를 보내주신 존경하는 모든 경영자님들에게 감사를 드린다.

이렇게 행복한 꽃 길만 걸었던 것은 내가 좋아하는 일을 위해 내가 잘할 수 있는 창의적인 강점을 사용하였으며, 가치 있고 의미 있는 일, 책임진 일들에 대해 사명감과 성실한 인간관계와 주인정신과 함께 모든 열정을 쏟으며 성실하게 최선을 다한 결과라고 생각된다. 한순간 한순간이 꿈만 같은 행복한 순간이었다.

다양한 분야에서 함께 하면서 긍정적으로 필자를 신뢰하였던 유진 스코우론 회장님과 설경동 회장님, 레지널드 존스 회장님, 잭 웰치 회장님, 그리고 필자와 함께 어려운 일을 위해 최선을 다하였던 모든 분들에게 감사한다.

끝으로 평생 교육자로서 어린 시절의 자식들에게 정직과 성실을 마음속에 담고 살아가도록 해주신 아버님과 어린 시절에 하고 싶은 일은 무엇이든 자유롭게 할 수 있도록 해 주시면서 절대 간섭하지 않으셨던 따뜻하신 마음의 어머님에 대한 감사와 사랑의 마음을 이 글에 담고 싶다.

경영과 미술 활동에 많은 시간과 열정을 쏟으면서 가족과는 충분한 시간을 보내지 못한 필자를 이해해 주면서 행복한 가정을 지키며 자식들이 성실하게 성장하게 해 준 아내에게 마음 깊이 감사한다.

아울러, 경영과 미술과 시와 음악에 몰입하며 살아온 필자에게 행복이란 무엇인가?, 어떻게 이력서 한 장 없이 꽃길만 걸었는가? 에 대하여 학술적으로 연구하도록 동기 부여를 해주신 긍정심리학자, 행복 연구 전문가 전영 교수님에게도 깊은 감사를 드린다.

행복여섯기둥의 위력

　아래의 글은 "행복을 만드는 기술"의 필자 <긍정심리학을 연구하는 행복연구전문가, 전영교수>가 편집실에 강석진 전 GE KOREA 회장(전 서울대 경영대학원 초빙교수)의 원고, 아래 1), 2), 3)의 글을 수차례 샅샅이 정독하고 "행복여섯기둥의 위력"으로 적어 보내온 원고입니다. 이 글을 읽는 독자에게 성공과 행복을 성취하는 데 조금이라도 도움이되었으면 합니다.

1) "어떻게 이력서 한 장 없이 꽃 길만 걸었는가?	본문 15쪽
2) "한국 공군제트 전투기는 어떻게 생산되고, 수출까지 하게 되었는가?"	참고 267쪽
"세계적 1위 대기업 GE와 함께한 28년의 소중한 시간과 최고의 경험"	참고 258쪽
3) "대한전선에서 전자제품 수출을 총 책임지게 된 특별한 경험"	참고 278쪽

* 어떻게 이력서 한 장 없이

1. 세계적인 미국 투자 금융회사 유진 스코우론 회장이 일약 30세의 최연소 청년 강석진을 부사장으로 임명한 사실

2. 세계에서 가장 존경받는 경영의 대가, GE의 젝웰치 회장이 21세기 한국의 징기스칸이라고 극찬하면서 필자 강석진을 GE KOREA회장으로 임명한 사실

3. 미국 투자 금융회사의 부사장을 유지하면서 전자제품에 대해서는 단, 한 번도 경험하지 못한 필자 강석진에게 대한 전선 설경동 회장이 전자 제품 수출 총 책임자로 임명한 사실

4. 그것으로 인해 1972년 12월 수출의 날에 전자산업 수출 1위 기업 대통령 표창을 받은 사실

5. GE 젝웰치 회장의 적극적인 지원과 함께 필자(강석진)의 창조적인 idea로 "세계화 경영"을 한국에서 추진한 결과 GE KOREA 년 간 총 매출 액 약 300배 이상 성장 시킨 놀라운 사실.

6. 필자 ,강석진 회장님 께서 "행복여섯기둥의 위력"과 도전과 열정, 가치 창조로 만들어낸 GE KOREA가 GE 본사 뿐만 아니라 세계최초로 "세계화 경영"의 성공 롤 모델(role model)이 된 역사적인 사실.

7. 경상도 상주 시골 청년이 서울에 올라오자마자 김일한 상공부 장관님 댁에 입주 가정교사가 된 사실

8. 한 번도 보지도 못하고 듣지도 못한 미국 워싱톤 교민회 스텐리 회장께서 미국 첫 발을 내딛는 워싱톤 공항에서 필자(강석진)을 기다리고 있었던 사실

9. 세계최초로 전투기용 첨단 엔진 제조기술을 GE와 미국방성을 설득하여 한국에 제공하도록 한 사실

10. 청와대, 삼성 어느 누구도 설득하지 못한 엄청난 사실로 인해 오늘날 한국 방위 산업, 초음속 제트 전투기를 생산 수출하는 국가로 발전하도록 한 사실

11. 100% GE 첨단 기술과 자본투자로 산업용 최첨단 소재(Engineering plastics)를 생산하는 공장을 한국에 건립하여 한국의 자동차 산업과 중공업 선진화에 핵심 역할을 하게 된 사실

12. 태양광 발전의 핵심소재인 폴리 실리콘(poly-silicon)을 한국에서 생산할 수 있도록 GE의 세계 최첨단 실리콘 기술을 한국에 제공 동양 제철 화학(OCS)과 합작투자를 설립하여 운영하도록 한 사실

13. GE의 첨단기술을 기반으로 현대중공업과 한국의 조선 산업 선진화를 위해 첨단 산업용 모터를 생산하기 위해 GE와 현대 중공업과 공동 합작투자 회사를 설립하여 운영하도록 한 사실

14. GE의 첨단 정보 기술을 기반으로 위성통신 네트워크를 통한 국제간의 원격정보 처리 방식을 최초로 한국에 제공하여 한국에 GE 정보통신 합작회사를 설립 운영하여 80년대에 한국의 정보통신 산업 선진화에 핵심역할을 한 사실

15. 80년대에 한국 최초 통신 인공위성 무궁화 1호와 제2통신 위성 무궁화 2호를 GE에서 생산하여 미국항공 우주국(NASA)에서 발사하여 우주궤도에 안착시켜 운영하도록 한 사실

16. 포항제철의 제철 공정 최첨단 선진화와 자동화를 위해 GE에서 설계하여 제작한 최첨단 자동화 시설인 Drive system을 포철의 모든 제철 공정에 설치하여 포철을 세계 최고로 제철 산업으로 발전시킨 사실

17. LG전자와 삼성전자의 한국 공장에서 처음으로 당시 세계 최고의 GE Brand 가전제품을 OEM방식으로 생산하여 미국으로 수출하게 한 놀라운 사실

18. 다양한 분야의 선진금융산업(비은행분야)을 한국에 도입하기 위해 GE Capital 에서 한국에 직접투자와 합작투자를 통해 다양한 분야의 금융사업을 운영한 사실 (사례; GE Capital-Korea, GE-신도리스 합작회사, GE와 현대자동차 합작 회사, Hyundai Capital corp.등)

19. 한국의 제2항공회사 아시아나 항공 설립에 핵심역할을 한 GE, 한 마디로 강석진 회장의 역할이 없었다면 제2항공회사는 탄생할 수 없었던 엄연한 사실

20. 미국의 세계적인 경제방송 CNBC에 출연하여 GE가 자랑하는 경영자이면서 전문화가로서 활동하는 필자(강석진 회장)를 특별 방송프로그램에 초대하여 30분간의 단독 인터뷰, 생방송된 사실, 이 현장에서 필자(강석진 회장)가 남긴 유명한 멘토, 가치창조에 성공한 창조적인 경영자를 종합예술가라고 명언을 남긴 역사적 사실

위에서 강석진 회장이 밝힌 세계적 1위 대기업 GE가 이렇게 대한민국에 미국으로서는 세계최초로 첨단산업기술과 선진 경영기법을 삼성, LG, 현대, 포스코, 한국중공업, 한국전력, 동양제철화학 등을 비롯하여 국내유수대기업에 조건 없이 제공하여 우리나라 경제 발전에 지대한 기여를 한 것은 세계적 시대 상황, 사회통념상 과연 그렇게 할 수 있었을까!

하지만 국내 경제 발전에 돈으로 계산할 수 없는 천문학적 경제 가치를 창출하도록 한 것은 엄연한 사실이다. 한 마디로 필자 강석진 회장의 역할이 없었으면 도저히 이뤄낼 수 없는 역사적인 공헌(contribution)을 한 것이다.

아마도 대한민국 정부에서는 수십개의 훈장을 주었어도 그 대가를 모두 보상했다고 할 수는 없을 것이다.

하지만 필자(GE Korea 강석진 회장)는 나름대로 스스로 이렇게 회고한다.

"내가 좋아하는 일에 모든 열정을 쏟으며 성실하게 최선의 노력을 다하는 나의 모습을 지켜본 사람들과 우주의 창조주께서 내가 좋아하게 될 일을 스스로 나를 알아서 찾아오게 해주신 것이 아니었을까? 또한 성실하게 열정적으로 일하는 나의 모습을 지켜본 새로운 중요한 일들이 나를 필요로 하여 그 일들이 스스로 나를 찾아서 온 것이 아니었을까?"(2022, 강석진)

맞습니다. 상기 나열한 모든 것은 절대 우연이 아니었습니다.

긍정심리학을 연구하는 세계 석학들이 "행복이론"을 정립하기전에 아니 "행복공식"을 만들기 이전에 마치 수학공식에 맞추어 적용하듯이 벌써 이 학자들이 연구한 것보다 약 20년 앞서서 필자 강석진 회장이 몸소 실천한 "행복의 여섯 기둥"에서 밝혔듯이 누구나 원대한 목표를 세워 가치가 있고 의미가 있으며 즐겁고 잘 할 수 있는 것을, 인간관계(Human relationship)는 물론 성실하게 한 작품의 그림을 완성하듯 최선을 다하다 보면 지금까지 전혀 기대하고 있지 않았던 우연한 찬스가 우리 앞에 모습을 나타낼 것입니다.

찬스는 오지 않는 것이 아니라 구하지 않는 자에게 오지 않을 뿐입니다. "누구든지 진심으로 원하는 것을 최선을 다하여 찾는 사람에게는 세렌디피티(Serendipity), 그 우연의 힘이 행운을 줄 것입니다(2013, 이어령). 그래서 하늘은 스스로 돕는 자를 돕는다(Heaven helps those who help themselves)라고 하지 않았던가! 또한 동양에서는 "진인사대천명(盡人事而待天命; 사람으로서 최선을 다하고 결과는 하늘에 맡기고 기다린다.)라고 했던 명언이 나온 것입니다.

필자(강석진 회장)이 몸소 실천한 "행복여섯기둥"은 긍정심리학의 대가들로 인정받고 있는 [소냐류보머스키, 케논셀던, 데이비드슈케이드]연구에 따르면 행복을 구성하는 여러 요인들 중에서 무엇보다도 가장 중요한 것은 행복해지려는 본인의 의지, 노력과 행동이라고 강조했습니다. 긍정심리학의 창시자 마틴 셀리그만의 5가지 행복의 요소에서도 필자(강석진 회장)의 생각과 너무 같다는 것을 엿 볼 수 있습니다. 저는 오랜 시간 존경하는 강석진 회장님을 가까이하면서 행복을 연구하는 한 사람으로서 이분이 바로 롤 모델(Role Model)이라는 것을 직감할 수 있었습니다. 저는 젊은이들에게 확신을 갖고 감히 말할 수 있습니다. 필자 강석진 회장님의 글을 읽고 마음에 새기고 실천하십시오. 실천이 답입니다. 그러면 여러분의 성공과 행복은 앞당겨 질 것입니다. "결국, 하늘은 스스로 돕는 자를 돕는다"라는 명언은 하늘은 스스로 노력하는 사람을 도와 성공하게 만든다는 뜻 일 것입니다. 다시 한번 필자 강석진 회장님의 피나는 노력과 국가를 위해 헌신하여 누구나 할 수 없는 공을 세우심에 경의를 표합니다. 관심을 갖고 끝까지 읽어 주신 독자 여러분에게 진심으로 감사를 드립니다.

성공과 행복을 연구하는 전문가 **전영 올림**

02

행복과 성공을
동시에 성취하는 비결
- 노벨상과 아이비리그 30%의 비밀,
하브루타

전성수 (Jeon Seong Soo)

전) 부천대 유아교육과 교수

평소 가정, 친구와 동료, 직장, 사회, 정책토론에서 '짝을 지어 질문하고,
대화하며, 토론하고 논쟁하는 교육방법을 통해 뇌를 격동시켜 생각하는
힘을 길러 행복과 성공을 동시에 성취하는 비결을 제시한다.

행복과 성공을 동시에 성취하는 비결

-노벨상과 아이비리그 30%의 비밀, 하브루타-

I. 들어가는 글

우리는 유대인들이 머리가 좋고, 지능지수가 높은 것으로 알고 있다. 하지만 객관적 자료는 그렇지 않다. 핀란드 헬싱키 대학에서는 2002년 세계 185개 나라 국민들의 IQ를 검사한 결과를 발표하였다. 이 조사에 의하면 1위는 홍콩으로 평균 IQ 107이고, 우리나라가 평균 106으로 2위에 올라 있다. 일본과 북한이 105로 공동 3위이다. 하지만 홍콩은 최근에 그 지배권이 영국에서 중국으로 넘어간 도시이므로, 국가를 기준으로 본다면 우리나라가 세계 1위라고 할 수 있다. 홍콩은 대부분 중국에서 뛰어난 사람들이 모이는 도시이므로 IQ가 높을 수밖에 없다. 중국은 평균 100으로 13위에 머물러 있다. 리처드 린(Richard Rynn)은 그의 저서『지능의 인종적 차이(Race Differences in Intelligence)』에서 나라로서는 한국인이 지능이 가장 높다고 하였다. 나라별로 보면 우리 한국인의 지능이 평균 106으로 세계 최고이다. 하지만 이스라엘의 IQ는 평균 94로 45위에 머물러 있다.

　우리 학생들은 세계에서 가장 긴 시간 동안 공부한다. 핀란드 학생보다 매일 2배 더 공부한다. 그러면서도 국제학업성취도비교평가(PISA)에서 핀란드에 뒤지는 경우가 많다. 유대인 학생들과 비교해도 우리가 책상에 앉아 공부하는 시간이 훨씬 더 많다. 교사들의 수준도 세계 최고이다. 유대인들의 교육열이 높다고 하지만 기러기 아빠라는 신조어가 생길 정도의 우리 교육열에 비할 바가 아니다. 이스라엘의 경우 대학을 졸업하든지 하지 않든지 급여 차이가 거의 나지 않으므로, 힘들게 대학에 가려고 하지 않는다. 그래서 입시 경쟁이 우리처럼 치열하지 않다.

　한국인은 지능도 세계 최고이고, 공부하는 시간도 세계 최고이고, 교육열도 가히 세계 최고라 할 수 있는데, 그 결과는 유대인과 비교해서 영 신통하지 않다. 우리는 노벨상이 평화상 1명이지만, 유대인은 현재 스스로 유대인이라 밝힌 경우만 해도 185명으로 노벨상의 22%에 이른다. 유대인의 노벨상 수상자를 집계하는 사이트(www.jinfo.org)의 통계에 의하면 1901년부터 2011년까지 유대인 개인 수상자는 185명으로 전체 수상자의 22%를 차지한다. 특히 경제학상의 42%를 유대인들이 차지하고 물리학상의 25%, 생리학이나 의학상의 27%를 유대인들이 차지한다. 국가별로는 미국이 전체 수상자 중 40% 정도를 차지하여 단연 1위이다. 그런데 이 40%의 노벨상 수상자 중에서 거의 절반 정도가 유대인이다. 이는 자신이 유대인이라고 밝힌 숫자만을 대상으로 한 것이다. 유대인이라고 밝히기를 꺼리는 경우가 많기 때문에 이 숫자까지 합하면 30%에 이르는 것으로 보는 것이 일반적이다.

미국 아이비리그 대학에 입학하는 한국계 학생은 1%가 될까 말까 하지만, 유대인들은 30% 정도를 차지하고 있다. 이것이 인구 8,000여만 명의 한국인과 1,500여만 명의 유대인의 비교 결과이다. 그들은 어떤 한두 분야가 아니라 각계각층에서 탁월한 두각을 나타내고 있다. 20세기에 가장 영향을 많이 미친 아인슈타인이나 프로이트, 칼 마르크스를 비롯하여, 아브라함에서부터 다윗, 솔로몬, 예수, 스피노자, 샤갈, 카네기, 키신저, 스필버그, 찰리 채플린, 로스차일드, 조지 소로스, 그린스펀 등에 이르기까지 우리에게 너무나 익숙한 사람들 중에 유대인이 아주 많다.

왜 우리는 세계 최고의 지능, 최고의 공부 시간과 노력, 최고의 교육열, 최고의 교사 수준 등 교육을 잘 할 수 있는 모든 조건을 갖추고서도 세계적인 인물을 잘 배출하지 못하는데, 왜 유대인은 그런 조건이 아님에도 불구하고 세계적인 인물이 많은가? 왜 그들은 노벨상을 그렇게 많이 차지하고, 아이비리그에 그렇게 많이 들어가며, 각계각층에서 두각을 나타내는 경우가 그렇게 많은가? 무엇이 그들을 그렇게 만드는가? 그 이유를 밝혀보고자 하는 것이 이 글의 목적이다.

II. 하브루타의 개념과 위력

1. 하브루타란 무엇인가?

유대인을 다룬 책들에는 유대인들이 그렇게 두각을 나타내는 이유가 수도 없이 나열되어 있다. 역사교육, 고난교육, 영재교육, 쉐마교육, 유머, 경제교육, 탈무드 교육, 침대머리 교육, 밥상머리 교육, 쩨다카 정신, 티쿤 올람 등등. 하지만 필자는 교육학을 30여 년 전공한 감으로 하브루타를 접하자마자 "아하! 바로 이거다"라고 소리쳤다. 그것이 2006년이며, 그 후 5년 동안 자료를 수집하고, 직접 체험하고, 논리를 정교화하는 작업을 계속해왔다.

이 세상에는 500자리의 숫자를 한 번 듣고도 모두 기억하는 사람이 있다. 기억력 부문에서 세계 기네스 기록을 보유하고 있는 사람이 바로 에란 카츠이다. 그가 쓴 『천재가 된 제롬(Eran Katz, 2007)』을 보면 제롬이 토라와 탈무드를 공부하는 이스라엘의 예시바를 방문하는 장면이 나온다. 예시바의 큰 강당에서는 무려 2,000명 정도 되어 보이는 학생들이 귀가 울릴 정도로 큰 소리를 내면서 공부를 하고 있었다. 예시바에서의 학습은 친구를 통해 배우는 것으로, 서로 짝을 지어 공부한다. 하브루타의 기본 원리는 친구와 함께 공부하면서, 학생들이 사물에 대해 자신의 견해를 분명히 하고 새로운 내용을 더 알아가는 것으로 친구에게서 배우는가 하면 친구를 가르치기도 하는 방법이다. 하브루타에서는 학생 하나하나가 상대방에게 중립적인 교사가 되어 서로 최상의 아이디어와 생각을 끌어낸다. 하브루타 관계를 맺으면 그뿐만 아니라, 교사가 되어 다른 사람을 가르칠 때 짝을 지은 상대방을 가르쳐야 한다는 의무감을 갖게 되어,

주제에 대해 제대로 이해하려는 강한 동기가 생기게 된다. 이렇게 하면 공부한 내용이 빨리 잊혀지는 것도 막으면서 학생이 교사의 입장을 잘 알 수 있게 되는 것이다.

이처럼 예시바에서 2,000여 명의 학생들이 둘씩 짝을 지어 토론하고 논쟁하면서 친구가 친구를 가르치는 모습이 하브루타이다. 즉 하브루타는 보통 두 명이 짝을 지어 프렌드십(friendship), 파트너십으로 공부하는 것(study partnership)을 말한다. 때에 따라 여러 명이 하는 경우도 가끔 있으나, 보통이 두 명이고 거의 네 명을 넘지 않는다. 이것은 학생들이 짝을 지어 얼굴과 얼굴을 맞대고 앉아서 서로 가르치고 배우는 논쟁 수업 방식을 말한다. 즉, 친구를 통해 배우는 것이다. 왜 두 명이 기준인가? 둘씩 짝을 지어야만 말을 할 수 있는 기회가 가장 많기 때문이다.

하브루타는 파트너와 함께 교육하는 것을 말한다. 유대인들은 수 세기 동안 파트너와 함께 토라와 탈무드를 연구해왔다. 두 사람은 함께 앉아서 본문을 큰소리로 읽고 그것을 토론하고 분석한다. 또 다른 본문과의 관계를 살피고, 관련된 정보를 찾아보고 그들의 삶과 관련지어 생각해 본다. 그들이 동의가 되지 않을 때는 자신들의 이유를 차근차근 제시한다. 하브루타를 통한 공부는 우리의 지평을 넓히고 서로 간의 차이를 드러내게 된다. 우리의 일상 속에는 하브루타의 기능을 활용할 수 있는 기회가 수없이 존재한다. 그런 본문은 어디든지 있다. 신문에도 있고, 수선공과의 대화 속에도 있고, 나이 든 부모와 학생 사이의 문제 속에도 있다. 하브루타의 개념은 현상을 보는 한 가지의 옳은 방법보다 수많은 관점이 존재한다는 것에 기초한다(Nancy Fuchs-Kreimer & Nancy H. Wiener, 2005: 7-8).

하브루타는 친구와 함께 본문을 연구하는 것으로 본문에 대하여 깊고 인격적인 대화를 통하여 공부하는 것이다. 이것은 서로의 통찰력을 공유하는 것으로 그 통찰력을 학급 전체 아이들, 선생님, 그 본문을 공부하는 후세대와 공유한다(Torah Aura Productions, 2007: 5). 토라와 탈무드를 연구하는 벤 미드라쉬나 예시바에서는 아무도 혼자 연구하지 않는다. 여호수아 벤 페라야는 "너 스스로 교사가 돼라, 그리고 함께 연구할 친구를 얻어라."라고 말한다. 스스로 교사가 되어 친구를 가르치고 자신을 가르칠 수 있는 친구를 찾으라는 말이다(변순복, 2006: 99). 탈무드는 "스승으로부터 배우는 것보다 친구에게, 그리고 학생에게 배우는 것이 더 많다."고 했다. 이처럼 하브루타는 고립되어 혼자 공부하는 것이 아니라 탈무드의 해석을 놓고 서로 모여 토론하고 논쟁하여 의미와 교훈을 깊게 파고들어가는 방법이다. 학생이 학생을 가르치게 하는 것, 그것이 하브루타이다(Aaron Parry, 2004: 275). 교사는 수업을 준비하는 단계에서 이해되지 않는 부분에 대해 도움을 얻기 위해 필요한 것이지, 논쟁으로 수업이 시작되면 거의 관여하지 않는다. 이 전통은 기원 전후에 가말리엘이 가르쳤던 힐렐 학교에서도 행해지던 교육 방법이므로 얼마나 오랜 전통을 가졌는지 짐작할 만하다.

하브루타와 관련하여 탈무드에서 가장 자주 언급하는 말은 제이콥(Jacob Neusner)이 한 도발적인 말이다. 그는 "나에게 하브루타를 달라, 아니면 죽음을 달라(Give me hevruta or give me death.)"고 말했다. 이 말은 논쟁을 통해 탈무드 공부를 할 수 있는 파트너를 달라는 것이다. 학생 자신이 교사가 되어 상대를 가르치는 이 논쟁식 공부 방법은 공부의 짝을 가르쳐야 한다는 의무감을 갖게 된다. 그리고 가르치기 위해서는 책을 읽거나, 조사를 하거나, 다른 사람에게 물어서 스스로 공부해야 한다. 그래서 주제에 대해 제대로 이해하려는 강한 동기가 생기게 된다. 보통 2인조의 짝은 바꾸지 않고 3년 동안 한 책상에 마주 앉아 큰 소리로 공부할 부분을 낭독하거나 합창하고 그 본문에 대해 따지고 들어간다. 이렇게 공부하면 내용이 빨리 잊혀지지 않는다. 탈무드에서는 하브루타로 짝과 1시간 공부하기 위해 20시간 정도 준비해야 한다고 말하기도 한다. 이 과정을 통해 스스로 공부하는 능력이 저절로 길러지게 된다. 하브루타를 통해 맺어진 두 학생은 서로에게 교사이자 학생이다. 서로에게 최상의 아이디어와 생각을 교환하고 끌어낸다. 그래서 평생지기가 된다.

하브루타는 원래 토론을 함께하는 짝, 즉 파트너 자체를 일컫는 말이었다. 그러던 것이 짝을 지어 질문하고 토론하는 교육 방법을 일컫는 말로 확대된 것이다. 그러므로 하브루타는 토론하는 상대방을 일컫는 말이기도 하고, 짝을 지어 토론하는 행위를 일컫는 말이기도 하다. 현대에 들어서는 후자의 개념으로 주로 쓰인다. 하브루타에 대해 필자가 내린 정의는 '짝을 지어 질문하고, 대화하며 토론하고 논쟁하는 것'이다. 이것을 단순화하면 함께 이야기를 나누는 것이다. 부모와 자녀가 이야기를 나누고, 친구끼리 이야기를 나누고, 동료와 이야기를 나누는 것이다. 이야기를 진지하게 주고받으면 질문과 대답이 되고, 대화가 된다. 거기서 더 전문화되면 토론이 되고, 더욱 깊어지고 전문화되면 논쟁이 된다.

유대인들이 아이를 임신했을 때 태아에게 책을 읽어주고 이야기를 들려주는 것도 하브루타이고, 가정에서 식사를 하면서 아버지와 자녀가 질문하고 답변하는 것도 하브루타이다. 자녀가 잠들기 전에 어머니가 동화를 들려주면서 대화를 나누는 것도 하브루타이고, 아이가 암기와 이해를 잘하기 위해 돌아다니면서 스스로 묻고 답하면서 중얼거리는 것도 하브루타이다. 학교에서 교사가 학생들에게 질문하면서 수업하는 것도 하브루타이고, 학생들끼리 짝을 지어 서로 가르치면서 토론하는 것도 하브루타이다. 예시바에서 토라와 탈무드의 구절을 놓고 둘씩 짝을 지어 진지하게 논쟁하는 것도 하브루타이고, 회당에서 평생지기와 만나 탈무드 공부를 하면서 논쟁하는 것도 하브루타이다.

2. 하브루타의 전형, 탈무드 논쟁

탈무드 논쟁(talmudic debate)은 하브루타의 전문화된 형태이다. 하브루타는 탈무드 논쟁보다 폭이 넓은 개념으로 부모와 자녀, 친구 사이든, 동료 사이든 짝을 지어 질문하고 대화, 토론, 논쟁하는 것을 모두 포함하는 것이다. 이런 하브루타의 전통은 탈무드 논쟁(talmudic debate)이라는 치열한 연구 방법을 탄생시켰다. 유대인들은 탈무드의 내용 중 한 구절을 놓고도 한두 시간씩 논쟁을 벌이는 것이 보통이다. 한쪽이 탈무드를 해석하면 다른 쪽은 그것을 왜 그렇게 해석했는지 하나하나 질문하는 역할을 한다. 그리고 그에 대한 답을 말하면 상대방은 다시 그 답의 부당성을 조목조목 따지고 반박한다. 여기서 상대방이 조금이라도 허점을 보이면 사정없이 그곳을 집중 공격해 곤경에 빠뜨린다. 답변자는 가능한 한 모든 가정하에 대책을 세우지 않으면 날카로운 공격에 무너질 수밖에 없다. 그래서 사전에 철저하게 공부해오지 않으면 토론 자체가 되지 않는다. 논쟁에서 실컷 당할 수밖에 없는 것이다. 어느 정도 시간이 지나면 해석자와 질문자의 역할을 서로 바꾸어 다시 논쟁을 시작한다.

유대인들이 논쟁하는 모습은 하도 격렬해서 싸우는 것으로 착각할 정도다. 때론 주먹으로 책상을 쳐가며 큰소리로 언쟁을 벌이기도 하고 삿대질을 해가면서 서로 지지 않으려고 사력을 다해 토론한다. 이럴 때 옆 사람은 안중에도 없다. 그래서 유대인들이 탈무드를 공부하는 탈무드의 집이나 예시바, 회당 등은 항상 시끄럽다. 그러나 누구도 개의치 않는다.

언쟁과 논쟁은 다르다. 언쟁은 화를 돋운다. 하지만 논쟁에서 화를 내서는 안 된다. 논쟁에서 화를 내면 지는 것이다. 유대인들은 싸우듯이 논쟁했다고 해서 둘 사이가 나빠지는 경우는 없다. 토론자들은 서로 상대방의 학습 태도나 방법을 존중한다. 토론과 논쟁이 끝난 후에는 언제 논쟁을 벌였냐는 듯이 금방 다정해진다. 유대인은 어려서부터 따질 때는 따지고 절제할 때는 절제하는 능력, 즉 감정을 스스로 조절하는 능력을 이런 방식으로 키워왔다(현용수, 2006: 308-309).

유대인들은 우리처럼 학교에서 돌아온 아이들에게 무엇을 배웠느냐, 선생님 말씀 잘 들었느냐고 묻지 않는다. 선생님에게 무슨 질문을 했느냐고 묻는다. 우리는 선생님이 무엇을 가르쳐 주었느냐를 중시하지만 유대인들은 아이가 실질적으로 무엇을 배웠고, 무슨 생각을 했고 어떤 질문을 가졌는지를 더 중시한다. 우리는 배운 내용이 중요하지만, 유대인들은 아이가 무엇을 궁금해하고 어디에 관심을 가지고 있고, 무엇을 묻고 무엇에 대해 토론했는지 궁금해한다.

이런 탈무드식 토론은 하나의 주제를 선정하고 그 주제에 대해 학생들끼리, 또는 랍비와 학생이 토론하는 것이다. 이 토론 교육은 끊임없는 질문과 답변으로 진행된다. 한 주제에 대해 모든 가능성을 생각하고 이에 대해 서로의 주장을 펴며 변론한다. 이렇게 토론식 수업으로 교육을 받은 자들이기에 유대인을 때로는 까다롭게 느끼기도 한다. 유대인의 변호사나, 학자들이 매우 우수하고 꼼꼼한 것은 그들의 토론식 교육에 있다는 것이다. 탈무드의 많은 부분은 이렇게 토론 교육이 가능하도록 질문과 응답의 형식으로 되어 있다.

학생들이 하브루타로 수업하는 모습을 보면 마치 둘이서 말싸움하는 것처럼 보인다. 손을 움직이고 몸을 흔들면서 큰 소리로 논쟁한다. 소리 내어 토론하면서 공부하는 것은 새로운 내용을 빠르게 익히는 아주 효율적인 방법이다(Eran Katz, 2007: 213). 들으면서 말하고, 말하면서 듣기 때문이다. 움직이게 되면 두뇌에 있는 신경망의 수초가 증가하고, 신경전달 속도가 빨라진다. 신경망이 활성화 되어 수초가 증가할수록 학습이 정교화되고 필요한 정보망이 형성된다. 몸을 움직일수록 두뇌에서 이루어지는 지적 과정은 더욱 고도화되는 것이다(김유미, 2002: 250). 움직임이 많을수록, 토론하는 속도가 빠를수록 뇌는 빠르게 움직인다. 뇌는 빠르게 움직일수록 발달하고 사고가 넓고 깊어지며 상황 대처 능력, 문제 해결 능력이 높아진다.

이들은 책을 읽어도 속으로 읽지 않고 소리를 내서 읽는다. 그러면 집중력이 높아진다. 그들은 소리를 내고, 일어나 걸어 다니면서 외우는 것 때문에 다른 사람에게 방해가 될까를 걱정하지 않는다. 왜냐하면 모두가 그렇게 하기 때문이다. 시각과 청각, 움직임을 동시에 활용하기 때문에 뇌가 활발하게 움직이고 그만큼 효과도 높아진다. 하브루타 친구 없이 혼자 공부할 때도 마치 하브루타 하듯이 걸어 다니면서 스스로 묻고 답하면서 하는 경우가 많다.

예루살렘의 통곡의 벽에 서서 토라를 읽고 기도하는 대부분의 유대인은 앞뒤로 몸을 흔들면서 중얼거린다. 가만히 있으면 토라를 읽고 있지 않은 것이고 몸을 움직이면 읽고 있는 것이다. 몸을 움직이면 혈액 순환이 잘 된다. 뇌는 우리 몸무게의 2-3%에 불과한 1.4kg이지만, 산소 소비량은 25%에 이른다. 산소를 가장 많이 소비하는 뇌에 빠르게 혈액을 공급하여 뇌가 빠르게 움직이게 한다. 랍비에 의하면 그런 동작이 시작된 이유는 옛날에 토라가 매우 귀했고 비쌌기 때문이다. 토라 한 권을 쓰기 위해서는 양피지가 필요한 데, 양 30마리를 죽여야 얻을 수 있었다. 또 토라를 양피지에 필사하기 위해서는 몇 년 동안 써야 했다. 토라 한 자 한 자를 아주 정성들여 써야 했기 때문이다. 그래서 한 권을 여러 사람이 보기위해 읽고 뒤로 몸을 젖히고, 다시 다음 사람이 읽고, 이렇게 번갈아 가면서 읽게 되면서 생긴 전통이라는 것이다.

3. 하브루타가 왜 성공을 가져오는가?

짝을 이루어 대화하고 토론하는 하브루타가 어떻게 특별한 유대인을 만들어 가는가? 하브루타가 어떻게 유대인들로 하여금 노벨상을 받게 하고, 아이비리그 대학에 들어가게 하며, 의사나 변호사, 교수 같은 전문가가 되게 하고, 각계각층에서 두각을 나타내게 만드는가?

한마디로 말해서 그것은 하브루타가 뇌를 격동시켜 최고의 뇌로 만들어 주기 때문이다. 하브루타는 무엇보다도 뇌를 격동시키는 교육이다. 왜 그런가? 질문과 토론, 논쟁만큼 뇌를 움직이게 하고 생각하게 하는 것이 없기 때문이다. 변호사와 검사의 법정 논쟁을 떠올려 보라. 그들의 논쟁은 가장 격렬한 머리싸움이다. 법정 논쟁에서 이기기 위해서는 철저하게 준비해야 하고, 상대방의 말을 정확하게 듣고 그 논리를 파악해야 하며, 자신이 왜 옳은지에 대해 치밀한 논리로 설득해야 한다. 상대방이 예기치 못한 질문을 하거나 증거를 댈 때 그것에 대해 제대로 반박하지 못하거나 대응하지 못하면 판결에서 지게 된다. 토론과 논쟁은 뇌를 계발하는 가장 효율적인 방법이며, 고등 사고력을 기르는 최고의 방법이다. 이렇게 변호사와 검사가 논쟁하듯이 어렸을 때부터 짝을 지어 토론과 논쟁으로 공부한다면 뇌가 계발되지 않는 것이 이상한 일이다.

뇌를 격동시킨다는 것을 다른 말로 표현하면 생각하게 만든다는 말이다. 질문은 사람으로 하여금 생각할 수밖에 없게 만든다. 토론과 논쟁을 하려면 그 과정에서 치열하게 생각할 수밖에 없다. 상대방의 말을 들으면서도 동시에 그것에 대해 반박할 말과 논리를 치열하게 생각해야만 한다. 하브루타는 세상의 모든 대상과 사물에 대해 치열하게 생각하게 만든다.

또 하브루타의 가장 큰 장점 중의 하나는 다양한 견해, 다양한 관점, 다양한 시각을 갖게 한다는 점이다. 창의성이란 다르고 새롭게 생각하는 능력이다. 현재 세계의 가장 큰 화두 중 하나가 바로 창의성인데, 그 창의성을 가장 잘 계발할 수 있는 방법이 하브루타이다. 왜냐하면 하브루타는 본질적으로 다른 사람과는 다른 생각, 새로운 생각을 요구하기 때문이다. 탈무드 자체가 랍비와 현자들의 토론과 논쟁집인데, 그런 대가들의 견해에 대해서도 질문하게 하고 다른 견해를 갖게 하는 것이 하브루타이기 때문이다. 토론과 논쟁은 어떤 객관적인 사실에 대해서도 질문을 하게 만든다. 당연하게 생각하는 것까지도 뒤집어 생각하게 한다. 상대방의 의견과는 다른 나만의 견해를 가져야 토론이 가능하다. 결코 일반적인 상식을 가지고 토론에서 이길 수는 없다. 그래서 하브루타는 나만의 생각, 새로운 생각, 남과 다른 생각을 하게 만든다.

더불어 하브루타는 의사소통 능력, 경청하는 능력, 설득하는 능력을 기르는데 가장 효과적인 방법이다. 현대에 들어 소통과 관계의 중요성은 더욱더 부각되고 있다. 아무리 실력을 갖추어도 인간관계를 통하여 풀지 못하면, 그것은 썩고 만다. 아무리 좋은 아이디어와 생각을 가졌다 하더라도 그것을 다른 사람에게 설명하지 못하고 설득하지 못하면 전혀 쓸모가 없다. 하브루타 자체가 대화하고 토론하는 것이기 때문에 의사소통 능력이 저절로 생기게 만든다. 저절로 다른 사람의 말을 경청할 수밖에 없게 만들고, 다른 사람을 설득하는 능력을 저절로 길러준다.

하브루타는 질문으로 시작해서 질문으로 끝난다. 질문이 좋아야 토론이 제대로 이루어질 수 있다. 질문이 좋아야 날카롭게 생각할 수 있다. 배움 역시 질문으로 시작된다. 인간은 배우려면 질문을 가져야 한다. 항상 의문을 가지고 질문해야 한다. 의문을 갖는다는 것은 지혜의 출발이다. 알면 알수록 의문이 생기고, 질문이 늘어난다. 그래서 질문은 인간을 성장시킨다. 유대인 엄마들은 아이들에게 어릴 적부터 끊임없이 '왜?'라는 질문을 던지게 한다. 이것이 호기심을 자극하여 창의적인 사고의 틀이 형성된다는 것이다. 끊임없이 이어지는 '왜?'라는 질문은 노벨상 수상자의 30%를 배출하는 원동력이 되었다. 또 불과 600만 정도의 인구로 자신들의 20배 규모인 아랍권에 둘러싸여서도 당당히 맞설 수 있는 힘이 되었다.

탈무드는 더 좋은 질문이 더 좋은 해답을 얻어낸다고 말한다. 우리는 가끔 자신도 미처 생각지 못했던 질문을 받고 놀랄 때가 있다. 이럴 때 우리의 뇌는 긴장하면서 호기심을 갖는다. 그러면 뜻밖의 좋은 해답을 찾아낼 수가 있다. 좋은 질문이 없으면 좋은 해답도 없다. 유대인들은 질문을 항상 일상생활의 사소한 것에서 끌어내서 대화와 토론을 시작한다. 토라와 탈무드로 논쟁을 하더라도 그 결말에 가서는 이것을 어떻게 현재의 내 삶에서 적용할 것인가를 토론한다. 그 토라와 탈무드의 내용이 지금 이 순간에 나에게 어떤 의미를 갖는지 논쟁한다. 그것을 어떻게 현시점에서 실천할 것인지 따지고 생각한 다음 정리된 생각들을 실천에 옮긴다. 그래서 그들에게 힘이 있는 것이다. 그들에게 지식은 반드시 지혜로 합쳐져야 하고 또한 실생활에 응용할 수 있어야 그 진가를 발휘한다는 것이 유대 교육의 기본 개념이다(박재선, 2010: 21). 이 점이 토라와 탈무드를 고전에 머무르지 않고 현재까지도 살아있게 만들었다.

토라와 탈무드를 근거로 한 치열한 토론의 장점은 날카로운 마음과 선한 성품을 개발하여 인간에게 기쁨을 준다는 데 있다. 철은 철로 쳐야 날이 날카롭게 서듯이, 사람도 이웃과 부딪쳐야 지혜가 예리해진다. 유대인은 하브루타로 학습함으로써 지능이 발달되고, 토론과 논쟁을 통해 친구들과 부딪치면서 서로를 날카롭게 하는 것이다. 여기서 날카롭게 한다는 것이 필풀(Pilpul)이다. 이것은 '날카로운 분석'을 의미하며 탈무드 공부 방법을 말한다. 탈무드를 토론할 때 할라카 판결이나 다른 본문에 대해 여러 단어의 개념적 차이를 설명하고 갈등이나 모순 등을 찾아내기 위해 본문을 집중적으로 분석하는 것을 말한다. 이것이 하브루타 정신이다.

하브루타 교육은 학생의 머리를 비평적이고 분석적이며 조직적이고 통합적으로 만든다. 어디 그뿐인가. 토론하는 동안 본인이 평상시에는 도무지 생각하지 못했던 아이디어들이 무수히 떠오른다. 곧 창의력 계발이다. 토론하는 두 사람의 창의력이 부딪치면서 파생되는 고차원적인 창의력의 시너지 효과는 대단하다. 이런 교육을 받은 유대인이 법조계나 과학계 등에서 두각을 나타내는 것은 결코 우연이 아니다. 질문이 많은 사람은 까다롭고 말도 많다. 이렇게 유대인은 너무나 질문도 많고 말도 많은 민족이다. 심지어 도서관에 가도 조용히 앉아서 공부하기보다 무리를 지어 손짓 발짓을 해가며 시끄럽게 토론한다. 이것이 그들의 뇌를 특별하게 만들었다.

하브루타의 힘은 토라와 탈무드 공부에 지치지 않도록 동기를 부여하는 것이다. 다른 사람과 관계를 맺음으로써 함께 공부하고 어려운 문제를 서로 나누고 그 과정을 극복한 승리를 공유하면서 공부를 지속할 수 있는 책임을 계속 유지할 수 있다. 그래서 학교의 하브루타 친구가 사회에 나가서도 계속될 수 있다. 회당을 통해 하브루타 친구를 새롭게 만난다 하더라도 그 관계는 길게는 죽을 때까지 지속된다.

그래서 하브루타는 평생의 친구를 얻게 만든다. 어떤 사람에게 평생지기가 있다는 것이 얼마나 행복한 일인가? 그것도 평생 동안 매일 만나는 벗을 갖는다는 것은 행복 중의 행복이다. 왜냐하면 유대인들은 하루에 회당을 두 번 가서 세 번의 기도회를 매일 하기 때문에 회당을 통해 하브루타 친구를 매일 만날 수 있다. 그것이 유대인 네트워크의 기본이다. 하브루타는 학생들의 기본 네트워크이며 사회성의 기초가 된다(Nurit Stadler, 2009). 그래서 유대인들의 관계가 그 어떤 민족보다 돈독한 것이고, 그 네트워크가 무서운 힘을 발휘하는 것이다. 당연히 모든 것들에 대해 서로 공유하는 누군가를 만나는 것은 하브루타를 통해 얻을 수 있는 그 어떤 목적보다도 중요하다.

III. 하브루타가 왜 행복을 가져오는가?

필자가 꼽는 하브루타의 가장 큰 장점은 행복과 성공을 동시에 얻게 한다는 점이다. 우리 현대인들에게 가장 큰 가치는 바로 행복과 성공이다. 누구나 행복해지고 싶어 하고, 성공하고 싶어 한다. 그런데 하브루타는 이 두 마리의 토끼를 모두 잡는 것을 가능하게 만든다.

우리나라 사람들은 철저하게 성공 지향적이다. 돈을 많이 벌고, 권력을 쥐고, 높은 자리에 올라가고, 좋은 직업을 갖고, 이름을 널리 알리고 싶어 한다. 이런 모든 것들을 한마디로 하면 성공이다. 그런데 우리나라 사람들은 행복하지는 않다. 하지만 유대인들은 행복지수가 매우 높고, 성공도 이루어 냈다. 이 두 가지를 모두 얻게 한 비결이 하브루타에 있다.

특히 가정 하브루타가 그 비결이다. 가정에서 부모와 자녀 사이에 이루어지는 하브루타는 행복과 성공을 동시에 가져온다. 왜 그러는가? 가정 하브루타가 애착을 가능하게 하고, 부모와 자녀 간의 친밀감을 높이며, 가정에서 행복을 찾게 만들기 때문이다. 더불어 하브루타는 뇌를 격동시켜서 사고력을 높이고, 자녀가 관심 있는 분야에서 저절로 두각을 나타내게 만들어 성공도 가져다주기 때문이다.

하브루타는 부모와 자녀 사이의 안정된 애착을 형성하는 최고의 방법이다. 부모와 자녀 사이에 대화를 많이 하는 것만큼 애착을 가져다주는 것은 없다. 어렸을 때 형성된 그 애착은 모든 문제를 부모와 의논하게 만들고, 자녀의 마음에 스트레스와 분노를 쌓이지 않게 한다. 유대인들이 매일 하는 저녁식사를 통한 대화나, 그들이 매주 하는 안식일 식탁의 긴 대화는 가족들끼리 가장 행복한 순간을 만끽하게 만든다. 유대인들에게 가장 행복한 순간을 물으면 대부분 가족과 친척들이 모여 안식일 식탁에서 허심탄회하게 친밀한 대화를 나누는 시간이라고 답한다. 행복의 시작과 끝은 가정이다. 아무리 밖에서 성공해도 가정이 불행하면, 결국 불행한 것이다. 가정 하브루타는 행복과 성공을 동시에 얻게 만든다.

유대인에게 가장 소중한 시간은 가족들과 함께하는 시간이다. 특히 안식일은 온전하게 자녀에게 투자한다. 아이에게 숙제하라고 시켜놓고 텔레비전을 보는 유대인 부모는 없다. 아버지가 자녀에게 공부하라고 다그치는 것이 아니라 아이를 가르치기 위해 자신도 함께 공부한다. 『유태인 가족대화』의 저자 슈몰리 보테악(Shmuley Boteach)은 "우리 집에서는 되도록 매일 저녁 온 가족이 함께 식사하려고 노력한다. 저녁식사는 그

가족이 한 가족임을 가장 잘 보여주는 활동이며, 가족들만의 시간이다. 이 시간만큼은 전화도, 초인종도, 어떠한 방해도 허락하지 않는다. 우리는 모두 서로에게 삶의 일부다. 나는 아이들이 이 사실을 알고 서로 소중히 여기길 바란다. 온 가족이 모이는 시간은 두말할 필요도 없이 중요한 대화를 나누기에 최고의 기회를 제공한다. 모든 가족 구성원이 인정을 받고, 모든 가족이 대화에 참여하며, 모든 가족이 듣는다. 원하든 원하지 않는 간에."라고 말했다. 그 역시 매일 저녁에는 집에서 식사하는 것을 원칙으로 삼으며, 저녁에 다른 약속을 잡지 않고 가족들과 식사하는 이유가 가족들과 대화하기 위해서라는 것이다.

유대인들은 주로 저녁식탁에서 식사를 하면서 부모와 자녀가 자연스럽게 대화한다. 어떤 주제가 되었든 부모와 대화하면서 질문하고 토론한다. 이처럼 가정에서 주도적으로 자신의 의견을 밝히는 것이 습관이 된 아이들은 사회에서 누구를 만나든 대화에 거리낌이 없고 스스럼이 없다. 어른과 아이가 같은 주제를 가지고 대화를 한다는 것은 우리의 정서로는 이해하기 어렵지만 그것은 아주 어렸을 때부터 계속 대화를 해왔기에 가능한 일이다. 그들은 이미 태교에서부터 아이와 대화를 시작한다.

하브루타는 본문 연구를 구조화하는데 뇌를 자극하여 생각하게 하는데, 이것은 가정에서도 동일한 힘을 발휘한다(Rachel Brodie, 2002). 지금도 세계 어느 곳에 살든지 유대인 가정에서는 금요일 저녁이면 온 가족이 모여 안식일 만찬을 즐긴다. 아무리 바빠도 금요일 저녁만은 한자리에 모여 서로를 확인하고 특별한 식사를 나눈다. 빵을 떼고 포도주를 마시고 노래를 부르고 이야기를 나누면서 아주 긴 식사를 한다. 이들 유대인에게 안식일은 모든 가족들이 한자리에 모인다는 의미를 갖는다. 떨어져 사는 식구들도 이날만은 함께 한다. 이야기를 함께 나누고 행복과 즐거움을 공유한다. 다음 주에 할 일에 대해 서로 대화하고, 서로 하고 싶은 이야기를 실컷 하는 것이다. 이것이 유대인에게 있어 가장 큰 행복이다. 어느 랍비는 말하기를, 유대인들이 안식일을 맞는 마음가짐은 마치 어떤 특별한 손님을 초대하고 그를 영접하기 위해 준비하는 것과 같다고 말한다. 이런 과정을 통해 가족 간의 유대는 깊어진다.

유대인들의 중심에는 항상 가정이 있다. 가정이라는 울타리 안에서 벌어지는 가족들 간의 교감이 핵심이다. 가정은 유대인 교육에서 가장 중요한 곳이며 많은 가르침과 배움이 실행되는 곳이다. 그리고 유대인 가정에서 이루어지는 교육의 핵심에는 저녁 식사가 있다. 대부분의 유대인들이 매일 저녁을 집에서 가족들과 함께 먹는다. 이들에게 식탁은 단순히 음식을 나누는 자리가 아니다. 이들의 식탁은 가족 간의 교감이 이루어지고 자녀들에 대한 교육이 시작되는 공간이다.

유대인들에게 식탁은 자녀들의 인격 형성에 매우 중요한 장소다. 대부분의 유대인들은 바쁜 현대인의 삶 속에서도 저녁은 집에서 식사를 하며, 이런 저녁 식사를 통하여 하루를 정리하고 서로 있었던 일을 나눈다. 이 공간은 아이들에게 질문을 던지는 기회이고, 허심탄회하고 자유로운 토론이 이루어지는 장이다. 매일 이루어지는 저녁 식사에서 다루어지지 않는 주제가 없고, 이를 통해 아이들의 지적 호기심은 계속 자라나고, 그 호기심을 채우기 위해 스스로 책을 읽고, 자발적으로 공부를 한다. 이렇게 가정에서 가족들끼리 자연스럽게 대화를 나누고 토론하는 것이 가정에서의 하브루타이다.

특히 안식일 저녁은 유대인에게 가장 중요한 날로 그들 교육의 출발은 안식일 저녁 식탁이다. 안식일 저녁 만찬(Shabbat dinner)은 공식적인 유대인들의 수다 떠는 시간이다. 유대인들은 수천 년 동안 이어온 이 전통을 통해 가족의 가치를 깨닫고 자신들의 문화를 지켜왔다. 의사소통에서 가장 기본적인 것은 가족끼리의 의사소통이다. 하나님에 대해 자녀에게 알려주고, 유대인 정체성을 심어주는 모든 것들이 이런 의사소통을 통한 것이다. 유대인들은 안식일을 종교적 의식의 날로 여기기도 하지만, 가족들이 함께 모여 조용히 휴식을 취하고 서로 대화하는 가족의 날로 여긴다. 이날에는 사업상의 만남이나 전화 통화는 물론 신문이나 TV도 보지 않고 조용히 명상을 하거나 책을 읽으며 하루를 보내게 된다. 특히 가족들 사이의 대화가 아주 자연스럽게 이루어진다. 아이들이 단순한 가족의 한 구성원으로서가 아니라 가족들과 교류하는 일원으로서 참가하는 최초의 자리가 식탁이다. 식탁을 둘러싸고 가족들이 얼굴을 마주할 때 어른은 물론 설사 말을 못 하는 아이까지도 무의식중에 가정이라는 하나의 집단의식을 느낀다. 유대인들은 자녀가 만 한 살이 되면 식탁에 앉혀 함께 식사에 참여하게 하여 식탁 교육을 시작한다.

하브루타나 탈무드 논쟁하면 보통 학교나 회당을 먼저 떠올리지만, 하브루타의 출발점은 가정이다. 가족끼리의 하브루타는 그 가정에 행복을 가져다준다. 어머니와 자녀의 하브루타는 태교에서부터 시작된다. 태아에게 이야기를 들려주고, 말을 걸고 대화를 나누는 것이 태아와 어머니의 헤브라타이다. 이렇게 태교에서 시작된 가족 하브루타는 아이가 태어나면서 본격적으로 시작된다. 베드 사이드 스토리도 대표적인 하브루타이다. 아이가 자기 전에 책을 읽어주거나 동화를 들려주고 나서 그 내용을 가지고 질문과 대답, 대화가 이어진다. 부모와 자녀 사이에 질문과 대화, 토론은 수시 때때로 이루어진다. 부모는 집에서 항상 자녀들에게 질문을 던지기 때문에 그 질문에 대한 답을 알기 위해 자녀는 책을 읽을 수밖에 없다. 부모도 자녀와 대화하고 토론하기 위해 계속 책을 읽는다. 책의 내용을 가지고 틈나는 대로 토론한다. 토론의 내용은 주변에 일어나는 그 어떤 일이든 가능하다. 아파트 복도의 자전거를 보고서든, 신호를 무시하고 도로를 건너는 사람을 보고서든, 신문에 나오는 기사를 보고서든 어떤 일이든지 하브루타의 소재와 주제가 된다.

가족끼리의 대화가 주는 가장 큰 혜택은 삶에 행복을 가져다준다는 점이다. 우리는 행복을 일에서 찾을 수도 있고, 직장의 성공에서 찾을 수도 있고, 명예에서 찾을 수도 있고, 많은 재산에서 찾을 수도 있다. 하지만 가장 많은 지혜를 가졌고 가장 많은 아내, 즉 1,000명이나 되는 아내를 가졌으며, 궁궐에 금이 넘쳤고, 자신의 지혜에 대한 소문이 다른 나라에까지 나서 왕들이 찾아오기도 했던 솔로몬도 스스로 "모든 것이 헛되다."고 고백했다. 우리가 행복을 밖에서 찾으려고 하는 것이 비극 중의 비극이다.

가장 성공한 사람은 가족 안에서 성공한 사람이다. 가장 행복한 사람은 가족들이 인정해주고 존경해주는 사람이다. 유대인들에게 가족들 사이의 대화는 이런 행복을 가능하게 한다. 우리가 느끼기에 율법에 얽매여 사는 유대인들은 그 삶이 매우 팍팍하고 괴로우며 짐을 지고 사는 것처럼 느껴질지도 모른다. 하지만 유대인 가정에 들어 가보면 그들의 얼굴과 표정에서 행복한 느낌을 받을 수 있다. 그런 행복감은 어려서부터 지속적으로 거의 매일, 자녀와 부모가 마음을 나누고 진심을 나누는 대화를 했기 때문에 생긴 것이다.

IV. 유대의 교육 vs 한국의 교육

왜 우리는 최고의 지능과 최고의 열심과 노력, 그리고 최고의 교육열을 가지고서도 유대인을 따라잡지 못하는가? 하버드 대학교 재학생 중에서 유대인은 30% 정도를 차지하지만, 한국과 중국, 일본계 학생을 모두 모아도 5% 미만이다. 하버드 대학에 재학 중인 한국계 학생은 1% 정도에 머문다. 그렇게 어렵게 들어간 아이비리그 대학 중도 탈락률 또한 한국계 학생은 44%에 이르지만 유대인은 12% 정도에 머문다. 우리 학생들의 중도 탈락률이 유대인의 네 배에 가까운 것이다. 유대인들은 세계 전체 1,500만 명도 안 되는 숫자를 가지고, 노벨상 30% 정도를 가져가는데, 우리는 8,000여만의 인구 중 노벨평화상 단 한 명이 있을 뿐이다.

우리나라 국민들은 유대인에 비해 지능이 높다. 그리고 체험 학습도 많이 한다. 유대인보다 훨씬 많은 시간을 공부한다. 조기교육도 우리가 빨리 시작하고 숫자든 문자든 먼저 가르친다. 교육의 양도 우리가 많다. 많이 알고 있는 것도 우리다. 교사 수준도 최고다. 그런데 그 결과는 우리가 유대인에 뒤진다. 그러면 도대체 어디서 잘못되고 어떤 차이가 있는 것인가?

물론 우리의 교육에도 장점이 많다. 정답과 해결책을 가장 빨리 찾아내는 탁월한 능력을 가졌다. 그런데 내가 안타까워하는 것은 그런 장점을 살리고, 유대인 교육에서 배울 점을 받아들여 보완한다면 세계 최고의 효율적인 교육을 할 수 있을 텐데 그러지 못하고 있다는 점이다.

필자가 유대인 교육을 연구하면서 한국인의 교육과 비교되는 점을 생각나는 대로 정리한 것이 다음의 <표-1>이다.

<표-1> 한국인 교육과 유대인 교육의 비교

한국인 교육	유대인 교육
성공 우선	가정 우선
애착에 소홀	안정된 애착
정체성, 가치관 소홀	분명한 정체성
개인 출세, 자아실현	티쿤 올람(세상을 더 아름답게)
성적	실력
지식	지혜
시험 합격	생활 실천
암기	이해와 적용
선행학습	적기교육
조기학습	조기교육
문자, 숫자 등 인지 우선	애착과 관계 우선
삶과 유리	삶과 직결
연역적, 교훈 중심	구체적, 귀납적
교과서적 지식	실제 삶의 지식

한국인 교육	유대인 교육
강의와 전달	토론과 논쟁
듣는 교육	묻는 교육
외우는 교육	생각하는 교육
양의 교육	질의 교육
하나의 정답 중심	다양한 해답 중심
단답형, 단편적 지식	문제해결 능력, 사고력
스펙	내공
외적 동기	내적 동기
타율	자율
권유, 지시	격려, 자극
끌고 가는 교육	밀어주는 교육
혼자 책상에 앉아서 공부	친구와 토론하면서 함께 공부
조용한 도서관	시끄러운 도서관

우리의 교육은 한 마디로 '듣고 외우고 시험 보고 잊어버리고'의 반복이다. 이를 더 줄이면 '공부하고 시험 보고 잊어버리고'의 끊임없는 반복이다. 학교의 중간고사와 기말고사든, 수능이든, 사시든, 행시든 다 똑같다. 우리의 교육은 그 어디를 가나 계속 듣는 교육이다. 교실에서 10년이 넘도록 선생님에게 설명을 듣는다. 학원에서도 선생님의 설명을 열심히 받아 적는다. 강의실에 앉아서 교수님에게 계속 강의와 설명을 듣는다. 세미나에서 발표를 계속 듣기만 한다. 교실에서든 강의실에서든 세미나장에서든 거의 질문이 없다. 질문을 하면 설명할 시간을 잡아먹고, 교사를 귀찮게 하는 학생 취급을 받는다.

도서관에서도 칸막이가 되어 있는 자리에 혼자 앉아서 책을 죽어라고 읽으면서 외운다. 열심히 듣고 공부하고 외운 것을 바탕으로 시험을 본다. 시험을 보면 그것으로 끝이다. 다 잊어버린다. 애써서 외운 것들은 모두 잊어버린다. 열심히 듣고 외우고 공부했던 지식들은 모두 컴퓨터 안에 있다. 컴퓨터나 핸드폰만 있으면 그렇게 외운 지식들은 쓸모가 없다.

계속 학원에서 공부만 하고 밤에 잠을 자지 못하고 책상에 앉아서 달달 외우는 것이 정말 효과적인 교육이라면 유대인보다 한국인이 미국 아이비리그 대학에 훨씬 많이 가고 사회적으로도 성공한 사람이 많이 나와야 설득력을 갖는다. 가정을 중심으로 대화와 토론을 하는 유대인 교육이 비효율적이고, 한국처럼 학교와 학원에서 밤늦게까지 공부를 하는 것이 효율적이라면 인구 비례로 보아도 유대인보다 한국인이 좋은 대학에 많이 가야하고, 사회적으로 더 많이 성공해야 한다. 그런데 현실은 그렇지 않다.

우리 교육의 패러다임을 뿌리부터 바꿀 필요가 있다. 하나의 정답, 지식, 듣는 교육, 성적을 다양한 해답, 지혜, 묻는 교육, 실력을 바꿔야 한다. 유대인들이 세계 0.2%의 인구로 노벨상 30%를 차지하고, 미국 2%의 인구로 아이비리그 대학생 30%를 차지하는 가장 큰 이유는 하브루타에 있다. 하브루타란 '짝을 지어 질문하고 대화하고 토론하고 논쟁하는 것'을 말한다.

유대인들이 아이를 임신했을 때 태아에게 책을 읽어주고 이야기를 들려주는 것도 하브루타이고, 가정에서 식사를 하면서 아버지와 학생이 질문하고 답변하는 것도 하브루타이다. 학생이 잠들기 전에 어머니가 동화를 들려주면서 대화를 나누는 것도 하브루타이다. 학교에서 교사가 학생들에게 질문하면서 토론 수업을 하는 것도 하브루타고, 학생들끼리 짝을 지어 서로 가르치면서 토론하는 것도 하브루타이다. 예시바에서 토라와 탈무드의 구절을 놓고 둘씩 짝을 지어 심각하게 논쟁하는 것도 하브루타이고, 회당에서 평생지기와 만나 탈무드 공부를 하면서 토론하는 것도 하브루타이다. 이것을 단순화하면 함께 이야기를 나누는 것이다. 아버지와 학생이 이야기를 나누고, 친구끼리 이야기를 나누고, 동료와 이야기를 나누는 것이다. 그 이야기가 약간 전문화되면 질문과 대답이 되고, 대화가 된다. 거기서 더 깊어지면 토론이 되고, 더욱 깊어지고 전문화 되면 논쟁이 된다.

실제로 유대인들에게 교육의 비밀을 물으면 별다른 게 없다며 시큰둥한 반응을 보인다. 하지만 그들은 그 안에 있어서 잘 모른다. 그들을 알려면 밖에서 보아야 한다. 유대인에게 하브루타는 우리의 김치와 같은 것이다. 우리는 김치를 몸에 좋기 때문에 먹는 것이 아니라 조상 때부터 먹어왔기 때문에 먹는다. 요즘에 와서야 그 김치가 우리 몸에 좋다는 것이 밝혀지고 있을 뿐이다. 유대인들 역시 가정에서 가족들끼리 저녁 식사를 하면서 대화를 나누는 것이 좋은 혜택이 많아서 하는 것이 아니라, 그렇게 조상 대대로 해왔는데 지금에 와서 그것이 유대인의 정체성을 지키고 그들을 성공시키는 핵심임을 깨닫게 된 것이다.

V. 창의 인성교육도 결국 하브루타

현재 학교에 창의 인성 교육이라는 말이 열풍처럼 번지고 있다. 미래의 핵심은 창의성에 있고, 어느 시대든 인성이 가장 중요했다. 그런 창의 인성 교육의 가장 좋은 방법은 무엇일까?

유대인 교육이 무조건 좋은 것이 아니다. 우리 교육에도 장점이 많다. 유대인 교육이 우리 실정에 맞지 않는 것도 있고, 현대의 삶에 적용하기 어려운 것도 있다. 하지만 그 누가 보지 않는 곳에서도 하나님이 보신다고 생각하고 바르게 살려고 노력하는 그들의 '인성'과 하브루타를 통해 뇌를 훈련시켜 다양한 시각으로 세상을 바라보는 남과 다르게 생각하는 그들의 '창의성'만큼은 배워야 한다.

미국에 유학을 가거나 이민 2세들이 명문대에 진학했다는 뉴스를 자주 듣는다. 이제 우리나라에서 고등학교를 졸업하고 미국 대학에 들어가는 경우도 늘고 있다. 하지만 이들은 대학을 다니다가 거의 절반 가까이가 중도에 탈락하고 있다. 또 대학에서 중도에 탈락하지 않고 졸업하더라도 미국 주류 사회에 진출하여 정착하는 경우는 드물다. 설사 진출에 성공했다 하더라도 몇 년을 못 넘기고 실업자로 전락하거나 자신의 전공을 계속 살리지 못하고 소규모 자영업을 하는 부모를 돕는 신세가 되고 만다. 그것은 통계가 보여준다. 포춘지에 의하면 한국인이 미국의 500대 기업에 간부로 일하는 경우는 0.3%에 불과하다고 했다. 이에 비해, 유대계는 41.5%, 인도계는 10%, 중국계는 5%를 차지했다. 유대인은 우리의 140배이고, 인도인은 우리의 33배에 해당한다.

왜 이런 결과가 초래되었는가? 우리는 자녀를 다른 과외 활동은 못하게 하고 학교와 학원에 틀어박혀 공부만 하는 학생으로 만드는 데만 신경을 썼기 때문이다. 하지만 이런 인재는 성적은 좋고 똑똑할 수 있지만 인성 면에서는 편협하고 자기만 아는 경우가 많다. 이들은 다른 사람과 잘 어울리지 못하고 직장 생활에서 자주 부딪히게 되고 그래서 오래 가지 못한다. 인간관계에 대한 훈련이 어려서부터 되지 않은 것이다. 그런 인간관계의 기본은 자녀와 부모 사이이고, 가족간의 관계가 제대로 형성되지 못하면 사회에 나가서도 다른 사람과 대인 관계를 맺기 어렵다.

하브루타는 인성과 창의성에 탁월한 교육 방법이다. 토론 교육은 학습자의 인지적, 창의적, 사회적 학습에 긍정적 효과가 있을 뿐 아니라 아이디어 산출, 개선과 수정, 보완과 결합 등의 창의적인 특성들을 자극해서 싹 틔운다, 더불어서 학습 과정을 통해 서로의 의견에 관심을 기울이고 배려하는 습관을 통해 결과적으로 인성교육에도 효과적임을 알 수 있다.

필자는 강의할 때 교재나 논문을 읽고 반드시 질문을 만들어오라고 한다. 그런데 한국 학생들은 이렇게 만들어온 질문조차도 하지 않으려 한다. 호명을 하면, 간신히 자신이 준비해온 질문을 하는 것도 아니고 그것을 읽는다. 그 질문을 보면 학생이 교재를 읽었는지, 어느 정도 이해했는지 정확하게 알 수 있다. 이처럼 질문은 그 사람의 수준과 생각, 아는 정도를 정확하게 보여준다. 무엇을 알고 있는지, 어디까지 이해하고 있는지 질문을 보면 모두 알 수 있다. 유대인들은 질문을 통해 그 사람을 평가한다. 많은 유대인들은 학생들이 제시한 답이 아니라 질문을 통해 그 학생을 평가한다. 하브루타는 이런 질문을 하게 만든다. 질문은 사람을 창의적으로 만든다.

하브루타는 자기가 주장하는 것이든 남이 하는 주장이든 무조건 받아들이거나 무조건 반대하기 전에, 왜 그렇게 되는지 근거를 물어야 하고 또 다른 사람의 견해와 견주어 보아야 한다. 언제라도 자신의 생각이 틀릴 수도 있다는 열린 생각을 해야 한다. 만일 자신의 생각이 틀렸다고 판단되거나 상대방의 주장보다 근거가 부족하다고 판단되면 기꺼이 자신의 생각을 바꿀 준비가 되어 있어야 한다. 토론할 준비가 된 사람은 곧 다른 사람에게 설득당할 준비가 된 사람이다.

하브루타, 그것은 앞의 표가 보여주듯이 우리에게 있어 모든 교육에 대한 패러다임을 바꾸는 교육혁명에 해당한다. 하브루타는 우리가 최고의 가치라고 생각하는 행복과 성공을 동시에 가져다주는 핵심이다. 더불어 새롭고 다른 시각으로 보게 하는 창의성을 본질적으로 계발시키며, 모든 문제를 가정에서 의논하고 토론하게 함으로써 마음속에 분노가 쌓이지 않게 하는 인성교육에 가장 탁월한 방법이다.

03

아픔 속에서 엿본 행복

노동영 (Noh Dong Young)

전) 서울대 부총장
현) 서울대 의대 명예교수

노교수는 행복에 대한 근원적이고 철학적인 질문을 던진다.

그가 말하는 행복은 마음먹기에 달려있다고 한다. 언제 어떤 상황 속에서도

긍정 마인드를 갖고 건강문화를 조성하고, 예술활동이나 신체활동을 꾸준히

한다면 우리 모두를 행복하게 할 것이라고 역설한다.

03
아픔 속에서 엿본 행복

들어가는 말

　　　　　　　　　　우리가 살아가는 동안 "행복이 무엇인가"에 대한 질문들이 끊임없이 이어진다. 행복을 추구할 권리를 헌법(헌법 제10조 행복추구권에서는, 모든 국민은 인간으로서 존엄과 가치를 가지며 행복을 추구할 권리를 가진다)으로 규정하고 있을 정도로 행복은 우리 삶에 없어서는 안 될 절대적으로 꼭 필요한 것이다. 그럼에도 불구하고 한 마디로 이것이다라고 정의를 내리기는 쉽지 않다.

　그것은 실체가 없기 때문일 것이다. 흔하게 사람들이 추구하는 지위, 명예, 부로 측정이 된다면 아주 쉽게 행복을 말할 수 있겠지만, 가장 확실한 것은 그 세 가지가 행복을 의미하지는 않는다는 것이다. 그렇다면 무엇이 행복인가? 꼬리에 꼬리를 무는 질문들이 이어지면서 찾은 해답은 행복은 마음먹기에 달려있다는 것이다.

그리고 양이 아니라 그 질이 중요하다는 것이다.

그렇다면 행복을 만들 수도 있을까?

집을 만들 때 기반이 단단한 땅과 토목이 필요하듯, 행복을 만들기 위해 단단한 기반이 있어야 한다. 즉 건강이 먼저 받쳐 주어야 한다는 것이다.

나는 하루 종일 아픈 사람들을 만나는 의사로서 건강에 대한 부분을 많이 언급하고 싶다. 건강은 기본이다.

돈을 잃으면 조금 잃는 것이고 명예를 잃으면 많이 잃는 것이고 건강을 잃으면 전부를 잃는 것이라고했다. 건강하지 못하면, 물질이고, 지위고 아무 소용이 없다.

그렇다고 해서 건강하지 못하면 불행하다고만 단정 지을 수도 없다. 나는 수많은 암환자분들과, 아픈 사람들을 평생 대하고 지내오면서, 한때는 병에 걸리면 불행이 찾아 왔다고만 생각한 적도 있다. 일반적으로 병에 걸리면, 그들에게 찾아온 불행이라고 표현하기도 한다. 그런데 많은 환자들이 괴로움과 고통을 이겨가며 행복을 만들고 있었다. 자신들이 힘든 가운데서도 자신보다 더 힘든 사람들에게 힘을 주며 나눔을 실천하고 건강할 때보다 더 많은 활동을 펼치면서 기쁨가득 행복가득인 것을 보면 행복은 어느 한 사람의 소유물이 아니라 내 행복이 다른 사람의 행복과 같이 있다는 것을 알게 된다. 그래서 아픔 속에도 행복이 숨어 있다는 것 또한 알게 되었다.

행복은 무엇이라도 좋다. 내가 받을 때보다 나누어 줌으로 해서 내가 행복해지는 것을 보면 행복은 정말 마음에서 좌우한다. 어떻게 마음먹느냐에 따라서 행복이 결정되니 내 마음 안에 있는 내 생각 차이일 뿐 무엇이 되어야 한다는 조건 같은 것은 없다. 육체적인 고통을 다스리고 지배하여 극복할 수 있는 원동력이 마음과 생각이니 정신이 육체를 이긴다는 이 말이 가슴에 들어온다.

그렇다면 행복과 건강이 어떻게 결부가 될까? 행복하기 위한 건강의 조건, 건강도 타고나는 것도 있지만, 현대 사회에서는 관리, 후천적인 요인이 훨씬 더 건강을 좌우한다. 자기라는 존재의 가치를 깨달으며 어떻게 사는 게 진정한 행복인지 깨달으며 삶을 재무장한다.

나는 2000년 밀레니엄 해에 유방암 환우분들을 모아서 비너스회라는 환자 모임을 만들었다. 벌써 강산이 두 번이나 바뀐 2020년, 코로나19에도 불구하고, 조촐하게 20주년 기념식을 했다. 비너스회에는 전국에 20여 개의 지부에 1,000여명의 회원들이 있었다. 매년 수련회를 할 땐 대형버스 6-7대가 전국을 돌아야 하는 전성기 때도 있었고, 홍콩, 시카고, LA 등 해외지부도 있었다.

나는 20년이 지난 지금까지 비너스 홈페이지에서 매일 약 5만 개에 가까운 질의응답을 달아주고 있다. 그들과 함께 그들의 고민, 그들의 아픔을 들어주고, 오랜 간접경험을 함께해 오고 있다. 모두 힘든 일이라고 하지만, 나는 나를 찾는 사람들이 있다는 사실에 오히려 위안을 받고, 아침일찍 답을 달아주며 하루를 시작하는 것이 버릇이 되어버렸다. 내가 그들과 나눈 작은 나눔은 나를 외롭지 않게 했으며 나에겐 없으면 안 되는 개인의 커다란 행복이 되어 돌아왔다, 나의 작은 나눔이 커다란 행복이 되어온 것을 보면 내 행복 또한 다른 사람들의 행복과 같이 있다는 것에 나도 모르게 빙그레 웃음 짓곤 한다.

그동안 비너스회 회원들과 함께 산악회 모임을 만들었고, 합창단도 만들어 활동하고 있으며, 요가 교실, 노래 교실, 웃음 치료 등 취미 모임도 만들어서 함께하고 있다.

그래서 이번에는 특별한 모임을 하나 그려보고 있다.

비너스회라는 '환자 모임'을 '비너스회 미인 모임'으로 싹 바꾸어 모든 환자를 미인으로 만들었으면 하는 그림을 그려본다.

모든 여성은 나이가 많으나 적으나 아름다운 미인이길 바란다. 그러다 보니 요즈음에는 시니어 미인대회도 있고 각 단체의 다양한 프로그램 중에 미인대회는 최고의 행사이다.

미인대회가 좋은 것은 무엇보다 가족과 함께한다는 것이다. 큰 아픔을 견디어내고 가족들의 응원을 받으며 무대에서 주인공이 될 때, 그 두근거림으로 인해 몸과 마음의 모든 병이 말끔히 치유되는 기분이 들 것이다.

비너스회의 20번째 생일을 맞아 비너스회의 기념 책자를 만들었는데 왕년의 비너스 회장을 하셨던 분의 글을 인용해 본다.

● 예전 그 시절에는 3층 상담실 간호사 선생님 옆에서 비너스 회원들이 교대로 나와 신입 환우들에게 선배의 말 한마디로 위로와 안도감을 전해주곤 했다. "힘내세요" 그 한마디에 긴 세월 인연이 되었던 홍콩 환우의 초대로 한유회합창단이 홍콩까지 가서 공연을 했고 무슨 말을 했는지 기억도 나지 않는 내게 5년 전 위로의 말 한마디가 너무 큰 힘이 되었다고 맛난 밥을 사주러 오신 분도 있었다. 또 본인은 개인교습 체질이라며 밥집으로, 카페로 나를 모시고 다녔던 아주 겁 많은 환우도 있었다. (중략)

매년 여름이 끝나갈 즈음의 행사였던 비너스회 여름 수련회에서는 전국 방방 곡곡에서 모인 회원들이 관광버스 6-7대에 나눠 타 강원도, 경상도, 전라도 등 그야말로 팔도를 누비며 다녔다. 어느 해의 수련회에서는 휘닉스파크의 대형 노천 풀장에서 사진 속 수백 명의 여성 가운데 유일한 남성이 노동영 교수님뿐! 인적도 있었다.

노교수님과 한라에서 백두까지, 또한 국내를 넘어 4,000m급 일본의 야쯔가다케, 중국의 차마고도, 결국 오매불망하던 히말라야 5,000m까지 올라서 감격의 눈물을 흘렸었다. 2020년 7월에도 중앙아시아 키르키즈스탄 트래킹 계획이 있었는데 코로나로 인하여 연기해둔 상태이다. 이렇게 노교수님과 유방암 환우들의 도전은 오늘도 현재 진행형이다. (중략)

20년이 지난 지금 조금도 변하지 않은 것이 있다. 며칠 전 그 환우에게 궁금한 것이 있으면 인터넷에 떠도는 엉터리 소문 듣지 말고 비너스회 게시판 노교수님 Q&A에 들어가서 문의하라고 권하며 나도 오랜만에 들어가 보았다. 48428번의 글인데 술을 가끔, 조금씩 기분전환으로 마셔도 괜찮으냐는 질의에 노교수님의 긍정적이고 위트 넘치는 답변이 예전 그대로이다.

답; 잘 지내고 계시네요.
어쩌다 술도 한잔하고, 즐겁게 살려고 돈도 벌고, 친구도 만들고 그러는 거예요.
인생의 목표가 암 안 걸리고, 코로나에 감염 안 되는 것처럼 되었어요.
지금은 코로나만 안 걸리면, 최고로 성공한 인생이 되어 버렸지요. 우습지요?
귀하는 너무나 잘 조화롭게 지내는 것이어요.
그런데 그것 마시고 어쩌나, 암 걸리면 등등.
걱정할 것이면 끊어 버리시고...
                                                        - 비너스회 노동영 박사 Q&A 중에서

그들과 함께 비너스회를 운영하고 자문하면서, 그들에게서 많은 것들을 배운다. 각기 다른 그들이 같은 아픔을 겪으면서 스스로 터득하고, 그 아픔을 통해 마음 문을 열어놓고 자신의 인생을 관조하며 "선생님 차라리 암에 걸려 본 것이 잘 되었던 일 같아요."라고 말 할 땐 아픔 속에서 행복을 엿볼 수 있게 한다.

다른 환우분의 글을 인용한다.

● 10살 된 아들이 새천년에 세상을 떠났을 때 나는 그 일로 세상의 바닥에 내려온 줄 알았다. 하지만 5년 후 유방암 수술을 받으니 그 지하실 밑에 또 다른 지하가 있는 줄 알게 됐다. 하나님을 믿는 가정에서 태어난 나는 인간의 모래알 같은 위로를 거절하기로 했다. 손가락 사이로 새어 나가는, 잡을 수 없는 흐르는 액처럼 다가와 필요하지 않은 것을 남에게 인심 쓰는 척 주는 깍쟁이 인간이 위로하는 그들의 입부터 막기로 했다. 유방암인 것을 들킨 엄마와 우리 자매들 외에는 아무에게도 이야기하지 않기로 했다. 누구에게도, 교회에도, 내가 알고 지내는 모두에게도 그 일을 잘했고, 지금도 잘하고 있다고 생각한다. (중략)

시간이 지나면서 나를 중심으로 생각이 자라기 시작했다 우선 내가 즐거워야 한다. 내가 좋아야 한다, 내가 행복해야 한다. 이렇게 내가 내 안에서 커가기 시작했다. 그렇게 긍정적으로, 또 배려하면서 나는 물론 타인에 대한 이해도 커지고, 아주 감사한 마음으로 세상의 삶은 가족에서부터 시작했다. (중략)

감사한 일은 이 기회로 세상의 욕심 주먹에서 서서히 손을 펼 수 있게 된 것이다. 욕심낸다고 내 것이 되는 것도 아니고 부정하게 더 가진다고 해도 편한 잠 못 자고 맘 편히 가지지도 못하고, 사람들이 나중에 가장 후회되는 일은 배려하지 못한 것이라고 한다. 나는 이미 깨달았으니 그 교훈을 실행해 가면서 "살고 싶다" 이제 나는 인생에서 가장 편한 60대 중반을 향해 올라간다. 가슴 한쪽을 잃고 많은 것을 느끼고, 알아가고, 배워간다. 참으로 감사한 인생이다.

암을 이겨낸 다른 분의 글도 있다.

● 나의 인생 여정에 갑자기 찾아온 병마는 이제까지 살아온 삶을 돌아보며 새로운 인생 전환점의 계기가 되었다. 오로지 앞만 보고 가족을 위해 쉬지 않고 달려온 나에게 한 박자 쉬면서 욕심 없이 살아가는 방법을 가르쳐 주었으며 나아가 건강의 소중함을 일깨우고 나쁜 생활 습관을 근본적으로 바꿀 수 있었다. 아주 평범한 일상도 이게 행복이구나! 하고 느끼게 되고 나에게 주어진 시간들이 소중하게 생각되었다. 처음에 암이라는 진단을 받았을 때는 방황도 하고 불안하고 궁금한 점도 많았지만 시간이 좀 지나가니 아, 이렇게 하면 되겠구나! 하는 나름의 건강법도 터득하게 되었다. 첫째 무엇보다 중요한 건 긍정적인 생각과 스트레스를 받지 않으려고 노력하는 마음가짐이고, 그다음은 운동을 꾸준히 하고 밤에 일찍 자는 것, 마지막으로 건강에 좋은 음식을 가려서 잘 먹는 것이라고 생각한다.

물론 이렇게 10년이 넘도록 건강을 유지하면서 행복하게 살아갈 수 있는 이유는 우리 비너스회 모임이 큰 도움이 되었다. 우리들은 모두 삶의 한고비를 넘겼다는 공통점을 가지고 있다 보니 만나면 웃느라 정신이 없다. 모두들 건강을 잃으면 돈도 그 무엇도 소용이 없다는 걸 스스로 깨닫고 살아온 동지애라고 할까? 아무튼 우리는 만나면 늘 즐겁고 행복하다.

나는 건강과 관련해 한국유방건강재단을 만들고 대한암협회를 이끌면서 20여 년 전부터 핑크리본캠페인, 핑크마라톤, 핑크런등의 행사를 주최하며 강조한 것이 있다.

건강을 위해서 "무엇 무엇은 하고 무엇 무엇은 하지 마라" 등으로 건강을 지키는 것은 한계가 있다. 담배만 해도 그렇다. 코미디언 고 이주일 씨는 병원에서 폐암으로 사망하기 직전에 담배를 피우면 폐암에 걸려서 자신처럼 된다고 자신을 보고 담배를 끊으라는 금연 광고도 했었다. 그러나 폐암에 걸린다고 아무리 말해도 소용없다. 담뱃갑에 폐가 망가진 사진도 넣어보고, 담뱃값을 올려 보기도 하고, 사방 군데 금연이라고 써 붙이고, 담배를 필 수 있는 장소를 줄여보고 한마디로 별짓을 다 해보아도 소용이 없다. 그러니 단순히 담배를 피지마라가 아니라, 사회가 담배를 피우기 불편한 분위기를 만들어 자연적으로 담배를 피우지 않게 되는 문화를 만들어 가야 한다. 그래서 그런 운동의 일환으로 의과대학에 새로이 건강지식센터를 설립하여, 올바른 건강 지식을 만들어 퍼뜨리고, 일부 건강문화 운동을 기획하고 생활 습관화된 즐거움 속에서 건강이 자연스레 따르도록 시도하였다.

그 한 예가 허리둘레 5% 줄이기 운동이었다. 체중이 늘어나고 복부 비만으로 허리둘레가 굵어지면 대사성질환이 늘어나니까 살을 빼라 살을 빼라 입이 부르트도록 말을 한다. 그러나 살을 빼야 된다고 아무리 말을 해도 금연만큼이나 실천이 어려운 것이 뱃살이다. 오죽하면 '뱃살과의 전쟁'이라는 단어가 있겠는가. 그만큼 어렵다는 이야기다. 그래서 생각한 것이 우리나라 성인의 대부분이 많은 시간을 보내는 직장에서 건강문화를 만들어 보자고 시작한 것이 '허리둘레 줄이기 운동'이었다. 보험연합회를 설득하였다. 가입자들이 병에 적게 걸려야 지출도 적게 나갈 것이니, 이 작업을 함께 하자고 청했더니 기꺼이 함께하기로 하고 후원을 했다. 제일 먼저 신문에 허리둘레 줄이기 운동 광고를 내고, 직장 내 허리둘레 줄이기 운동에 참여할 직장은 신청하라고 하였더니, 아주 큰 기업부터 관청까지 너무나 많은 기관들이 자기네 회사에서 해 달라고 요청이 왔다. 이렇게 많은 연락이 왔다는 것은 그만큼 건강에 관심이 많다는 것이었다.

일단 우리는 직장에 직원들을 위한 운동시설, 식당이 잘 되어 있는 곳을 세 곳 선정해서 각 분야의 전문가들이 직접 시범 사업을 벌이기로 했다. 전략은 대학의 영양학을 전공한 교수가 직접 그 식당의 식단을 검토하고 개선해 주는 일이었다. 내분비내과의 교수가 직접 대상자들을 검사하고 저위험군과 고위험 군으로 나누어, 그들을 분류하고 교육과 함께 상담을 받아 주었다. 운동요법은 위험군에 따라 밴드 요법과 무거운 것을 드는 운동요법으로 직접 체육과 교수와 조교들이 교육과 스케줄을 짜주며 강습을 하였다.

그야말로 영양, 의학, 체육 각 해당 분야의 교수님들이 직접 관리를 해주는 환상적인 프로그램이었다. 그 결과 추석 전으로 마감하는 3개월 정도의 프로그램에 5-10% 이상의 허리둘레 감소에, 대사성 증후군의 각 지표가 호전되는 아주 좋은 결과를 보여주고 마감이 되었다.

아쉽게도 예산 지원이 이어지지 못해서 중단되었지만, 이 운동이 지속되고 다른 직장으로도 확산되어, 하나의 직장 건강문화로 형성되길 바라는 소망이 아직도 간절한 바람으로 남아 있다. 직장은 당연히 직원의 건강함으로 생산성향상 뿐 아니라 활기차고 행복해질 것이고 나아가 그 가족, 사회, 국가가 건강해진다고 확신한다.

이렇게 좋다는 것을 알고 있으면서도 계속 진행하지 못함이 큰 아쉬움으로 남지만 많은 재원과 예산 지원이 필요하고, 또 이런 프로그램을 이끌어갈 리더가 필요하기 때문에 쉽지 않은 일이다. 직장과 국가가 알아서 해 주면 좋으련만 언젠가는 다시 설득해보고 싶은 일이다. 그러나 당분간은 힘들게 되었다. 코로나19가 예산을 너무 많이 사용했기 때문이다.

코로나19가 사라지고 경제가 회복되면 다시 시작하자고 설득할 것이다. 건강해지기 위한 일은 나 하나만을 위하는 일이 아니라 바로 우리 국민을 위하는 일이고, 우리나라를 위한 일이기 때문이다. 모두가 건강해지는 일이 애국하는 일이고, 모두가 행복해 질 수 있는 일이다.

당시에 국민건강지식센터를 열며, 내가 한 강연의 일부를 소개하고자 한다.

'건강문화'라는 단어가 대부분의 사람에게는 아직 생소한 개념일 것이다. 이것은 건강을 유지하거나 증진하기 위한 행위를 '개인의 특별한 노력'으로 바라보는 패러다임을 탈피하여, 일상생활의 모든 부분에서 건강을 추구하는 행동이 자연스러운 습관(habit)으로 자리 잡아야 한다는 의미를 내포하고 있다.

* 신선한 음식을 먹고 꾸준히 운동을 하는 사람들이 유별나 보이지 않는 사회
* 회식 자리에서 권하는 술잔을 거절할 수 있는 사회
* 야근하는 대신 헬스클럽에 갈 수 있는 사회

이런 사회야말로 모든 구성원들이 다 건강한 사회일 것이다.

옛날에 무조건 술잔을 돌리던 때보다는 많이 나아졌다고는 하지만 아직까지 말이 쉽지 참 어려운 현실들에 부딪치고 만다.

건강문화를 추구하는 사회적 분위기는 한순간에 만들어지지 않는다. 개개인이 실천하는 '건강한 문화'들이 모이고 모여야 비로소 건강이 자연스러운 문화로 자리 잡을 수 있는 것이다. 100세 시대를 맞이하여 자신을 위해서, 그리고 가까운 미래에 우리 사회 내 건강문화가 정착되기 위해서 당장 실천할 수 있는 개인의 건강한 문화에 대해 살펴보려 한다.

건강하면 가장 먼저 떠오르는 단어는 운동일 것이다. 운동을 하면 우리 몸에 있는 순환기, 호흡기뿐만 아니라 근육과 정신도 더 건강해질 수 있다. 그러나 꼭 '그럴싸한' 운동만이 효과가 있는 것은 아니다. 미국 코넬 대학의 심장의학자 헨리 솔로몬 박사는 '걷기' 운동을 가장 이상적인 운동으로 꼽았고, 스탠포드 대학의 파펜버거 교수 역시 '온건한 운동'이야말로 관상동맥질환의 위험을 줄인다고 충고했다.

흔히들 격렬한 신체활동을 통해서 땀이 나도록 운동을 해야만 제대로 된 운동을 했다고 생각하는데, 모든 운동이 그런 것은 아니다. 강도가 높고 힘든 운동보다는 자신의 연령과 체력에 맞는 운동이 더 중요하기 때문이다. 또 기체조와 같은 가벼운 스트레칭만으로도 건강을 유지하는데, 스트레칭이 무슨 운동이 되겠냐고 하겠지만 스트레칭은 관절이 움직일 수 있는 가동범위를 넓혀 유연성을 향상시키고, 근육과 건(뼈와 근육을 연결하는 조직)에 탄력을 주며 근육을 유연하게 유지해 인체를 활성화 시킨다. 또 운동 중에 삐끗하지 않도록 부상을 방지하며, 체력단련, 피로회복에 도움이 된다. 모든 운동에 준비 운동으로도 사용되는 중요한 운동으로 건강을 유지하는데 큰 도움이 된다.

100세 시대에 또 하나 추천할만한 운동은 게이트볼이다. 게이트볼은 스틱으로 볼을 쳐서 게이트를 통과하게 하는 구기 운동으로 당구와 골프를 합쳐 놓은 형태이다. 한국유산소과학회지에 따르면 게이트볼 운동을 하는 노인들(운동장에 모여서 바닥에 줄을 긋고, 편을 나누고, 공을 치기 위해 집중하고, 경기가 끝날 때까지 운동장을 걸어 다님)은 노인정을 이용하는 노인들(TV 시청, 고스톱, 바둑, 장기를 두거나, 하루 종일 앉아있거나 누워있음)보다 체력이 좋았을 뿐만 아니라 생활 만족도도 높은 것으로 나타났다. 적절한 긴장과 기술적 성취, 인간관계 형성 등이 신체적 건강뿐 아니라 정신적 건강에도 긍정적인 영향을 미친 것이다.

운동에 이어 건강과 밀접한 관련이 있는 요소는 식습관이다. 국민건강보험공단은 올바른 식생활의 조건으로 4가지를 제시하는데 제때에, 체중과 활동량에 알맞게, 다양한 식품을 골고루, 온 가족이 모여 즐겁게 가 그것이다.

신체리듬에 맞춰 세 끼를 챙겨 먹는 것은 두말할 나위 없이 중요하다. 너무 많거나 적은 양이 아니라 적절한 양을 섭취해야 체중을 유지할 수 있는데 이때 특정 영양소를 편식하기보다는 5대 영양소를 골고루 섭취해야 한다. 이야기하면서 천천히 식사하는 것은 소화기관의 부담을 덜어준다. 또 하나 최근 강조하고 있는 내용은 나트륨 섭취량이다. 짜게 먹는 것이 습관화된 우리나라 사람들에게 특히 중요한 부분이다. 나트륨은 너무 많이 먹으면 고혈압이나 신장질환을, 너무 적게 먹으면 심장기능이상을 불러올 수 있어 적절한 양을 섭취해야 한다. WHO에서 권장하는 하루 섭취량은 5g이다.

'건강한 신체에 건강한 정신'이라는 말에서 알 수 있듯이 신체의 건강 상태는 정신건강에 영향을 줄 수 있다. 갑작스레 신체적인 질환을 앓게 된다면 가볍게는 불면증 때문에 고생을 할 수도 있고 불안감을 경험할 수도 있다. 뿐만 아니라 신체적인 질환을 치료하기 위해 투여하는 약물이 정신건강에 영향을 미칠 수도 있다. 스테로이드성 약물, 면역억제제, 혈당강하제, 혈압약, 이상지질혈증 치료제, 수면안정제 등과 같은 약물의 경우 드물긴 해도 각종 정신 건강상의 문제로 이어질 수 있다.

많은 사람들이 생각하는 것처럼 정신건강과 심리적인 요인은 매우 밀접한 관련이 있다. 기쁨, 행복, 짜증, 슬픔, 분노 등과 같은 감정 상태가 과도하게 내 마음을 사로잡아 일상생활이나 사회생활에 지장을 준다면 치료가 필요할 수 있다.

가족, 친구, 학교, 직장과 같은 사회적인 요인도 정신건강에 직간접적으로 영향을 줄 수 있다. 인간은 태어난 순간부터 사회 내에서 관계를 맺으며 살아가는데 이 과정에서 자연스레 다른 사람들과 조화롭게 살아갈 수 있는 사회성을 획득하지 못한다면, 신체적, 심리적으로 건강하지 못한 부분이 생길 수밖에 없다.

건강문화를 추구하는 사회로 나아가기 위해 건강 행동에 대해 우선 생각해 볼 필요가 있다.

건강 행동은 개인, 집단 및 조직의 행위뿐만 아니라 그러한 행동에 대한 결정요인, 관련 요인 및 결과-사회 변화, 정책 개발 및 실행 등-까지 포

괄하는 개념이다. 건강을 추구하는 신체의 상태에 따라 개인의 건강행동
은 4가지로 구분된다.

예방행동은 질병이 없는 상태에서 계속 건강한 상태를 유지할 목적으
로 취하는 행동이다. 감염병 예방을 위한 예방접종, 비만 예방을 위한 규
칙적 식사, 폐암 예방을 위한 금연, 손상사고 예방을 위한 안전벨트 착용
이 그 예이다. 이 외에도 우리가 일상생활에서 건강을 지키기 위해 하는
모든 행동, 비가 오나 눈이 오나 한 시간씩 운동장을 걷는 것, 매일 산에
올라 둘레 길을 걷는 것, 스트레칭으로 몸의 근육을 이완시키는 것도 예
방행동에 포함된다.

병감행동은 질병에 이환된 상태에서 전문가·지인 등 타인으로부터 자
신의 증상에 대한 의견과 충고를 찾는 행동을 의미한다. 감기 초기 증상
이 나타났을 때 '금방 낫겠지'라고 판단하여 아무것도 하지 않거나, 병원
에 가서 지금 경험하고 있는 증상이 감기로 인한 것인지 아니면 다른 질
병으로 인한 증상인지 확인하거나, 증상이 병원에 갈 정도가 아니라고
판단하여 인터넷에서 정보를 탐색하는 행위도 여기에 해당한다. 호미로
막을 것을 가래로 막는다는 속담처럼 작은 병을 큰 병으로 키우는 원인
이 되기도 한다.

환자역할행동은 질병 상태에서 질병이 없는 정상상태로 돌아오기 위
해 여러 노력을 하는 것을 의미한다. 다시 감기를 예로 들면 감기를 빨리
낫게 하기 위해 병원에서 치료를 받고 처방에 따라 약을 복용하는 사람이
있는가 하면, '따뜻한 물 많이 먹고 비타민 많이 섭취하기', '쌍화탕 한 잔

마시고 땀 푹 내면서 잠자기', '소주에 고춧가루 타 먹기', '콩나물국에 고 춧가루 타 먹기' 등 의학적 처방에 따르지 않고 자신이 알고 있는 지식이 나 정보를 바탕으로 행동하는 사람도 있다. 만약 심각한 질병에 걸렸을 경우 종교에 의지하여 마음의 안정을 찾는 것도 건강행동 중 환자역할행 동이라 할 수 있다.

이외에도 정책 및 법안 마련 등 사회적 차원에서 집단 및 조직의 건강 행동을 강조하는 사회적 건강행동이 있다. 간접흡연의 피해를 예방하고 흡연자들의 금연을 유도하기 위한 금연 구역 지정, 청소년들의 흡연을 예방하기 위해 TV 프로그램 내에서 흡연 장면 규제, 경고 그림 담뱃갑에 50% 이상 삽입 등을 들 수 있다.

또한 전문가에게 자격증 혹은 면허증을 부여하여, 전문적 지식을 갖 추고 있지 않은 사람인 무자격자나 무면허증자들이 정확하지 못한 정보 를 제공하거나, 또 비과학적인 중재 방법 중 가장 흔한 민간요법인 체했 을 때 손발 따기는 의학적으로 검증되지 않은 방법인데도 모두 한 번쯤 해보았을 것이다. 벌에 쏘이면 된장을 바르기도 하고, 생선 가시가 목에 걸렸을 때 밥을 크게 한 숟가락 입에 넣고 삼키는 데 운이 좋아 가시가 밥 과 함께 쑥 내려가면 좋지만 가시가 더 깊이 박히면 응급실로 달려가야 하는 일도 생긴다.

모기에 물리면 침을 바르라고 하지만 침 속에 포함된 황색포도상구균 이나 A군용혈성사슬알균 등 세균이 모기 물린 구멍으로 침투해서 오히 려 염증을 유발하고 심할 경우에는 패혈증까지 걸릴 수 있는데 이런 위험

할 수 있는 일을 막는 것도 사회적 건강행동의 예로 들 수 있다. 이를 실제적으로 수행할 수 있는 근거 기반인 정책 및 법안을 마련하는 것 역시 사회적 건강행동의 예에 속한다. '허리둘레 5% 줄이기'와 같이 사람들의 건강을 향상하기 위한 보건교육, 캠페인도 사회적 건강행동의 일환으로 볼 수 있다.

그렇다면 건강행동이 중요한 이유는 무엇일까? 우리나라의 사망원인 통계를 보면 고의적 자해를 제외하고는 모두 예방이 가능한 질환에 의한 사망이다. 이 중 심장질환, 뇌혈관질환, 당뇨병, 고혈압성 질환 등 비감염성 질환은 병원균과 단일한 요인에 의해 발생한다기보다는 인구사회학적, 환경적, 생활양식, 유전 등의 다양한 요인으로부터 영향을 받는다. 특히 최근에는 생활양식요인의 중요성이 주목받고 있는데 캐나다의 랄론드 보고서에 따르면 국민의 건강 수준에 가장 큰 영향을 미치는 것은 생활 습관인 것으로 나타났다.

여기에서 생활 습관이란 오래도록 일관성 있게 나타나는 행동 패턴으로 일시적인 행동이 아닌 습관적으로 고정된 개인 생활 행동의 복합물을 의미한다. 건강증진을 위해서는 건강행동이 이렇게 하나의 생활양식으로 정착되어야만 한다.

AIDS

건강행동은 고정되어 있는 것이 아니라 사회적 여건에 따라 변화할 수 있다. HIV/AIDS의 예는 인식이 변함에 따라 건강행동도 변화하는 양상을 보여준다. 과거 AIDS에 대한 인식은 '환자와 접촉만 해도 걸리는 병', '걸리면 죽는 불치병'이었지만 현재는 감염경로의 확인과 치료약의 개발로 인해 사회적인 인식이 개선되었고, 이에 대한 질병 회피 행동이 환자와의 접촉을 단절하는 것에서 성관계 시 콘돔을 사용하여 스스로 예방하는 것으로 변화하였다.

우울증

질환에 대한 사회적 인식이 개선되고 낙인이 완화되어 건강행동의 변화로 이어진 또 다른 사례로는 우울증이 있다. 과거 우울증은 '의지가 박약한 사람에게만 걸리는 전유물'이나 '정신병'의 일종으로 여겨져 신경정신과에 다닌다는 사실만으로도 시선이 곱지 않았다. 그러나 지금은 조금만 기분이 꿀꿀해도 본인 스스로가 우울증이라고 말할 정도로 누구나 걸릴 수 있는 '마음의 감기'로 인식이 전환되면서 정신과 치료의 문턱이 낮아진 상태다.

소아비만

반면 질환에 대한 인식이 강화되어 건강행동이 변화한 예로는 소아비만을 들 수 있는데, 소아비만은 의학적으로 보통 유아기에서 사춘기까지의 연령대에서 체중이 신장별 표준체중보다 20% 이상인 경우를 말한다. 소아비만은 단순한 체중의 증가가 아니라, 체내에 지방조직이 과도하게 축적되어 나타난 과체중이나 이로 인한 대사 장애를 동반하는 질환이다.

뚱뚱한 아이들이 자신의 몸에 대해 불만을 털어놓으면, 어른들은 '괜찮아, 나중에 크면 살이 다 키로 갈 거야.'라고 아이들을 위로하면서 아이들의 체중관리를 위한 노력을 전혀 하지 않았다. 심지어 30 몇 년 전만해도 우량아 선발대회가 있었으니 말해 무얼 하겠는가. 하지만 비만이 여아의 경우 초경을 앞당기고, 초경 1~2년 후에 성장 판이 완전히 닫혀 더 이상 키가 크지 않는다는 사실이 밝혀졌으며, 소아비만과 성인병의 연관성에 대한 연구결과들이 발표되면서 소아비만이 성인비만으로 갈 확률이 높다는 연구결과에 더 이상 방치해서는 안 되는 질환이 되었다.

스케일링

스케일링은 잘못된 인식이 교정되어 건강행동의 변화를 일으킨 사례이다. 예전에는 스케일링을 한 번하면 치아 사이가 벌어지고 이가 시려서 고생만 한다며 스케일링은 하면 안 된다고 했다. 나이가 많은 노인들 중에는 아직도 그렇게 생각하는 사람들이 적지 않다. 그러나 스케일링이 치면세균막과 치석을 제거하여 구취제거 및 치주질환 예방의 효과를 갖는다는 인식이 퍼지면서 스케일링의 수요가 늘어났고, 지속적으로 관리해야 한다는 인식이 자리 잡으면서 이제는 보험급여대상 처치가 되었다.

그렇다면 나의 건강행동 중에서 지속적으로 실천할만한 것은 어떤 것들이 있는지 떠올려보자. 너무 어렵다면 여기 암 예방 권장사항 중에 몇 가지를 골라 실천하는 것도 좋은 생각이다. 대한 암협회는 암환자 80만 명 시대를 맞아 암 예방을 위한 수칙을 제안했다. 영양, 절주, 금연, 운동 등 실천하기 어렵지 않은 내용이다. 미국 암협회는 운동에 대한 권고를 보다 자세히 제시했다. 결국 암 예방은 일상 속 사소하지만 꾸준한 실전으로 이루어지는 것이다. 생각날 때 한두 번이 아니라 꾸준한 실천이 중요하다.

종합하면, 이러한 건강행동이 사회에서 자리를 잡게 되고 습관화된다면 건강문화가 될 것이고 개인들로 부부나 가족이 함께 게이트볼, 등산 등을 즐기며 그야말로 건강한 라이프스타일로 자리매김하여 건강하고 행복한 가정, 건강하고 행복한 사회가 되는 것이다. 그러니 건강문화보다 더 행복에 이르는 전략이 또 어디에 있을까?

스트레스

또 하나 다른 관점에서 생각해 보아야 할 것은 스트레스이다. 나는 암병원을 열면서, 그 안에 최초로 정신건강 클리닉을 개설토록 하였다. 정신건강은 그 상태에 따라 병의 원인이 되기도 하고, 또 질병 자체가 정신건강을 패닉하게 만들며 우울증 등을 겪게 한다. 코로나19로 초래된 집단 스트레스를 별도로 치면, 이로 인해 인류가 겪는 고통은 비단 신체적 고통뿐만 아니라, 두려움, 격리로 인한 고립, 우울, 공황 등 스트레스가 우리를 지배하고 있다고 볼 수 있을 정도로 엄청난 현실이다.

현시대를 살아가는 우리들은 늘 스트레스에 노출되어 있다. 공부와 시험, 입시, 취업에 대한 스트레스는 물론이고 자연재해, 인재, 그리고 심지어 문자메시지, SNS 등이 스트레스의 원인이기도 하다. 최근의 코로나19는 지구상 미증유의 한 번도 겪어 보지 못한 팬데믹에, 사회적 격리 등으로 공포 불안과 함께 집단 스트레스를 주고 있다. 과연 이러한 스트레스는 근본적으로 한 사람을 심연에서 부정적으로 억제하고 있어, 만병의 근원이 되고 인간을 불행의 늪으로 빠뜨리는 결과를 초래하고 있다.

특히 문자메시지 등 SNS상의 스트레스가 심각하다. 10개월 된 아기도 핸드폰을 주면 울음을 뚝 그칠 정도로 핸드폰은 우리 생활에 깊숙이 들어와 있는데 항상 손에 들고 다니면서도 스트레스를 받는다는 사실을 인식하지 못한다. 그러나 어떤 이유로던 휴대폰을 한 달만 멀리해본다면 마음이 얼마나 홀가분하고 여유로운지 기분전환이 확 되는 것을 알 수 있다. 그동안에 쌓인 것들이 한 달 동안 공백이 생기고 나서야 알게 되는 것은 '멈추면 비로소 보이는 것들'처럼 그 여백이 생기고 나니 스트레스 속에 살고 있었다는 것을 알게 된다.

현재 우리가 알고 있는 스트레스는 1936년에 Hans Selye(젤예)에 의해 "General adaptation syndrome"이라는 개념으로 처음 발표되었고, 이것으로부터 1950년에 "Stress"라고 처음 명명되었다.

스트레스와 관련된 질병에는 어떤 것들이 있을까? 그리고 스트레스가 암을 유발하기도 할까?

스트레스는 다양한 종류의 건강 상태 및 질병을 유발하는 것으로 알려져 있다.

심혈관계 질환으로는 고혈압과 허혈성 심장질환이 있으며, 뇌혈관질환의 원인이기도 하다. 과도한 야망, 성급함, 경쟁력, 조급함 등의 성격을 가진 Type A personality의 경우 허혈성 심장질환의 위험인자로 여겨진다. 이러한 인격을 가진 사람들이 스트레스 관리가 잘 되지 않는 경향이 있는 것이다.

스트레스에 의해 다양한 염증성 질환도 유발되며, 이중 감기는 전향적 연구를 통해 스트레스가 감기 발생률 증가와 관련이 있다는 내용이 NEJM에 발표되기도 했다. 스트레스가 면역체계를 저하시키는 것으로 알려져 있는데, 이 때문에 감염성 질환도 많이 발생한다.

소화기계 문제도 빈번히 일어나는데, 예를 들어 시험이나 시합 직전에 긴장감에 의해 스트레스를 받았을 때 화장실을 드나들게 되는 자극성 장증후군이 대표적이다.

스트레스에 의해 당 조절 능력이 떨어지면서 2형 당뇨병이 유발되거나 악화되기도 하며, 지속적인 긴장감으로 근육경련, 긴장성 두통, 편두통이 나타나기도 한다. 스트레스에 의한 우울감, 불안장애, 수면장애 등도 나타나고 스트레스를 해소하기 위한 방법들로 담배, 술, 마약을 남용하거나 폭식을 하게 되는 등 생활 습관에 문제를 일으키기도 한다.

그렇다면 암과는 관련이 있을까?

스트레스는 암을 유발하지 않는다? 최근에 저명한 의학 잡지인 British Medical Journal에 발표된 내용에 따르면 11만 명이 넘는 사람에 대한 meta-analysis 결과 대장암, 폐암, 유방암, 전립선암과 직업 관련 스트레스는 아무런 연관이 없었다. 또한 많은 역학 연구에서 특정 종류의 스트레스와 노출된 시기 등이 암과 관련이 없음이 발표된 바 있다.

하지만 이러한 역학 연구는 방법론에 문제가 있다. 간단하게 생각을 해봐도 암이 발생하기 전에 스트레스가 있었는지 또 얼마나 있었는지 측정하기 쉽지 않고, 스트레스와 암에 대해서 잘 제어된 무작위 연구를 수행하기란 거의 불가능하기 때문이다.

오히려 스트레스와 암과 관련이 있다는 것은 아주 오래전부터 관찰되어 왔다.

2000년이 넘은 기록에 Galen은 멜랑꼴리한 여성들이 암에 걸리기 더 쉽다고 기술하였고, 1701년에 영국 의사 Gendron은 가까운 친척의 죽음이 암 발생과 연관 있다고 기록하였다. 1759년 Guy는 히스테릭하고 신경질적이며 멜랑꼴리 하거나 엄청난 불행을 당한 여성들이 암 발생과 연관 있다고 기록하였다.

19~20세기에도 비슷한 기록들이 이어졌는데, 스트레스를 일으킬만한 성격 또는 사건사고 등이 암의 발생 또는 성장에 영향을 준다는 내용들이다.

그렇다면 스트레스 완화·해소법에는 어떤 것들이 있을까?

스트레스 완화 또는 해소법은 비교적 간단할 수 있다. 결국은 우선순위를 정해서 정리하고 의사소통을 원활히 하며, 타인의 감정을 이해·수용하고 자기감정을 조절하는 감성지능을 높이고 운동 등 활동을 통해 건강한 신체를 유지하면 되는 것이다.

최근에는 단순히 긴장을 풀고 휴식을 취하는 것이 가장 좋은 스트레스 완화 방법으로 여겨지고 있다. 릴렉스를 위한 방법으로 제시되는 것이 미술과 음악 등을 이용한 예술 요법이다.

음악치료는 자격 있는 음악치료사가 건강이나 학습의 문제를 가진 개인의 심리적, 신체적, 인지적 또는 사회적 기능에 긍정적인 변화를 유발하도록 음악을 계획적이고, 체계적으로 사용하는 것이다. 음악치료는 만족감을 촉진하고 스트레스를 완화할 수 있으며 통증을 감소시켜주고 기억력을 향상시켜준다. 또한 의사소통과 신체 재활을 촉진해 결과적으로 우울감, 고혈압, 심박수 등을 감소시켜주는 효과가 있다.

즉, 음악치료를 통해 긴장을 풀고 휴식을 취할 수 있도록 해준다. 엄마 배 안에 열 달 동안 있다가 나온 신생아가 잠투정을 한다든지 이유 없이 울 때 엄마 배안에서 들었던 태교음악을 들어주면 신기하게 울음을 그치고 잠이 드는 것을 볼 수 있다. 밤에 잠을 못 잘 때 백색소음을 틀어놓으면 잠을 잘 자는 것도 기억 속에 있는 음악으로 심리적 안정을 취하게 하는 것이다.

신생아들도 음악을 듣고 반응을 하는데 음악 전문 치료사가 계획적이고 체계적으로 음악을 사용한다면 스트레스가 질병을 유발할 확률을 확실히 감소시킬 수 있다.

미술 치료는 심리 치료의 일종으로 미술 활동을 통해 감정이나 내면세계를 표현하고 기분의 이완과 감정적 스트레스를 완화시켜 기분 좋고 행복하게 살 수 있도록 해주는 방법이다. 의사소통의 방법으로 단어나 언어를 사용하는 대신 그림을 그리고 조각하고 사진을 촬영함으로써 감정 표현을 통해 스트레스를 감소시키는데 도움을 준다. 어떤 말도 하지 않고 그냥 그 기분을 그림으로 그리는데, 사용한 색상이나 그림의 위치, 그림의 모양, 쳐다보는 방향, 그림의 크기, 그림의 표정 등등을 보면서 그림을 그리는 사람의 심리를 여러 각도에서 바라보며 그 감정이나 내면의 세계를 읽어낸다.

특히 고통스러운 일을 겪은 아이들에게는 말하는 것 자체가 공포나 불안을 일으킬 수 있다. 미술은 그것을 감소시키면서 감정을 표현할 수 있게 해 주어 그 마음에 행복한 마음이 가득 찰 수 있도록 만들어 주는 것이다. 노인들에게도 말로써 자신의 어려움을 표현하는 것을 어려워하거나 꺼릴 경우 유용한 매체가 될 수 있다.

Dubos는 "사람의 마음에서 일어나는 일들은 항상 신체의 질병에 드러난다"고 하였다. 마음이 신체에 미치는 영향이 우리가 생각하는 것보다 클지 모르겠다는 생각이 드는 부분이다. 실제로 마음이 우리를 지배하고 있다는 생각이 든다.

그렇다. 행복이란 실체가 없기에 정답은 없다. 하지만 마음이 실제로 우리를 지배하고 있다는 생각이 든다. 사람이 살아가면서 아무리 잘 산다고 해도 스트레스를 안 받고 살 수는 없다. 약간의 스트레스는 살아가는 데 필요한 것이다. 그리고 나머지는 생활 속에서 음악 치료, 미술 치료 등 직접, 간접적으로 경험을 하며 살아가게 된다. 우리가 행복해서 웃는 것이 아니라 웃으니까 행복해진다고 하는 말처럼 행복도 마음먹기에 달려 있다. 지금같이 눈에 보이지도 않는 코로나19 때문에 전 세계가 마비되듯 격리되고 고립되어, 집단 우울증에 패닉의 시대가 되었지만, 그럼에도 불구하고 많은 사람들은 스스로 즐거움을 찾아 걷기 운동을 시작으로 자전거를 타거나 공을 차고, 안전한 환경에 운동을 지속하고, 가족과의 시간을 더욱 잘 활용하고, 혼자만의 시간을 명상, 자기를 위한 수양 등으로 마음을 다스린다면 이 또한 이겨낼 수 있다. 명상, 음악, 춤, 노래, 그림 등을 즐기고, 가끔은 교양, 품위 이런 것 상관없이 헝클어지듯 편안하게 친구와 수다를 떠는 것이 속을 시원하게 해줄 때도 있듯이 우리 눈에 보이지 않는 행복을 찾아 누리다보면 온전히 지나갈 것이다.

호랑이에게 물려가도 정신만 차리면 된다고 했다. 기승을 부리고 있는 코로나 19를 요리조리 싹싹싹 피해 다니면서 언제 어떤 상황 속에서도 무엇무엇 덕분에 라고 하는 긍정적인 마음만 가지고 있다면, 마음을 조절하고 긍정적인 방향으로 유도할 수 있다. 건강문화 조성, 예술 활동이나 신체활동을 통한 긴장완화는 우리를 행복으로 초대 할 것이며, 이렇게 지킨 건강한 문화가 우리 모두를 행복하게 할 것이다.

04

살아있음의 행복

김성숙 **(Kim Sung Sook)**
광주교육대학교 미술학과 명예교수

행복은 현재 마음 먹기에 달려있다.

내가 존재하고 있는 현재 이 순간이 가장 중요하다. 현재는 황금이다.

"현재를 잡아라(Carpe Diem)" 그리고 현재에 최선을 다하라.

살아있음의 행복

내게 행복이란

손톱을 깎는 시간이면
기분이 묘하게 행복해진다.
딸깍-! 소리에
반달모양으로 톡톡 떨어져나가는 나의 손톱조각들,
조금 전까지도 내 몸의 일부였던 것들이
이젠 나와 아무 상관없는 쓰레기가 되어버린다.

누군가 내 이름을 부르면 함께 대답했던 그것은
이제는 남이 되어 침묵하고 있다.
이리 튀고 저리 튀는 손톱의 조각들을
꼭 집어 들고 자세히 살펴보는 집중의 시간,
모든 잡념은 사라지고...
오직 살아있음에 대한 감사와 평온함이 차오른다.

새로 돋아나고 떨어져나가는
내 몸 안 생성과 소멸의 작은 체험이다.

―나의 '단상(斷想)' 중에서―

살아오면서 이렇게 소소한 일상에서 행복감을 느꼈던 순간들이 떠오른다. 생의 기억 속에서 내가 진정으로 행복했던 순간들은, 마치 한 폭의 수채화처럼 맑고 여리고 투명한 시간으로 정지되어 있다. 그것은 싸늘한 초겨울에 따스한 햇살을 온몸으로 받고 있을 때와 같이 한없이 부드럽고 평온한 은총처럼 내게 다가왔다. 빛의 반짝거림과도 같이, 행복은 늘 내 일상 속에 숨겨진 보석처럼 스며들어 와 있었다.

내게 있어 행복이란 노력 끝에 소기의 목표를 달성했던 성공의 순간이나 연구 업적 등을 성취해서 자존감이 충만할 때 찾아오는 손님은 아니었다. 나름의 어떤 사회적 지위에 올라 수많은 인사들과 교류했던 여러 미팅들과 군중 속에서 느껴지던 당당함과 뿌듯함도 행복 그 자체는 아니었다. 내게 있어 행복이란 그냥 대가 없이 주어지는 공기처럼 다가오곤 했다. 삶의 순간에 문득문득 느껴지던 지극히 평온한 상태, 더 이상 바랄 것도 없고 아무것도 욕구하지 않는 부족함이 전혀 없는 바로 그 상태, 그런 행복은 내 삶의 고통 속에도 내재되어 사이사이에 고개를 내밀었고, 슬프고 비참하고 외롭게 느껴지던 순간에도 미미한 설렘처럼 감지되던 희열이었다.

행복의 비밀

문득, 행복에 관한 책 한 권이 떠오른다. 내게 깊은 공감과 따스한 감동을 불러일으켰던, 프랑수아 를로르의 《꾸뻬 씨의 행복 여행》(Hector and the Search for Happiness)이 그것이다. 매일같이 자신이 불행하다는 환자들을 만나는 런던의 정신과 의사 '헥터'는 '진정한 행복이란 무엇일까?'를 고민하다가 드디어 '행복의 비밀'을 찾기 위해 여행을 떠난다. 그는 위험천만한 여행의 순간들과 여행지에서 만난 다양한 사람들의 삶을 통해 얻은 '행복'에 대한 자신의 깨달음을 수첩에 하나하나 기록해갔다. 물론 행복에 대한 관점과 기준은 국적을 막론하고 저마다 다를 것이다. 각자 자라온 환경, 문화, 교육, 종교, 처해 있는 정치적 상황에 따라 '행복의 비밀' 리스트도 각양각색, 천태만상일 것이다. 그럼에도, 이 책에서 소개하는 '헥터'의 '행복의 비밀'에 관한 23가지 '배움' 리스트에서 우리는 많은 공감대를 이끌어내게 된다.

배움 1_ 행복의 첫 번째 비밀은 자신을 다른 사람과 비교하지 않는 것이다.

배움 2_ 행복은 때때로 뜻밖에 찾아온다.

배움 3_ 많은 사람들은 자신의 행복이 오직 미래에만 있다고 생각한다.

배움 4_ 많은 사람들은 더 큰 부자가 되고 더 중요한 사람이 되는 것이 행복이라고 생각한다.

배움 5_ 행복은 알려지지 않은 아름다운 산속을 걷는 것이다.

배움 6_ 행복을 목표로 여기는 것은 잘못된 생각이다.

배움 7_ 행복은 좋아하는 사람과 함께 있는 것이다.

배움 8_ 불행은 사랑하는 사람과 헤어지는 것이다.

배움 9_ 행복은 자기 가족에게 아무것도 부족한 것이 없음을 아는 것이다.

배움 10_ 행복은 자신이 좋아하는 일을 하는 것이다.

배움 11_ 행복은 집과 채소밭을 갖는 것이다.

배움 12_ 좋지 않은 사람에 의해 통치되는 나라에서는 행복한 삶을 살기가 더욱 어렵다.

배움 13_ 행복은 자신이 다른 사람들에게 쓸모가 있다고 느끼는 것이다.

배움 14_ 행복이란 있는 그대로의 모습으로 사랑받는 것이다.

배움 15_ 행복은 살아 있음을 느끼는 것이다.

배움 16_ 행복은 살아 있음을 축하하는 파티를 여는 것이다.

배움 17_ 행복은 사랑하는 사람의 행복을 생각하는 것이다.

배움 18_ 태양과 바다, 이것은 모든 사람들에게 행복을 가져다준다.

배움 19_ 행복은 다른 사람의 의견을 너무 중요하게 생각하지 않는 것이다.

배움 20_ 행복은 사물을 바라보는 방식에 달려 있다.

배움 21_ 행복의 가장 큰 적은 경쟁심이다.

배움 22_ 여성은 남성보다 다른 사람의 행복에 대해서 더 배려할 줄 안다.

배움 23_ 행복은 다른 사람의 행복에 관심을 갖는 것이다.

—『꾸뻬 씨의 행복 여행』. 2014. 오래된 미래—

이 책은 실제로 프랑스의 정신과 의사(파리 르네 데카르트 대학병원의 정신과)인 작가(Francois Lelord)가 자신의 임상 경험과 여행 경험을 바탕으로 쓴 첫 번째 소설이다. 2002년 출간과 동시에 유럽의 베스트셀러가 되어 전 세계 12개국에 소개되었다. 그 후 2014년에 이를 원작으로 영국에서 영화로 제작되어 세계인들의 가슴을 울리며 뜨거운 반향을 불러일으켰다. 같은 해에 우리나라에도 상영되어 '꾸뻬' 열풍을 일으켜 행복과 사랑을 찾는 모든 이들에게 진한 감동과 따스한 여운을 남겼다. 영화 속 '헥터'의 여행 과정에서 눈 덮인 설산의 배경화면에 흐르던 다음의 노래 가사가 상징적인 의미로 다가와 인상적이었던 기억이 난다.

> "원망도 이제 그만,
>
> 두려움도 이제 그만,
>
> 이제 새로운 것으로 당신을 채워 봐요.
>
> 인생의 열쇠는 타이밍,
>
> 삶의 매 순간
>
> 살아있음을 느끼며 삶을 만끽해요.
>
> 질문이 쌓여가고
>
> 기회는 사라져도..."

또한 헥터가 남아공행 초소형 비행기 안에서 만난 아프리카 여인이 그에게 한 말, 결혼상대를 고를 때는 "이거 하나만 알면 돼요. 상대가 날 끌어올려줄 사람인가, 끌어내릴 사람인가." 그녀의 커다란 눈망울과 밝은 성격이 매력적이었다. 중국, 남아프리카 공화국, 미국 로스엔젤레스-뉴욕 등의 여행지에서, 헥터는 각계각층의 다양한 사람들을 만나며 자신의 수첩에 '행복이 무엇인지'에 대한 생각들을 기록한다. 상하이의 부유한 은행가 에드워드, 잉리라는 중국 여성, 중국 수도원의 노승, 남아공에서 의료 봉사하는 옛 친구 마이클, 남아공 마약 농장주 디에고, 헥터를 납치 감금했던 노상강도 범죄자들, 미국 L.A의 옛 여자 친구 아네스 부부, 행복 연구의 세계적 권위자 던칸 교수 등, 그들과의 만남은 헥터에게 행복에 대한 각기 다른 깨달음을 준다.

결국, 긴 여정의 끝에서 헥터가 깨달은 '행복의 비밀'은 '바로 지금 이 순간의 행복'이다. 행복 연구의 권위자인 던칸 교수의 '뇌 표현색채실험실'에서 '전기 저항 방식 감정 반응 단층촬영기'로 그의 뇌의 기억과 감정을 색채 반응으로 측정하는 중, 헥터는 전에 크게 다투었던 연인 '클라라'의 전화를 받고, 통화하며 눈물범벅이 되어 외친다.

"...내 가장 큰 불행은 당신을 잃는 거야... 나의 가장 큰 행복은 당신과 평생 함께 할 수 있는 사람이 되는 거야..." 그는 감정이 복받쳐서 거의 소리치듯 진심을 고백한다.

"나의 클라라가 보고 싶어. 당신 직업을 엉터리라고 욕했던 거 미안해. 세상에서 제일 엉터리는 나야. 솥이 냄비한테 검다고 한 꼴이지...맞아, 중요한 건 우리지. 당신과 나, 좀 겁은 나지만...사랑해-!"

"나도 사랑해-!"

울며, 웃으며 헥터와 클라라가 서로의 사랑을 재확인하면서 진심을 교환할 때, 그의 뇌파는 오색찬란한 색깔들이 황홀하게 뒤섞여 번쩍번쩍 빛을 발하며 더 할 나위 없이 아름답고 찬란한 색채들을 만들어낸다. 교수도 엄청난 색채의 향연에 연속적으로 놀라움의 탄성을 지른다.

"오, 이런 건 처음 봐... 모든 것 다요. 이건 오로라요. 모든 빛을 가진 북극광! 꼭 우리 인생 같잖소? 오, 헥터! 당신은 전사요, 전사!"

헥터가 자신의 행복이 무엇인지를 깨닫는 바로 이 장면은 관객들에게 최고의 감동을 선사한 이 영화의 클라이맥스였다. 그 길로 실험실을 뛰쳐나와 맨몸으로 공항 가는 택시에 몸을 싣는 헥터, 그리고 뉴욕 행 비행기를 기다리며 공항에서 중국의 노승과 스카이프(Skype)로 대화하는 장면은 그야말로 이 영화의 압권이라고 할 수 있다.

먼저 노승이 환히 웃으며 물었다.

- 여행은 어땠나? 뭘 배웠어?

* 정말 굉장했어요. 너무 너무! (Amazing, amazing!) 이제 돌아갈 준비가
    100퍼센트 됐어요. 내 여자와... 환자들에게... 가서 말할 거예요.

- 뭐라고 말인가?

* 우린 누구나 다 행복할 능력이 있다고...

- 그보다 수준을 더 높여봐, 헥터.

* 우린 모두 다 행복할 권리가 있다?

- (고승이 말없이 왼쪽 검지로 위를 가르킨다)

* 오우, I see. 우린 다 행복할 의무가 있다!

(비로소 노승이 환히 웃으며 합장하고 허리 굽혀 헥터에게 인사한다.)

-영화《꾸뻬 씨의 행복 여행》중에서-

이 영화는 행복이란 인간의 능력이나 조건과는 상관없는 것이라고 말
한다. 작가는 헥터를 통해 '행복은 바로 우리의 의무'라는 메시지를 도출
해내어 세계인에게 전하고 있다. 긴 여행의 끝에서 헥터가 드디어 도달했
던 '행복의 비밀', 작가가 우리 모두에게 전하고 싶은 진짜 메시지는 "우
린 다 행복할 의무가 있다"라는 말이다. 실로 명쾌하고 심플하면서도 마
음속 깊이 느껴지는 결론이다.

한국을 방문하기도 했던 작가 프랑수아 를로르는 우리에게 말했다.
"행복을 위해선 살아있음을 축하하고 좋아하는 사람과 함께 하세요...
한국인은 너무 일에만 몰두하고 스트레스를 많이 받는 것 같아요."라고.
그렇다면, 행복은 원래 노력해서 찾거나 추구하는 것이 아니고 우리에

게 그냥 주어지는 것일까? 그래서 우리는 원래 행복한 존재이고 이를 깨닫기만 하면 되는 것인가?

여기에서 나는 '우린 다 행복해야 할 의무를 가진 존재'라는 것을 깨달았다.

나에게 행복은 무엇인가?

나는 생의 어느 순간에 정말 행복했었나?

이제 모두 나만의 '행복의 비밀', 또는 '행복의 비결' 리스트를 만들어 볼 차례이다.

행복의 기억들: 그 기억들 속의 행복 리스트

행복에 관한 책들은 엄청나게 많다. 수년 째 각 분야에서 행복이 화두이고 행복 관련 도서가 상상외로 많이 출간되고 있다. TV, 라디오, 교육정책과 문화예술 관련 행사, 심지어 노래가사에도 수 없이 등장하는 행복이란 두 글자... 아무튼 행복이란 단어가 범람하는 이 시대는 가히 '행복 추구 시대', 또는 '행복 지향 시대'라고도 말할 수 있을 것이다. 과연, 나만의 '행복의 비밀' 리스트는 무엇일까? 마음을 비우고 정리해보자.

1. 행복은 내 마음이 주도하는 대로 움직이는 것이다.

최근 나는 불현듯 마음이 움직여 국내외 은사님들께 오랜만에 안부 전화를 드렸다. 반가워하는 음성을 들으면서 전화하길 참 잘했다는 느낌이 들었다. 전화 한 통에도 고마워하는 은사님의 마음이 그대로 내게 전해져와 가슴이 뭉클했다. 그래, 행복이란 내 마음이 이끄는 대로 행동하고 움직일 때 선물처럼 내게 오는 것이 아닐까.

2. 자유롭고 사심 없는 유희야말로, 행복을 가져다준다.

내 삶 속에서 가장 먼저 떠오르는 행복에 대한 기억은 무엇일까? 그것은 그저 존재하는 것만으로도 좋았던 어린 시절, 친구들과 큰 시냇가에서 송사리, 미꾸라지, 붕어를 잡으며 물장구치며 신명나게 놀던 기억이다. 태양이 눈부시게 내리쬐던 여름날, 방과 후 큰 시내에서 물고기를 잡으며 그냥 깔깔대던 친구들의 웃음소리, 물장난을 치며 즐거워했던 장면들이 지금도 선명하다.

3. 행복은 자연 그대로와 교감하는 것이다.

또 어린 시절의 다른 기억은 작은 동산에 올라 평평한 바위에 반듯이 누워 무한히 펼쳐진 하늘의 구름을 바라보며 행복해했던 내 모습이다. 뭉게구름, 새털구름, 양떼구름… 다양한 형태로 평화롭고 신비롭게 변해가던 하얀 구름들- 마치 내가 우주의 품에 안긴 듯, 높고 광활한 창공에 마법처럼 신비한 모양을 만들어가는 구름들을 올려다보며 나는 엄청난 평온함과 행복감을 느끼곤 했다. 그 무엇도 부족함이 없는 상태의 충일감, 그 자체였다.

4. 행복은 눈부신 햇살에 몸을 맡기는 것이다.

언젠가, 홀로 아름다운 숲 속을 걷다가 쭉쭉 뻗은 거대한 나무들 사이로 뜻밖에 눈부신 햇살이 비쳐 들어와 나를 포근히 감쌀 때의 평화롭고 신비로웠던 느낌, 눈을 지그시 감고 햇살에 잠시 몸을 맡겼을 때, 그때가 바로 행복한 순간이었다.

5. 행복은 상상력의 날개를 타고 찾아온다.

누구나 경험하는 일이지만, 독서가 주는 행복도 배놓을 수 없다. 여중 1학년 때, 대학생인 친척 오빠가 내게 몽고메리 원작의 《빨강머리 앤》 전집을 선물해주었다. 고아인 주인공 앤이 사랑과 행복을 찾아가는 여정을 그린 소설로 앤을 둘러싼 주위 사람들의 수많은 이야기, 가슴 따스해지는 감동적인 이야기들이 많았다. '앤' 전집은 그야말로 나에겐 진수성찬이었다고나 할까? 나의 소녀기의 상상력을 무한대로 풍부하게 펼치게 해 준 최고의 선물이었다. 마치 맛있고도 다양한 간식을 조금씩 아껴가며 맛보듯이, 그 책을 읽는 시간 시간이 내게는 달콤하고 쫄깃한 행복, 그 자체였다.

6. 행복은 준비 없이 새롭고 낯선 세계로 들어가는 것이다.

비슷한 시기에 친구의 권유로 만난 헤르만 헷세의 《데미안》과 루이제 린저의 《생의 한가운데》도 매혹적인 기억으로 남아있다. 뿐이랴. 니체의 《이 사람을 보라》도 배놓을 수 없다. 이 책의 차례에서 밝힌─나는 왜 이렇게 현명한가/ 나는 왜 이렇게 영리한가/ 나는 왜 이렇게 좋은 책을 쓰는가… 나는 왜 하나의 운명인가를 읽어 내려갈 때의 신선한 충격은 일종의 전율이고 행복이었다.

7. 행복은 자신과 비밀을 나눌 수 있는 친구를 갖는 것이다.

대학시절, 서로 마음이 맞아 4년을 똘똘 뭉쳐 다녔던 K, L, C 3인방이 있었다. 우리는 그저 눈만 마주쳐도 좋아서 실실 웃음이 나왔는데, 사물에 대한 관점이나 견해, 라이프 스타일이 확연히 달랐음에도 만나면 무작정 즐겁고, 무엇을 해도 함께라면 행복했다. 우리는 마치 무림의 고수들처럼, 정신세계의 책들을 대다수 섭렵하면서, 우리만의 비밀을 은어로 소통하며 정신적 오만을 즐겼었다. 결국, 졸업과 동시에 C는 보다 넓은 세상을 꿈꾸며 유럽항공 스튜어디스가 되었고, 은근히 냉소적 성격이던 L은 의외로 금방 결혼해서 두 아이의 엄마가 되었다. 나는 훗날 유학길에 올랐고 지금도 그 당시 행복했던 우리 젊은 날, 웃고 지냈던 모습들과 거침없이 떠들어 대던 통랑한 웃음소리, 이제는 그 남모르는 빛바랜 추억들이 아련한 그리움으로 남아있다.

8. 행복은 나를 성장시켜 줄 인생의 멘토를 갖는 것이다.

외국 유학시절에 나는 네 분의 스승을 은사로 모셨다. 세 분은 외국인이고 P 교수님 한 분만 한국 분이었다. 특히 박사과정 〈국제교육론〉을 강의하신 P 교수님이 기억에 남는다. 물론, 세 분 지도교수님에게서도 많은 것들을 배웠지만 나의 의식을 한 차원 확장시켜주신 분은 P 교수님이었다. 그는 예리한 통찰력과 창의적 교수법으로 정평이 나있었는데, 예술학도인 내가 꽤 멀리 떨어진 교육학과까지 가서 본인의 강의를 듣는 최초의 한국 여학생임을 기특하게 여겨, 동족인 내게 각별한 관심과 성원을 보내주셨다. 가끔씩 내 논문에 대한 조언을 해주셨고, 댁의 만찬에도 초대하시고 가족과 함께 전통공연이나 오페라 등을 관람시켜주기도 하셨다. 교수님 수업은 한 주제를 놓고 3시간 내내 토론으로 시작해서 토론으로 끝이 났다. 내셔널리즘을 비롯한 국제적인 이슈를 소주제로 토론이 시작되면 점차 논쟁으로 발전하여 강의실 분위기마저 후끈 달아올랐다. 나는 지금까지, 그 이전과 그 이후로도, 그렇게 가슴 뛰고 긴장감 넘치고 재미있는 수업을 경험한 적이 없다. P 교수님은 나에게 모든 것을 세계와의 관계성 속에서 이해하고 해석하는 관점과 능력을 키워주셨다. 지금은 고인이 되셨지만 당시, 내 의식의 확장과 정신적인 성장은 P 교수님의 영향이 컸다. 그 시절 나의 인식을 고도로 고양시켜준 그 수업시간과 그분의 가르침은 내겐 축복이고 행복이었다.

9. 행복은 우리 모두가 서로 연결되어 있는 존재임을 아는 것이다.

내가 유학한 일본 츠쿠바대학의 에사키 레오나 학장은 물리학자로 노벨상 수상자였다. 그는 해마다 한 번씩, 학장 주최 유학생 파티를 성대히 열어주었는데 나도 한 번 참가했었다. 70여 개국에서 유학 온 1,000여 명의 유학생들이 한 자리에 모인 파티였다. 살펴보니 내가 이름도 모르는 나라들이 너무 많았다. 우린 서로 섞여 앉아 음식을 먹고 대화를 나누며 교류했다. 내 앞에 앉은 멋진 수염의 남학생은 자기를 'OO나라의 16번째 왕자'라고 소개하기도 했다. 그러고 보니 준수한 용모에서 왕족의 품위가 살짝 느껴지기도 했다. 내 옆에 인도의 전통의상인 사리를 예쁘게 차려입은 여학생은 자신은 노동성에 근무하다가 유학 왔다고 했다. 미얀마에서 온 여학생은 대학교수를 하다가 유학왔다고 했다. 스위스에서 온 인형같이 예쁜 눈을 가진 여학생은 졸업하면 꼭 스키 타러 오라면서 자기 주소를 적어주기도 했다. 그날 우리는 별 이질감 없이 교류하며 금방 친밀해져서 즐겁게 대화하고 친구가 된 듯한 느낌으로 헤어졌다.

이후, 1년에 4회, 대학 국제교류센터 지원으로 보내주던 유학생들을 위한 1박 2일 현지 관광프로그램에도 참가하면서 나는 세계인들과 교류하며 힐링하는 시간을 가졌다. 이러한 글로벌 환경에서 여러 나라의 인재들과 함께 동시대인으로 공부하고 있다는 자긍심과 서로 연결되어 있는 존재라는 깨달음이 나를 채워 행복했다.

10. 행복이란 다문화의 다양성을 존중하고 진심으로 교류하는 것이다.

유학시절, 어느 날부터인가 유학생 숙소의 내 메일박스에 영어로 번역된 이슬람교, 힌두교, 또는 외국 유학생들이 저마다 신봉하는 구루(Guru)의 가르침에 관한 팸플렛이나 인쇄물 등이 가끔씩 들어오기 시작했다. 논문 쓰느라 미처 읽을 시간은 없었으나 예술적인 꼬불꼬불한 이국의 글씨들이 아름다웠고 흥미로웠다. 탐문해보니 나와 가끔 차를 마시는 옆방의 미얀마 유학생 M이 넣은 것이라고 했다. 한번은 그녀로부터 티타임 초대를 받아 그녀의 방에 들어가니, 한쪽 벽에 온화하고 잘생긴 60대정도의 남성사진이 등신대 크기로 길게 걸려있었다. 자신이 섬기는 구루라고 했다. 또한, 이슬람권에서 온 유학생들은 파티에서도 고기류는 절대로 입에 대지 않았다. 심지어 계란프라이도 안 먹었다. 해외에 나와서도 자신의 종교 규율을 철저히 지키며 이슬람문화의 우수성을 주장하는 그들이 때로는 강인한 정신력의 소유자처럼 보였다.

대학 축제 때는 캠퍼스 내에 각국 유학생들의 노천시장이 열렸다. 유학생들은 몇 명씩 각기 자기 나라의 전통 공예품이나 특색 있는 악세리 등을 가지고 나와 곳곳에서 바겐세일을 했다. 신기한 물건들이 꽤 많아서 나도 친구와 즐겁게 구경하며 전통문양의 스카프나 목걸이, 팔찌 등을 구입했던 기억이 새롭다.

여하간, 그 시절 세계 여러 나라의 다른 문화들을 접하면서, 더불어 함께 웃고 소통하면서 보이지 않는 그물망처럼 서로 연결되어 있는 관계성의 세계에 대한 눈뜸을 체험한 것 같다. 매일 새로운 것을 알아가면서 내 인식의 폭이 넓어지고 배타적인 감정이 희미해지는 것을 느꼈다. 결국 그물망처럼 서로 연결되어 있는 이 세계는 하나이며, 세계인은 한 가족이라는 말로만 듣던 것을 실제로 체험해 본 시기였다. 여러 나라 유학생들과 교류하며 다양성을 체험하는 과정에서 나는 이질감이 점차 친밀감으로 변해가는 행복을 느꼈다. 서로 경계의 벽을 허물고 진심으로 다가갈 때, 반감이 점차 공감으로 변하면서 눈빛이 달라지고 얼굴에 웃음꽃이 피는 행복을 맛보았다.

11. 행복은 나를 포용해주는 주위 사람들을 통해 찾아온다.

돌이켜보면 지난날, 외국 생활에서 내가 곤경에 처할 때마다 이런저런 인연으로 내게 다가와 힘을 북돋워 주고 기꺼이 도움을 주었던 고마운 분들이 여럿 있다. 특히 잊을 수 없는 분은 나의 석사과정 지도교수이자 정신적 멘토였던 E 교수님으로, 언제나 내가 어려울 때에 적절한 조언과 힘을 주셨다. 또한, 나의 유학 생활 내내 든든하게 현지 보증인이 되어주고 장학금까지 주셨던 H님과 M님, 그리고 기꺼이 학문적 도움을 주던 석사과정 튜터 S와 박사과정 U선배 등이 모두 내게 고마운 분들이다. 실로 내가 은혜를 입은 사람들은 일일이 열거할 수 없을 정도로 너무 많다. 이들은 모두 진심으로, 외국 유학생인 나를 믿어주고 인정하고 아껴주고 물심양면으로 도와주며 내 삶에 긍정적인 영향을 주었다. 많은 이들의 정성과 사랑으로, 난 해외에서도 안심하고 행복하게 내 꿈을 펼쳐 나갈 수 있었다. 그리고 여러분에게서 내가 받아 온 사랑과 도움, 그로 인한 행복감 이상으로 누군가에게 장차 나도 도움과 행복감을 주면서 이 행복의 파장을 더욱 키워나가리라 다짐했었다.

12. 행복은 함께 어울려 하나가 되는 것이다.

박사학위를 받고 귀국 후, 국립대학 교수로 임용된 나는 사명감과 열정을 가지고 나름대로 열심히 직무에 충실하며 다양한 성과를 이뤄내는 과정에서 성취감과 자긍심, 만족감을 느꼈다. 그러나 그것이 곧 나의 행복이었다고 말하기는 어렵다.

오히려, 신임 교수 시절, 멋모른 채 선배 교수님들에게 이끌려 어울려 다니던 "이유모"(이유 없이 모이는 모임)라는 모임에서 나는 행복을 느끼곤 했다. "이유모"는 각기 전공이 다른 뜻 맞는 교수들 10여명이 모여 한 달에 한두 번씩 맛있는 식사를 함께 하며 교류하던 모임으로 나름 엄한 규칙이 있었다. 일단 모임에서 정치 얘기, 가족 얘기, 총장선거관련 얘기는 금물이었다. 규칙을 어기면 누구든 징계 내지는 퇴출한다는 묵약이 있었다. 때때로 우리는 원조 '산채 비빔밥'을 먹기 위해 고속도로를 2시간 넘게 달려 지리산까지 직행하곤 했다. 식후에 벌어지는 대화판, 토론판은 수준급 지적 고수들의 한판 굿과도 같았다. 철학적, 인문학적 주제부터 각종 시사, 지구 관련 아젠다, 최근의 이슈 등에 이르기까지, 흥미진진한 대화와 열띤 토론이 이루어졌다. 가끔은 고차원의 유머로 모두 박장대소하며 한바탕씩 웃음꽃이 피곤했는데, 그 때마다 난 그들에게 둘러싸여 행복을 느꼈다. 이렇게 박학하고 유머러스한, 멋진 선배 교수님들과 함께 같은 캠퍼스에서 삶을 공유하는 것만으로도 감사하고 행복했다.

13. 행복은 미지의 것들과 마주하는 것이다.

여행하면서 느낀 행복 또한 크다. 유학 시절과 교수 시절, 난 세계 여러 나라의 다양한 풍광들을 만나면서 새로운 행복을 느끼곤 했다. 세계의 유명 미술관, 박물관을 돌아보며 인류가 남긴 위대한 예술품들을 감상하였고, 그때마다 내가 만났던 대상에 따라 얻어진 놀라움과 즐거움, 기쁨과 만족감이 지금까지와는 다른 풍요로움과 행복을 가져다주었다. 숱한 미지의 것들과 조우하면서 타문화에 대한 이해는 내 의식을 확장하고 '세계인은 하나'라는 공감대를 형성하면서 행복감을 높여주었다.

14. 행복은 좋아하는 사람들과 의미 있는 시간을 보내는 것이다.

누가 말했던가. '행복의 본질은 행복감이라고 하는 감정이 아니라 그냥 행복한 상태가 진짜 행복'이라고. 이 말에 나는 공감한다.

최근 나는 마음이 통하는 벗들과 가끔 가파르지 않은 산에 오르거나 숲 속을 걸은 후, 주위의 맛집을 찾아 따끈한 키조개탕이나 청국장, 또는 능이버섯 삼계탕 국물을 한 술 입에 떠 넣으며 행복을 느낀다. 또는 더운 여름날 자연 속에서 땀 흘려 걸은 후, 좋은 벗들과 함께 나누는 전통 팥빙수의 시원 달콤함 속에서, 사심 없이 서로 웃으며 주고받는 기쁜 눈빛과 대화 속에서 행복을 본다.

그리고 외출했다가 집에 들어설 때마다 큰 소리로 "엄마~!"하고 내가 부르면 "오, 이제 오냐?"하며 웃으며 맞아주는 어머니가 내 곁에 건재하심에 행복하다.

살아오면서 나의 행복의 순간들은 흔히 겉으로 성공했다고 보이는 그러한 순간들이 결코 아니었다. 극히 평범한 일상의 한 순간에서 내 가슴을 건드리는 것들, 파고드는 것들과 마주쳤을 때 나의 가슴 한 복판이 박하향처럼 시원해지며 동시에 뜨거워진다. 그 순간 그냥 행복감이 차오르고 행복해지는 것이다. 마치 이름도 모르는 낯선 곳에서 갑자기 신비로운 향기가 나를 감싸듯, 행복은 그냥 이유나 조건이 없이, 오직 존재하는 것만으로도 행복했던 내 어린 날처럼 그렇게 오늘도 나와 함께 있다.

행복과 시간

'행복'은 우리 모두가 공유하는 시간과도 밀접한 관계가 있다. 누구에게나 공평하게 주어지는 오늘, 현재의 이 순간, 그러나 이 한순간을 진정 즐기지 못하고 행복한 삶을 살지 못하는 현대인들이 많다. 과거는 흘러갔고 미래는 아직 오지 않았다. 그럼에도 돌이킬 수 없는 과거에 얽매이고 미래에 대한 불안으로 현재를 회한에 젖어 사는 사람들은 행복한 삶과는 거리가 멀다. 왜냐하면, 내가 맞닥뜨리고 있는 이 '현재'만이 곧 내가 관여할 수 있는 나의 시간, 나의 삶이며 행복을 창조할 수 있는 유일한 기회이기 때문이다.

만남이란 무엇인가. 영원으로 이어지는 시간의 축을 가로의 선, 공간의 축을 세로의 선으로 본다면, 만남은 시간과 공간의 교차점, 그 접점에서만 가능하다. 그러므로 '두 사람의 만남은 시간과 공간의 접점에서만 이루어지는 기적'이라고 나는 생각한다.

시간이나 공간 어느 한쪽이라도 서로 어긋나면 만남은 결코 이루어질 수 없기 때문이다.

"돈은 빌려줄 수 있지만 시간은 내어 줄 수 없다"는 말이 있다. 너무나 바쁜 현대인에게 해당되는 말이다. 이상하게도 현대인들은 자신의 꿈이나 성공 목표에 가까이 가면 갈수록 자신의 시간은 점점 더 없어져 간다. 학자, 정치인, 사업가, 연예인 등 누구나 인기가 많아지고 돈을 더 많이 벌면 벌수록 점점 더 바빠져서, 나중에는 가족이나 친구를 만날 시간도, 함께 지낼 시간도 없어진다. 심지어 자신이 여유롭게 식사할 시간, 충분히 잠잘 시간조차 줄어들게 된다. 그리고 이렇게 치달아가는 삶의 패턴을 억지로 멈추거나 바꾸지 않는 한, 급기야 자신의 건강을 심각하게 해치게 되고 정신적으로도 피폐해져 결국에는 모든 것을 잃게 되는 불행한 결말에 이르게 되는 것이다.

일과 시간과의 밀고 당기는 전쟁에서 결국 죽음으로 생을 마감한 사례로, 영국의 패션디자이너 리 알렉산더 맥퀸(1969-2010, Lee Alexander Mcqueen)의 예를 들 수 있다. 그는 그의 명성과 인기가 치솟던 40세에 그의 어머니의 장례식 하루 전날 스스로 목을 매어 자살했다. '패션계의 악동', '천재 디자이너', '런던의 괴짜', '혁명가' 등으로 불리던 그는 27세에 프랑스 유명 패션하우스인 지방시(Givenchy)의 수석디자이너(1996-2001)가 되면서 명성을 쌓았고 이탈리아의 명품브랜드 구찌(Gucci) 그룹과 함께 자신의 이름인 '알렉산더 맥퀸'(1992-2010)브랜드를 런칭하면서 명실상부 탑 디자이너로 성공 가도를 달렸다. 초창기엔 너무 돈이 없어 실업수당으로 패션쇼를 진행하고 식사비도 없던 때가 있었지만, 주위의 도움과 독특하고 창조적인 패션디자인으로 점차 유명해져 20대에 패션디자이너로서 성공과 부를 손에 거머쥐게 되었다. 백만장자가 된 그가 주관하는 패션컬렉션(패션쇼)만 1년에 14번, 쉴 틈도 없이 숨 가쁘게 돌아가는 바쁜 일과의 연속으로 그는 점점 더 시간에 쫓기게 되었다. 급기야 그는 약물복용으로 성격이 변하고 우울증에 시달리며 급속도로 건강을 잃어갔다. 그의 성공과 화려한 명성 뒤 어두운 이면에는 어린 시절 매형으로부터 당했던 성폭행의 트라우마가 평생 그를 따라다니며 괴롭혔다. 그 위에 연인과의 이별, 전적인 후원자였던 절친 이사벨라 블로우의 자살, 연이어 3년 뒤 숭배했던 어머니의 사망(암)으로 인한 우울증의 악화 등이 그의 사후, 자살의 원인으로 추정되었다.

'세상을 매혹시킨 천재 디자이너', '패션에 예술을 입힌 혁명가'로 불리며 그 시대 예술가들에게 특별한 영감을 주고 영향을 미쳤던, 불꽃같았던 알렉산더 맥퀸의 짧은 인생·결국 성공과 함께 찾아 온 시간과의 치열한 싸움에서, 더 이상 감당할 수 없게 되어버린 현실에서 그는 스스로 중도 하차하여 죽음의 길로 가버린 것이리라.

인간이 성공을 하고 설령 꿈을 이루더라도 우리가 시간을 컨트롤하는 주인공이 되지 못하고 시간의 노예가 되어버린다면, 결코 행복해 질 수 없는 것이다.

'모모'이야기-시간의 비밀

　　　　　　　　　　　"행복"과 시간과의, 행복감에 기
여하는 시간의 문제를 여실하게 드러낸 작품으로 소설『모모』가 있다. 미
하엘 엔데는『모모』(2015, 초판은 1973년 독일 발행)에서 다음과 같이 썼다.

　　시간을 아끼는 사이에... 아무도 자신의 삶이 점점 빈곤해지고, 획일화되고, 차
　　가워지고 있다는 것을 알아차리지 못했다. (중략) 사람들은 이제 아이들을 위해서
　　도 시간을 낼 수 없게 되었던 것이다. 하지만 시간은 삶이며, 삶은 우리 가슴 속
　　에 깃들여 있는 것이다. 사람들은 시간을 아끼면 아낄수록 가진 것이 점점 줄어
　　들었다.

　　시간을 훔치는 도둑(회색양복의 남자들)과 그 도둑이 훔쳐간 시간을 찾아
주는 한 소녀의 이야기인『모모』는 오늘날 시간에 쫓기어 숨 가쁘게 살고
있는 우리 현대인들에게 커다란 시사점을 준다. 누구나 익히 아는 내용이
지만, '모모'가 사는 평화롭고 여유로우며 이웃과 사이좋게 지내던 도시
마을에 어느 날부터인가, 시간을 훔치는 도둑인 회색 양복의 남자들이 나
타난다. 그들은 만나는 사람마다 "시간은 귀중한 것"이라며 시간을 절약
하고 아끼라고 말한다. "시간 절약, 나날이 윤택해지는 삶", "시간은 돈과
같다, 시간을 아끼라", "시간을 아끼는 것이 보람찬 삶"이라며 회색 남자
들은 마을 사람들의 시간을 점점 많이 사들이기 시작한다. 마을 사람들은
회색 남자들의 꾐에 빠져 돈을 벌기 위해 자신들의 시간을 그들에게 내어
주고 저축하며 점점 더 바쁘게 시간에 쫓기며 살아가게 된다.

이제 마을 사람들은 이전처럼 서로 만날 시간도, 함께 모여 대화하며 웃음을 나눌 시간도 없어졌다. 남의 말에 귀를 기울이던 사람들도 다 변했다. 모두가 너무 바빠져서 친구나 가족이나 자녀들을 돌볼 시간조차 없게 된 것이다. 이러한 상황을 안타까운 마음으로 지켜보던 요정 소녀 모모가 이전에 친했던 마을 사람들을 찾아다니며 그들의 마음을 되돌리려하자, 회색의 시간 도둑들은 방해자인 모모를 회유하거나 제거하려 한다. 영화 "MOMO"에서, 모모를 회유하러 온 회색의 남자에게 모모는 진심을 다해 묻는다.

"당신을 사랑해 주는 사람이 아무도 없나요?"

회색 남자는 당황하면서 마법에라도 걸린 듯, 자신도 모르게 그들의 비밀을 모모에게 털어 놓는다. 이 장면이 너무 인상적이어서 지금도 잊혀지지 않는다.

"아무도 알아서는 안 돼, 우리가 누구인지, 무엇을 하려는지...(중략)
우린 사람들한테서 시간을 빼앗아야 해.
그들을 우리 편으로 유인한 다음 그 다음엔...분, 초, 시를 뽑아내는 거야.
인생의 시간을 말이지. 그들이 저축한 그 모든 시간을 그들은 영영 잃게 되는 거야. 왜냐하면 우리가 그것을 써버리니까.
시간을 빼앗아서 널 뼈 속까지 빨아들이는 거야.
널 빨아들이고, 시간을 빼앗고, 그걸 모으는 거야.
시간에 굶주리게 되지. 시간에 굶주리게 되는 거야. 평생 동안.
인생의 시간을, 네 인생의 모든 시간을 다 빨아들이는 거야."

그들의 목적은 세상 사람들의 모든 시간을 빼앗아 그들을 시간의 노예로 만들고 세상을 정복하고자 하는 것이었다.

"여러분의 시간은 회색빛 남자들에 의해 도둑맞고 있어요"

모모가 마을 사람들에게 이 사실을 아무리 외쳐도 성공 가도를 달리며 점점 더 바쁜 생활에 휘둘리는 그들의 현실 상황은 돌이킬 수가 없었다. 결국 모모는 미래를 내다보는 신비한 거북이 '카시오페이아'의 안내로 온 세상의 시간을 관리하는 호라 박사를 찾아간다. 그는 모모에게 시간의 비밀에 대해 알려준다.

"죽음이 무엇인지 사람들이 알게 된다면 사람들은 더 이상 죽음을 두려워하지 않게 될 거야. 그리고 그들이 두려워하지 않게 되면, 어느 누구도 더 이상 그들의 시간을 빼앗을 수 없게 될 거야..."

원작을 바탕으로, 1986년에 독일에서 "MOMO"라는 판타지 영화가 제작되었다. "MOMO"는 세계 여러 나라에서 상영되며 행복한 삶을 추구하는 현대인에게 '시간이란 과연 무엇인가'에 대한 화두를 던져주었다.

나에게 주어진 지금 이 순간, 현재가 중요하다. 우리 앞에 당도해 있는 이 현재의 시간을 누군가에게 잡히고 유한한 재물이나 출세나 성공의 노예가 되어서는 안 된다.

내 삶의 주인공은 바로 나 자신이다. 지금 이 순간도 오직 나의 것이다. 행복한 삶이란 순간순간 나의 선택에 달려 있다. 그러므로 행복은 "현재"에서 내가 만들어가는 것이다. "현재"에서 내가 정말 하고 싶은 것, 내가 되고 싶은 것을 선택해야 한다. "현재"를 온전히 맛보고 즐기면서 나 자신이 행복을 누려야 한다. 누구든지 현재를 잡아야 꿈을 이룰 수 있다. 현재 내가 생각하는 대로 이루어지고 현재 내가 마음먹는 대로, 그대로 이루어지기 때문이다.

살아 있음이 행복

현재를 잡아라(Carpe Diem)라는 말은 고대 로마 공화정 말기 시인, 호라티우스의 시, "현재를 잡아라. 내일이란 말은 최소한만 믿어라(Carpe Diem, quam minimum credula postero)"에서 유래한 말이다.

현재 내가 어떤 생각을 하고 있는지, 무엇을 하고 있는지, 현재 내가 누구와 만나고 있는지, 현재 내가 어떻게 처신하고 있는지에 따라 나의 미래가 결정된다. 과거도 미래도 중요하지만 나 자신의 의지로 간섭하여 변화를 일으킬 수 있는 유일한 시간대는 현재뿐이다. 그러므로 우리는 모두 내일이 아닌, 현재에서 행복해야 한다. 바로 이 현재 속에 미래로, 영원으로까지 이어지는 시간의 비밀과 행복의 가능성이 있기 때문이다.

현재에 대해 『꾸뻬 씨의 시간 여행』에서 노승은 다음과 같이 말했다.

"그것은 영원이자, 무(無)이자, 동시에 모든 것이오. 왜냐하면 그 어느 것도 현재 밖에서는 존재하지 않기 때문이지."

그가 현재는 무(無)라고 한 것은 "현재는 존재함과 동시에 사라지기 때문"이다.

그럼 우리는 어떻게 해야 이러한 현재에서 늘 행복할 수 있는가?

먼저, 가슴 설레는 일을 하자. 현재에서 가장 자기가 하고 싶은 것, 진정 가슴 뛰는 일을 해야 행복하다. 현재 무엇이든, 어떤 행동이든 선택할 수 있는 자유로운 존재인 나야말로 창조적인 존재가 아닌가. 행복은 나 자신이 만들어 가는 것이다.

그리고 언제나 감사하자. 감사하면 행복하다. '감사하기'가 어색하고 낯설다면 모든 것에 감사하는 마음먹기, 감사하는 연습을 해야 한다. '감사하기'가 습관이 되고 내 삶의 리듬이 되고 바탕이 되도록. 감사는 오늘의 내가 있기까지, 여러 사람들의 도움과 사랑의 손길, 그리고 보이지 않는 희생이 있었음을 스스로 절실하게 깨닫는 데서부터 시작된다. 자신의 삶에서 때로는 예기치 못한 질병이나 사고로 죽을 뻔했던 고비들을 가까스로 넘긴 적도 있었으리라. 이런 우여곡절 끝에 내게 선물처럼 주어진 오늘, 이 찬란한 현재의 일회성과 유한성을 생각할 때에 저절로 감사가 나오지 않을 수 없다. 본래 빈손으로 태어나 지금까지 풍요롭고 건강하게 살아 온 모든 일 하나하나에 감사하면 된다. 감사하면 행복해진다. 감사는 부족함이 없는 자들만의 찬양이기 때문이다.

동시에, 나에게 관대하자. 좀 실수하더라도 수고했다, 괜찮다고 자신을 위로해주자. 인생은 어차피 미완성이다. 너무 자신에 대한 기대치가 높고 완벽을 추구하면 행복하기 어렵다. 스스로 스트레스를 주지 말자. 자신에게 너그럽게 60점, 또는 70점 정도면 잘 했다고 칭찬해주자. 행복은 성적순이 아니지 않는가.

마지막으로, <u>나누자</u>. 나누면 행복하다. 내가 가진 재물이나 힘, 기술이나 지식, 지혜, 웃음... 무엇이든 상관없다. 현재의 내가 타인에게 소용이 되고 도움이 된다면 그것으로 족한 것이다. 나눔은 생명을 존중하는 마음이다. 나눔은 편견과 차별을 넘어 누구나 자기 자신처럼 소중하게 여기는 마음에서 시작된다. 너와 내가 다름 아닌 하나이고 따라서 네 사정이 바로 내 사정이 될 때, 그 사랑은 "나눔"을 타고 햇살처럼 눈부시게 뻗어나간다. "나눔"은 사랑의 공유로 모두에게 행복을 주는 생명의 힘이다.

인식의 변화인가? 최근 한국사회에 '파이어족'을 꿈꾸는 사람들이 늘고 있는 추세이다. 젊을 때부터 돈을 열심히 모아서 40대 초반에 은퇴하여 자신이 진정 하고 싶은 일을 하면서 살겠다는 사람들이다. 경제적 독립, 조기 은퇴(Financial Independence, Retire Early)의 약어인 '파이어족'은 노동가치의 변화, 불안정한 고용과 사라진 평생직장, 길어진 수명 등의 사회적 현실에 대응하는 또 하나의 미래적 생존전략이라 할 수 있을 것이다.

지난 해 40세에 조기 은퇴한 김모씨는 한 일간지와의 인터뷰(2021.9. 23)에서 파이어를 택한 이유를 "돈 부자 말고 '시간부자' 하려구요" 라고 말했다. 누구나 자기 앞의 생의 소중한 시간을 경영하는 방법에는 다양한 선택이 가능하다. 그리고 무엇이 옳고 현명한 것인지에 대한 판단은 오직 자신에게 달려있다.

다시 한 번, "카르페 디엠!" 행복은 오직 현재 속에 있다. '행복해요'라는 노래가사에도 있지만, 우리는 "숨 쉴 수 있어서 바라볼 수 있어서 만질 수가 있어서" 행복하고 "말할 수도, 들을 수도 있고, 사랑할 수 있어서, 살아있어 정말 행복"하다. 또한, 느낄 수 있어서, 걸을 수 있어서, 노래할 수 있어서, 마주보며 웃을 수 있어서 행복하다. 그 뿐인가. 세상의 모든 것들을 맛 볼 수 있어서 행복하고, 살아 있는 자들과 함께 할 수 있어서 행복한 것이다. 아니, 이 표현으로는 어딘가 좀 부족하다. 행복의 정의가 완전하지 않다. 이런 저런 조건으로 인해 행복하거나 행복하지 않은 것은 행복이 아닌 것이다.

진짜 행복이란 지금 여기에서, 숨 쉴 수 있음이 곧 행복이다. 현재 그냥 '내가 살아있어 생명이 있는 존재라는 것' 자체가 곧 행복이라고 할 수 있다.

감사도, 나눔도 내가 '살아있음'을 전제로 가능하다.
살아 있음, 그 자체가 그대로 최고의 행복인 것이다.
행복은 이 순간에도 '현재' 속에 우리와 함께 있다.

05

그리움 속에서 찾은 행복

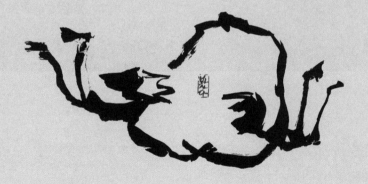

김영순 (Kim young Soon)

인하대 사회교육과 교수

우리는 모두 그리움의 대상, 즉 '그대'를 가지고 있다.

어느날 그리움이 첫눈처럼 마음에 훅 들어오는 것을 두려워하지 말자.

그대를 그리워하며 사는 삶은 행복하다.

05
그리움 속에서 찾은 행복

1. 소년기 꿈을 그리워함

　　　　　　　　　　나는 살아온 날들보다 살아갈 날들이 적게 남아 있는 나이라 언제 죽음이 엄습해 오더라도 후회 없을 수 있도록 행복한 삶을 살고자 노력하고 있다. 주변에서 필자를 바라보는 시선은 행복의 향기를 가진 사람이라고 말하곤 한다. 곰곰이 생각해 본다. 내가 행복한 이유는 무얼까? 이에 대한 대답을 하자면 깊이 생각하지 않고 바로 "행복하려면 그리워하라."로 답하고 싶다.

　우리는 흔히 그리움 하면 어떤 대상을 연상한다. 국어사전에서도 '보고 싶어 애타는 마음'으로 기술되어 있다. 당연하다. 그리움은 대상에 대한 감정임에는 틀림없다. 그러나 어떤 대상에 대한 그리움을 넘어 자신의 나라나 고향을 비롯해 특정 장소나 집단에 대한 그리움, 놓쳤던 기회나 어떤 결정에 대한 그리움이 있을 수 있다. 뿐만이 아니다. 그리움은 예전에 묻어두었던 꿈일 수도 있다.

내가 처음 시작할 이야기는 '꿈에 대한 그리움'으로부터 행복을 이야기
하려 한다.

필자를 잘 모르는 사람들은 대학에서 교수 생활을 하니 자기가 원하
는 학문을 하고 그것으로 경제생활을 하니 행복하지 않는가 라고 이야기
할 것이다. 그런데 사실 필자의 꿈은 결코 학자가 아니었다.

고등학교 시절 필자의 꿈은 시를 쓰는 수도자가 되고 싶었다. 유교적
집안 환경에서 수도자의 꿈은 부모님의 완강한 만류로 당연히 거부되었
다. 시인 역시 가당치도 않은 일이었다. 엄격한 부친께서는 유가에서 가문
을 위한 학문은 입신양명의 길이고 금의환향의 꿈이기도 했다. 내 공부방
에서 발견한 습작을 한 노트는 아버지에게 빼앗겨 소각당해 버렸다. 아마
습작 노트가 불태워진 기억은 나의 가슴 한쪽에서 늘 응어리져 있었던 거
같다. 비로소 50대 중반이 넘어 마음속에서 시에 대한 그리움은 활화산
이 되었다. 최근 5년간 습작했던 시를 지난해 안식년을 맞이해 깁고 고쳐
서 첫 시집 <그리움을 그리다>로 세상에 알렸다.

당시 많은 사람이 대부분 그랬다. 직업의 수가 적은 것 만큼 꿈의 수도 적었고, 자신의 의지대로 꿈을 키워가기 힘든 사회적 환경이 있었다. 지금도 그렇지만 부모들에게 '착한 자녀'가 되는 것은 열심히 공부하여 좋은 대학에 가고, 좋은 직장을 얻는 것이었다. 그리고 좋은 배우자를 만나 가족을 꾸리는 것이다. 거기까지가 부모가 자식을 키우면서 행복해 하는 한 과정일 것이다. 가만히 생각해 보면 이는 부모님이 행복한 것이지 당사자인 자녀가 과연 행복할 것인가? 이런 반문이 꾸물거린다.

자녀들은 자기 주도적으로 꿈을 만들고 자기가 하고 싶은 것을 하면 행복할 것이다. 우리 아버지 세대나 지금이나 자식들은 자기가 하고 싶은 꿈을 이루기보다는 부모가 원하는 방향의 직업을 갖기를 원하는 경우가 많다. 나도 그랬다. 나는 늘 접었던 시인의 꿈을 50이 넘은 중년의 나이에 펼칠 수 있었다. 소장 학자 시절부터 시 짓기에 대한 꿈은 있었지만, 현실이 되지는 못했다.

사회과학자는 원래부터 사회문화 현상에 대한 비판적인 담론을 생산하는 최전선에 있는 사람들이다. 칼 막스는 사회과학자의 사회를 변화시켜야 하는 운명적인 책무를 말한 바 있다. 그래서 사회과학자들은 감수성을 지닌 시어를 쓰는 것 보다 서슬 퍼렇고 날카로운 칼날 같은 단어들을 사용한다. 낭만적 감성에 기인한 언어의 연금술과는 담을 쌓고 합리적 이성과 객관적 증빙을 통해 논증과 논쟁을 하는 사람이다. 필자는 23살에 대학원에 입학하여 지금까지 30여년이 넘게 사회과학으로 학문 수행을 해 온 사람이라 시 짓기를 잊고 살았다. 그 아련했던 소년기의 꿈은 늘 가슴 한쪽에서 피어나지 못하는 씨앗이었다.

한 인간에게 뜻하지 않은 질병은 그 사람에게 과거를 성찰하게 하고 자신의 몸은 물론 타자들을 향한 따뜻한 마음을 갖게 하는 기회를 만든다. 지금으로부터 5년 전 나는 아주 많이 아팠다. 모든 중년 남성들이 그렇듯 중년으로의 진입은 몸으로부터 온다고 했던가. 그간 누적되었던 스트레스인지, 생활 습관으로 인해서인지 역류성 식도염과 과민성 대장염이 문제를 일으켜 학문수행을 접고 오로지 건강에 신경을 써야만 했었다. 그래서 안식년을 빙자하여 흔히 '요양'이라고 부르는 힐링의 기간을 가졌었다.

이때 나는 같은 힐링 센터에서 투병하던 한 친구를 만났다. 그 친구와 그간 살아왔던 인생과 앞으로 언제 갈지 모르는 미래에 대해, 정확히 말해 죽음에 대해 수많은 이야기를 나눈 적이 있었다. 나는 그 친구와의 이야기를 기록했고, 그 기록들은 다시금 내 가슴에 숨어 있었던 감정들을 불러일으켰다. 시를 쓰게 된 동기는 바로 '그대'라 불렸던 그 친구로 인해 시작되었다. 이 사연에 대해서는 시집『그리움을 그리다』의 '시인의 말'에 이렇게 기록되어 있다.

나의 시에 가장 많이 등장하는 단어는 '그대'와 '그리움'이다.

그대란 단어는 언제나 다정다감하지만 아픔, 슬픔, 기쁨 등이 중첩되는 이미지가 떠올려진다. 공감각적이라 무어라 표현할 수 없는 느낌을 지닌 그대

필자가 그대란 말을 즐겨 쓰게 된 것은 5년 전 지병과 싸우면서 가장 고독하고 힘든 시기에 만난 친구로 인해서이다.

딱히 호칭을 부를 수 없어서 그 친구를 그대라 불렀다. 처음 그대라고 불러주었을 때 장대비가 내리더니 그대가 떠나간 그날도 몇 날 며칠 폭우가 내렸다.

나를 찾아온 그대는 내 인생의 소풍 같은 삶을 선물해주고 다시 시를 쓸 수 있도록 감성을 선물했다. 소년기에 내 꿈이었던 시 쓰기...

이제 그대는 홀연히 서쪽 하늘 저편 별들이 머무는 곳으로 떠나 그리움만 남는다.

그 그리움이 전이되어 내 삶에 많은 이들을 그대로 부르게 되었다. 이렇게 내 시는 수많은 그대에게 바쳐질 아름다움이다.

내 시에서 그대는 바로 그리움의 대상에서 '그'와 대상의 '대'를 합성한 말이다. 부르면 부를 수록 그리움에 젖어 드는 단어 그대, 나는 그대가 그립고 또 그립다.

부모를 떠나 홀로 유학을 하는 둘째 아이에 대한 그리움, 고향을 가보지도 못하고 병상에서 돌아가신 어머니에 대한 그리움, 내가 수행하는 이주민 연구의 현장에서 만난 그들의 본국과 고향에 대한 그리움, 사할린 한인이 느끼는 고국에 대한 그리움, 북에 가족을 두고 온 탈북민의 그리움

내 시에서는 갖가지 그리움들이 꽃을 피우고 아름답게 그려진다.

— 「시인의 말: 가장 아름다운 단어 '그대' 그리고 '그리움'」

2. 그대는 행복의 지향점

나의 시집 『그리움을 그리다』의 첫 시는 '그리움의 꽃밭'이다. 그리움이 얼마나 아름다웠으면 꽃밭을 이룰까? 시집에서 그리움은 결코 '그리움'의 완성이나 완결을 그리지 않는다. 그리움을 호소하고 또 다른 그리움을 겹겹이 쌓아간다. 그러면서 모든 사람의 마음에 그리움의 꽃밭이 있음을 드러낸다. 그리움의 다양한 꽃들이 만발한 꽃 밭을 이루지만 '나의 그리움은 오직 그대에게 향해 있습니다.'라고 고백한다.

채워지지 않는 그리움은
같은 하늘 아래 호흡하고 있음에도
더 이상 그대를
볼 수 없어서입니다.

그대의 숨결과 향기가
내 꽃밭에 머물기 때문입니다.

그래서 나의 그리움은
오직 그대에게 향해 있습니다.

―「그리움의 꽃밭」 부분

가만히 보면 그리움의 꽃밭에 있는 그대는 '시인의 말'에 기술된 그리움의 대상이며, 그 대상이 누군지 모르지만 오로지 '그대' 한 명임을 드러낸다. 같은 하늘 아래 호흡한다는 것은 시인이 지닌 그리움의 대상이 같은 공간에 있으면서도 어떤 연유에서인지 만나지 못함을 드러내고 있는 것이다. 우리는 이렇게 누군가와 현실을 함께 살고 있지만 같은 하늘 아래 살고 있어도 볼 수 없는 대상이 있을 수 있다. 아직도 사랑이 식지 않아 노을 지면 석양이 불쑥 찾아오는 옛 연인에 대한 그리움, 북에 가족을 두고 온 탈북자들의 슬픈 그리움을 생각해 보라. 수많은 사람이 이산을 겪고 있다. 그렇지만 나의 시에는 꿈속에서라도 그대를 향해 날아가겠다는 의지가 나타난다. 그러한 의지는 분명히 우리를 행복으로 안내할 것이다.

이제 내가 한 밤중에
그대가 사는 마을로
그대의 마음으로
내 마음이 날아갈 수 있기에
나를 들뜨게 합니다.

그 들뜸으로
들려 올려진 내 마음은
오늘 밤에도 그대를 향해
비행하겠습니다.

그대여
마을의 등불을 켜고

마음의 문을 활짝 열어
내 마음을 받아주세요.

나는 오늘 밤
그대에게 날아가서
그대 마을에
그대 마음에
오래도록 머무르고 싶습니다.
새벽 동이 틀 때까지

—「그대의 꿈에」 부분

　　시인은 현실에서 만나지 못하는 그대를 위해 아주 간절한 마음으로
꿈속에서라도 그대가 사는 마을로 날아가 그대의 마음에 머물기를 주문
하고 있는 것이다. 한밤중에 날아가 새벽 동이 틀 때까지 머무르고 싶음
을 간절하게 표현하고 있다. 그리움의 대상인 그대를 꿈속에서라도 보고
픈 마음을 지닌 시인은 그리움, 그 그리움을 꿈에서도 채우겠다는 감정
은 절절한 아픔보다 그리움으로 인한 행복함을 노래하고 있는 것이다.
꿈에서라도 날아가겠다는 염원은 그대를 향한 아름다운 마음을 가지지
않는다면 있을 수 없다. 그러면서 시인은 끝내 현실의 꿈이지만 그 '그리
워하는' 꿈을 '죽을 정도로 그리워하면 만날 수 있음'으로 표현한다.

그대는
봄이 오면 들꽃으로
비가 오면 바람으로
그렇게 다가옵니다.

수많은 시간들이
지난다 해도
죽도록 그리워하면
만날 수 있습니다.

—「봄이 오면」 부분

　동서고금을 막론하고 '그리움'은 '연정'과 '별리'를 그 기호와 감각의 토대로 삼아 더욱 넓어지고 깊어진다. 시인은 "죽도록 그리워하면 만날 수 있다"는 것을 통해 불교의 윤회설 내지는 이자정회(離者定會)의 논어의 말씀, 즉 헤어진 사람은 반드시 다시 만난다를 은유하고 있다. 대부분 평범한 일상을 살아가는 우리들에게 '그리움'은 누구나 그럴 법한 보편적 정서일 따름이다.

　필자의 시집에 발문을 써 준 최현식 평론가의 시평에 근거하면, "봄이 오면 들꽃으로//비가 오면 바람으로"라는 '그리움'의 계절적 변주는 첫째, 아무런 이유 없이 존재하며 우리를 엄습하고 상처를 준다는 것, 둘째, 하지만 그럼으로써 우리의 자아를 치유하고 보존케 하는 힘으로 오히려 작동한다는 사실을 유쾌하게 알려준다. 이런 연유로 별리의 정한이 커질수록 내면의 고통과 상처가 더욱 혹독해질 것임에도, "먼 훗날 그때"에나 그대를 잊겠노라며 사랑의 영원성을 되뇌는 마음은 자연스러운 것이 된다. 돌아올 그리움에 대해 평자는 "역설의 힘과 마음으로 자연스러운 것"으로 환원시키고 있다.

시인은 '그대'와의 별리를 경험했음에도 지속적으로 그대를 그리움의 존재로 찾고 있으며, 삶을 지탱하는 자양분으로 인정하고 있다. 나의 시집 『그리움을 그리다』에서 '그리움'이 환기하는 최고 또는 최후의 사랑을 나타낸 감각을 찾아본다면 과연 무엇일까. 시 「매일 아침」에서 그것을 확인할 수 있다.

매일 아침
잠에서 깨어나면
그대 생각도 다시 깨어납니다.
지난 해 피었던 꽃은
봄이 되어야 다시 피지만

그대 생각은
매일 아침 새롭게 피어납니다.
내 마음 속에서
주홍빛 꽃으로 피어납니다.

— 「매일 아침」 부분

주체의 사랑은, 또 그리움은 '그대'를 향한 절망과 '그대'로부터의 버림받음이라는 최악의 고독과 상실을 초래하기도 한다. 그 이유는 '대상', 곧 '그대'를 '흡수'하지만 동시에 '그대'와 적절한 '거리'를 두어야만 하는 까닭이 비롯되는 지점이다. 물론 이때의 '거리화'는 너무 밀착하지 말고 적절히 격리된 물리적 현실을 뜻하지 않는다. 오히려 '떨어짐'의 대상은 '그대'라기보다 '그대'의 다원론적 실재와 그 잠재성을 스스로 제약하는 '나' 자신일 필요가 있다. '그대'와 굳게 악수하지만, 동시에 유연한 거리를 둘 줄 아는 '나'의 사랑과 그리움은 '그대'와 '나' 안에 존재하는 '타자성'을 발견할 줄 안다.

인생은 참으로 힘듭니다.
굴곡이 진 길이나 높은 산과 같은
어려움을 만나거나
성난 파도를 안고 있는
바다를 만나기도 합니다.

부자에게도 가난한 자에게도
인생의 어려움은 존재하고
권력이 있는 자나 소수자에게도
아픔의 종류는 다르지만
모두 각기 다른 색깔의
아픔을 지니고 있습니다.

(중략)

우리는 오늘도 내일도
그 길을 함께 걸을 것입니다.
서로의 숨이 다하는 날까지
함께 걷겠습니다.

어느날 그대가
혼자가 되더라도
나는 그대의 밤을 지키는
별이 되어 있을 것입니다.

그렇게 우리는 영원할 것입니다.

—「순례 길에서」 부분

　모든 인간은 태어남과 동시에 죽음을 행해 뚜벅거리며 걷는다. 시인은 우리의 모든 인생을 순례길로 시사한다. 우리 삶 자체가 태어남과 자람, 병듦과 죽음으로 차례지어진 시공간적 순례의 과정임은 두말할 나위 없다. 이 보편적 서사와 문법은 사이보그가 아니고서야 모든 인간이 지닌 사랑과 그리움의 것이기도 하다. 삶과 운명의 타자성을 짚어내고 자기화한다는 것은 타자의 비극적 순례를 연민과 애통의 심정으로 읽어내고, 그 결과물을 저 내면 깊은 곳에 새겨 넣을 줄 안다는 사실을 뜻한다. 이렇게 모든 인간은 죽음을 필연적으로 행해야 하지만 계급과 인종, 문화와 생활의 차이를 지니며 산다. 그런데 그것이 존재의 다양함으로 부각되는 것이 아니라 존재의 차별로 드러나는 부조리한 현실에서 '주체'와 '타자', '권력자'와 '소수자', '선주민'과 '이주민' 등으로 표출된다.

그런데 시인은 '그대'를 순례자로서의 삶을 함께 하며, 순례길의 동반자로서 주체와 타자가 하나 됨을 시를 통해 요구한다. 시인이 말하고 싶었던 것은 우리가 '타자'에 대해 먼저 공감하면서 그를 또 다른 자아로 내 안에 불러들인 뒤 다시 포용하고 악수할 수 있는 어떤 가능성을 실현해 가는 차가운 지혜에 대한 것이었는지도 모른다. 왜냐하면, 우리가 이런 가능성을 믿고 따를 때야 비로소 힘들고 어려운 "순례 길"을 타자와 함께 걷는 '그대', 곧 힘들고 지친 삶의 동반자기 될 것이다. 우리의 모든 '그대'가 바로 '그대'를 행복하게 하는 동반자이다.

3. 연인을 그리워하는 행복함

그대가 있다는 것은 행복한 일이다. 일상의 기쁨, 슬픔을 함께 나누고 영혼을 나눌 수 있는 '영혼의 반려자(soul mate)', 그것이 '지음지기'이던, '지란지교'이던 그런 존재를 가지고 있다면 행복한 일이다. 그러나 현실에서 그런 소통의 대상을 만나기는 쉽지 않다. 그냥 마음에 두고 그런 대상을 흠모하는 수준으로만 만족할 수 있는 관계도 있다. 마음에 두고 있는 연인의 집 앞을 그리움을 안고 서성이던 기억을 가진 사람은 행복하다. 한때 가슴을 휘젓는 그리움은 '질병의 은유'를 취함으로써 오히려 한층 격렬하며 더욱 그리운 것이 되어갔다는 사실을 다음 시에서 알려 준다.

그대의 집 앞
서성이다 돌아오는 길에
별이 따라옵니다.
멈춰진 두근거림을 별과 함께
내 마음에 담습니다.

내 심장이 뛰는 한
나는 그대 집 앞에 머무를 것이고
두근거림 병은 낫지 않을 것입니다.

오늘 그대의 집 앞에서
느꼈던 그 두근거림 말입니다.

―「그대 집 앞」 부분

   "두근거림 병"은 '기다림'이 끝나는 순간, 다시 말해 그게 편지든, 전화든, 꿈과 현실 속 만남이든 '그대'와 '나'가 서로 접촉하자마자 바로 사라진다. 그래서 '그립다'라는 감정과 말이 사라지지 않는 한 "두근거림 병"은 결코 치유될 수 없다. 그런 점에서 그것은 영원한 유예의 질환이기도 하다. 그렇기에 벅찬 기쁨과 환호에도 불구하고 가슴을 찬 고동은 때로는 존재를 강박과 초조, 불안과 떨림의 심리적 질환으로 우리를 고통스럽게 하는 '불손한' 적대자로 돌변하는 것이다. 이로써 '그리움'이란 단어 자체가 충만과 완결을 처음부터 모르는 결핍과 미완의 정서이자 감각임이 더욱 분명해졌다. 그런 감정들은 행복함을 느끼는 데 전제가 되거나 서막이 되는 감정들이다. 두근거림을 불손하게만 보지 말자. 두근거린다는 것은 심장이 뛰는 것이며 행복을 느끼게 하는 것이기 때문이다. 다음 시 「그냥 우연처럼」에서 그대 집 앞에서 그대가 나오기를 기다리면서 우연을 가장한 조우를 꿈꾸는 시적 화자의 두근거림은 이내 행복함으로 변화한다.

아주 긴 시간이 걸려서
여기까지 왔는 데
약속 없이 왔는데

혹여 그대가 나오기만
간절히 기다려 봅니다.

하얀 웃음으로 꽃 같은 그대가
집을 나설 때
우연처럼 만나고 싶습니다.

이곳에 일이 있어 왔어요.
라고 하면서

—「그냥 우연처럼」 부분

한편으로 시집 『그리움을 그리다』에서는 '기대'와 '만남'보다는 '좌절'

과 '이별'의 순간이 뚜렷하게 그려진다. "그리움은 만남을 전제로 하지 않는다."라는 원초적인 별리의 감정은 '나'와 '그대'의 통합과 공존을 상상의 세계에서 생산하고 조율한다. 그리움은 떠나간 것이고, 다시는 돌아오기 어려운 것에 대한 감정이다. 그래서 돌아오지 못하는 것들을 그리워하는 것은 행복의 역설이다. 어떻게 그리워하면 슬픈 것이지 행복하다고 하는 것일까. 다음 시 「부서진 마음」, 「그 공원 그 길」에서 한때 곁에 존재했었지만 사라져 버린 연인의 부재가 두드러지게 표출된다. 시적 화자는 별리의 감정 속에서도 '꽃무늬 원피스'를 입었던 그대, '그 공원 그 길'을 함께 걸으며 도란도란 이야기 나누었던 그대를 떠올리며 행복하게 엷은 미소를 지을 것이다.

멀어진 그대를 더 이상
잡지 못하는 내 마음을
봄이 지나가는 밤하늘에
부서진 마음을 풍선에 담았지만
이내 그 풍선의 줄을
놓쳐버리고 말았습니다.

늘 봄이 오면
그대가 입던 꽃무늬 원피스를
이제는 더 이상 볼 수 없습니다.
그대의 웃음소리조차
듣지 못합니다.

이렇게 이번 봄은 여름을 만나
나뭇가지에 산산이 흩어진
내 마음을 걸어두게 합니다.

―「부서진 마음」 부분

그 공원 나무의 신록은
매해 여름이면 푸르른데
우리는 더 이상 그 푸름을
함께 볼 수 없습니다.

계절은 또다시 돌아왔건만
그대는 돌아오지 않았고
만져볼 수 없는 그곳에
그대는 있습니다.

그대가 죽도록 그리울 때
나는 그 공원 그 길을
천천히 아주 천천히 걷습니다.

그대와 함께 이야기하며 걷던
그 공원 능소화가 서럽게 피어 있는
그 길을 걷습니다.

―「그 공원 그 길」 부분

『그리움을 그리다』에는 손가락 관련 시가 두 편 실렸다. 그 하나가 「기다림의 슬픔 1」이고 또 다른 하나가 「그대 새끼손가락」이다. 전자는 "내 눈이 멀고 내 마음에 멍이 들 것" 같은 '그리움'의 짙은 붉은색 아픔을 손가락 베어 동동 감아 맨 광목천으로 배어 나오던 "선홍색 그 핏빛"에 비유했다. 상처의 치유자가 되어준 어머니에 대한 그리움에, '지금 여기'에서 쓸쓸한 상처를 덫 내는 슬픔의 대상 '그대'에 대한 그리움이 더해진 모습을 드러낸다. 이에 비한다면, 후자는 아픈 흔적이 분명한 "그대의 새끼손가락"을 아련하게 기억하고 환기하는 모습이 역력하다. '그대'가 이제 잃어버린 존재, 잊힌 존재라는 상황임을 감안하면, 상처가 났던 새끼손가락의 주인공은 어머니의 형상을 갖춘, 어머니의 특징 일부를 지닌 연인일지도 모른다.

붉은색 짙은 나리꽃으로
그 색이 너무 진하여
내 눈이 멀고 내 마음에 멍이 들것같이
그렇게 다시 살아납니다.

어린 시절 손가락을 다쳐
광목천으로 동여매었을 때
그 천 위로 베어 나왔던
선홍색 그 핏빛처럼

그 붉은 색 꽃은
그렇게 내 마음을
그 핏빛으로 서서히 물들입니다.

—「기다림의 슬픔 1」 부분

이제 그대는 이 세상에 없어
그대의 손을 잡을 수 없습니다.
그대의 새끼손가락을 만질 수 없습니다.

다만 그 아픔의 흔적이 남아 있는
그대의 새끼손가락만 기억합니다.
내 마음이 아픔으로 머물렀던
그 새끼손가락만을

—「그대 새끼손가락」 부분

이 세상의 모든 아들에게 어머니의 존재는 연인이자 가장 가까운 조력자이기도 하다. 어머니가 주는 무한대의 사랑에 대해 아들은 반드시 기억한다. 아울러 남성들에게 때로는 모성을 갖춘 여성이 연인의 지위를 부여받게 된다. 연인으로부터 모성의 존재를 느끼며 그 연인의 신체적 특징을 어머니의 그것과 대비시켜 그려내기도 한다.

연인의 부재는 일상의 생활도 변화할 만큼 강력한 수단이 된다. 나의 가까운 지인은 얼마 전에 상처를 경험했다. 그의 부인은 기러기 부부로 있다가 암에 걸려 귀국하여 투병 중에 돌아가셨다. 그래서인지 그 친구가 부인을 향한 그리움은 보는 이로 하여금 더욱 애달프게 했다. 그런데 그가 그렇게 좋아하던 커피를 끊었다. 그 이유를 시 「카페를 가지 않은 이유」에서 찾아볼 수 있다.

나는 이제 커피를
마시지 않겠습니다.

커피의 맛과 향에 실린
그대와의 추억이 그리워
커피를 마시지 않습니다.

그대는 하루 시작을
커피 한잔으로 시작합니다.

그대에게 커피란
가장 가까운 친구입니다.
그대는
그 향과 맛으로 행복해합니다.

나는 그대에게
늘 커피처럼
해주고 싶었던 적이 있었습니다.

이제 나는
그대를 위해
아무것도 해주지 못합니다.

그래서 나는
커피를 마시지 않습니다.
더 이상
카페를 가지 않습니다.

—「카페를 가지 않은 이유」

이 시에서 커피를 좋아했던 시적 화자의 연인은 바로 그의 배우자이다. 이 비극적인 타자들이 시적 화자와 거의 다시 만날 일 없는 절연과 별리의 극한 사태에 던져진 상황에 존재한다. 이렇게 해서 이들을 향한 기억과 애도가, 그리고 현실로의 초청과 환대가 삶과 죽음의 갈림길에서 살아있는 자의 의무가 되었다.

하지만 시인의 눈빛으로 그들을 바라보는 말 건넴은 또 이렇게 가슴 먹먹하게 할 줄 안다. 병원에서 누구에게나 동일한 환자복과 침대를 제공하는 역설이 그것이다. 두 물품은 "아픔의 크기와 정도"가 서로 다른 개개의 환자들을 하나로 묶고 또 치유에의 온정과 바람을 함께 나누게 하는 평등한 공통성과 공동성의 장치이다.

병원에서 느끼는 건
죄다 아픔입니다.

아픔이란 아픔은 이 곳에
모여 있는 듯합니다.

누구나 한번쯤
병상에 누울 수 있는
기회가 있겠지요.

아픔의 크기와 정도는 달라도
같은 환자복과
침대의 크기는 같습니다.
...(중략)...

달콤한 사랑이 어떻게
아픈 사랑이 되는지
그 아픔이 다시 달콤함으로
치유되어야 하는지의
그 이유를 말입니다.

병원에 오면
난 늘 사랑을 생각합니다.
그리고 그대를 그리워합니다.

—「아픔에 관하여」

누구나 아프면 병원에 가게 된다. 병원에서는 모든 환자가 동일한 환자복과 같은 크기의 침대를 갖게 된다. 우리는 가까운 사람이 병원에 있게 되면 '문병'이란 것을 가게 된다. 관계가 가깝고 깊을수록 병원에서 느끼는 감정은 그리움에 가깝다. 화자는 아픔과 치료의 징표인 그 동일한 것들을 빌려 "달콤한 사랑이 어떻게//아픈 사랑이 되는지//그 아픔이 다시 달콤함으로//치유되어야 하는지"를 우리에게 전달하고 있는 것이다. '환자복'과 병상인 '침대'가 "늘 사랑을 생각"하고 "그대를 그리워하는" (이상 「아픔에 관하여」) 까닭과 방법을 가르쳐 준다. 왜 필자는 하필이면 병원에서 사랑을 생각하고 그대를 그리워할까. 이 답은 의외로 쉽다. 시적 화자의 '그대'는 필자의 어머니이고 삶의 마지막을 병상에서 보냈기 때문이다.

우리에게 그대 즉 그리움의 대상들을 애도하는 것은 살아있는 자, 기다리는 자, 남아 있는 자의 책무이다. 무조건 슬퍼하는 것보다 열심히 삶을 살아주는 것 만큼 적극적인 애도 행위는 없을 것이다.

4. 시인과 화가가 이야기하는 그리움

필자의 시집 『그리움을 그리다』의 마지막 부분에는 '시인과 화가의 대화'가 등장한다. 화가는 본인의 시집 표지에 그림을 제공해 준 강석태 작가이다. 시인인 김영순은 '김'으로, 화가는 '강'으로 표시하였다. 먼저 시인은 자신이 시를 쓴 동기를 '어린왕자'를 소환해서 이야기한다. 화가는 고집스럽게 '어린 왕자'를 그려왔다. 시인과 화가는 '어린 왕자'를 매개로 한 그리움의 대화를 펼친다.

🔵 : 내 시의 주제가 모두 그리움이거든요. 시를 쓰기 시작한 것은 어느 날 문득 '그대'란 사람을 만나면서입니다. 종종 스마트폰 메모판에 그대를 향한 그리움을 시로 적곤 했어요. 그러다 2년 전에 전철을 타려고 하는 데 출입구에 시가

있는 거예요. 전철에 오르내리는 사람들이 그 시를 거의 다 읽는 거예요. 내가 논문을 써봤자 인용이 200~300개 밖에 안돼요. 그런데 시는 사람들이 다 읽는 거예요. 그래서 "나도 언젠간 틈틈이 쓴 시를 시집으로 묶어야 겠다."라고 생각했어요. 내가 고등학생 시절 시인을 꿈꿨어요. 시 쓰기는 나를 소년으로 돌려놓는 거예요. 지난해 안식년 동안 제주대 게스트하우스에 칩거하면서 이전에 메모판의 시를 정리하니 60여 편이 되는 거예요. 그래서 페이스북에다 시를 올리고 페친들에게 시집 제목을 물었는 데 결국 '그리움을 그리다'로 정했지요. ...(중략)...

내가 소시 적에 '어린 왕자'를 상당히 좋아했어요. 마침 강 선생님의 작품 '당신을 만나는 행복한 날에'가 내 시가 지닌 그리움의 깊이와 비슷하더라고요. 특히 제게 보내주신 작가 노트 중에서 "나의 행복한 소년은 지금 어디 있을까? 사랑에 대한 어떤 기억이 있지? 그리움과 슬픔은 어떤 느낌이었을까? 금빛 같았던 당신을 만나는 행복한 날을 생각합니다." 나는 주로 '그대'라는 용어를 쓰면서 그리움에 대상을 그대라고 표현을 해요. 그리고 그대를 별빛으로 얘기하는데, 별이 또 <어린 왕자>에도 등장하잖아요. 선생님이 "나의 행복한 소년은 어디 있을까? 사랑에 대한 어떤 기억이 있었지? 그리움과 슬픔은 어떤 느낌이었을까?" 라고 묻잖아요. 이 부분을 화가 입장에서 대답을 해주시면 좋겠어요.

㉮ : 어린 왕자가 지구를 떠나갈 때 인사하잖아요, "아저씨는 슬퍼하지 마세요." 이런 이야기가 나오잖아요. 제가 왜 이 영감이 떠올랐냐면, "한 아이가 다가와 미소를 지으면서, 그 아이가 황금빛 머리카락을 휘날리고 있다면, 그리고 당신이 묻는 말에 대답하지 않는다면, 누군지 짐작할 수 있습니다. 마치 처음 만난 날을 기억하는 거예요." 처럼요, 누구나 처음 만난 날은 중요한 의미를 지니니까요. ...(중략)...

그리움이라는 어떤 개념이나 존재 자체가 연구하는 것과 비슷하잖아요. 정말 어떻게 보면 일반화시키기 어렵고, 얼마나 그리운지, 빈도나 강도를 정의 내릴 수 없는 대상이기도 해요. 그래서 그럼에도 불구하고 교수님은 가장 그리운 어떤 대상이나 의미가 있을 거잖아요. 그래서 제가 느꼈던 것은 너무 슬프지 않고, 사랑도 기다리고 있는 그런 그리움이나 시간에 대한 그리움도 들어가 있었던 것 같아요. 그래서 그런 것의 도착점은 어떤 그리움의 형태일까라고 생각했는데요. 그때 사랑과 행복이 들어가 있었던 느낌이 들었어요.

이어서 필자는 그리움을 학문적 차원으로 논의하고 있다. 그리움을 '제 6의 감각(six sense)' 수준으로 인간이 갖추어야할 필수적이고 공감적인 요소로 상정하고 있다. 인간에게 그리움이 왜 필요한지? 그리움이 '인간적인 것', '인간다움'의 중요한 요인이라는 것을 강조한다.

㉢ : 선생님이 정확하게 보신 게 맞아요. 내가 최근에 그리움을 학문적 수준으로 보려고 행복학이라는 것을 교양 강좌를 개설하고 2권의 책을 공저했어요. 이번에 세 번째 책이 나오는데 이 책에 들어가는 내용 중 하나가 '행복과 그리움의 관계'에 대한 글이에요. 그러니깐 그리워하지 않는 사람은 행복할 수 있는 연습을 안하고 있다는 거지요. 우리가 그리움이 기다리는 목적으로 하지 않아도 좋지만 그리움 자체가 내게 기다리는 시간, 그리워하는 시간, 과거의 추억을 되새겨서 내 삶에 현실로 가져오는 시간들, 그것이 행복한 시간이 아니겠는가. 그런 식으로 생각하고 있어요.

㉣ : 그래서 저는 그런 부분을 느꼈는데, 그리움의 대상과 그것이 어떤 것인지 오늘 저는 이런 대화에서 듣고 싶었던 마음이 있었거든요.

김 : 그리움의 대상은 선생님이 이미 말씀했어요. 나의 그리움의 대상은 이를 축약한 '그대'거든. 내 시에는 거의 다 '그대'가 나와요. 그대에게 주고 싶은 말이 그리움의 대상들에게 주고 싶은 말들이지요. 결국에는 그리움의 대상이 한 대상에 국한하는 것이 아니라 요양병원에 계신 나의 어머니일 수도 있고요. 어머니를 볼 때마다 뭉클하고 미안하기도 하고, 그게 아마 그리움인 것 같아요. 그런 마음은 나뿐만 아니라 많은 내 또래 중년 남성들이 가지고 있는 가부장적 사회에서 장남이 꼭 어머니를 모셔야 하는 책임감 같은 거 있잖아요. 요즘 세대가 바뀌다 보니깐 연로한 부모님들을 집에서 못 모시고 요양원이나 요양병원에 보낼 수밖에 없는 그런 미안함을 담고 있는 그리움이지요. 그리고 또 어떤 그리움이 있냐면요. 내 나이 정도 되면 주로 아내는 친구나 동료가 되는 거고, 예전 대학교 때 만났던 여자 친구, 어떻게 무엇 때문에 헤어졌는지 생각나지 않지만 그 여인에 대해서 미안한 마음들, 그 여인이 나를 좋아했는데 내 마음이 동하지 않았던가, 반대로 내가 좋아했는데 그 여인이 나를 거들떠보지 않았다던가... 이런 과거 지나간 것들에 대한 어떤 그리움들, 이러한 그리움들을 우리 모두는 안고 산다고 생각해요. 그래서 그게 꼭 시인의 그리움이 나의 대상이 아니라 모든 사람이 대상이어야 한다는 거고요. 그래서 나는 그대라는 용어를 바로 그리움의 대상을 준말로 해서 '그대'라고 표현한 것이지요. 그래서 내 시에 등장한 그리움은 내게 소풍을 선사하고 저 세상으로 떠난 그대로부터 출발하여 어린 시절부터 해외 유학으로 늘 떨어져 있었던 내 둘째 딸에 대한 그리움, 내가 연구하는 이주여성들, 그들이 자신의 고향과 가족을 그리워하는 마음... 이런 것들을 시어로 녹이려고 했어요. ...(중략)... 아내가 와인파티로 자신의 친구들을 초대해서 촛불을 켜놓고 분위기 있게 놀고 있더라고요. 내가 서재에서 나오자 우리 남편이 시를 쓴다니깐 한 번 읽어보라 권유해서 시를 두 편 읽었는데 한 친구가 너무 슬프게 우는 거예요. 그래서 왜 그러냐고 물어보니깐 그 시가 자기 마음을 대변하고 있다는 거예요. 대학교

때 사귀던 남자를 그렇게 좋아했는데 부모님의 반대로 이룰 수 없고 지금 남편을 만나 행복하게 살고 있지만 그 때 그 남자만 생각하면 너무 미안하고 마음이 아프다면서... 그렇다고 지금 그 남자한테 다가갈 수도 없고 그냥 그리움만 남는다고... 시는 그런 그리움의 감정들을 순환시켜주는 역할을 하는 것 같아요."

시인과 화가와의 대화에서 그리움은 자기 성찰을 할 수 있는 계기를 제공한다고 이야기한다. 그러면서 화가는 '어린 왕자'를 시인이 이야기하는 '그대'로서 상정하고 그리움의 의미를 구성하고 있다. 필자에게 그리움이라는 의미는 지난 시간, 자기를 이야기하는 역할을 하는 것일 수도 있다. 내 시에서 직접적으로 '그대 집 앞' 같은 시는 내가 그대 집에 만나러 갔지만 문을 두드리지 못하고 먼발치에서 그대가 나오기를 기다리는 것이다. 그대가 환하고 밝게 웃는 얼굴로 나왔을 때, 나는 우연히 스쳐 지나가는 것처럼 하면서 '일이 있어서 여기 왔어요.' 하면서 그냥 가는 것이다. 50대의 중년 남성들에게 이러한 경험은 한두 번씩 있었을 것이다. 시인이 화가에게 그림을 통해서 자기를 성찰해보고, 과거의 시간을 헤아려보고, 행복해할 수 있는 것에 대해 묻자 화가는 다음과 같이 답한다.

강 : 제가 29살에 결혼을 했어요. 그때는 어리잖아요. 철 모를 때 작업만 하고 어린 왕자라는 매개로 꿈과 연결해서 그림을 그리고 할 때, 철부지였을 때, 그때는 이것저것 많이 생각 안 하고 작업을 했거든요. 그런데 저한테 개인사가 있어서 몇 년간 붓을 놓았어요. 아내가 아파서요. 이후 다시 복귀를 할 때 어린 왕자에게 도움을 청했어요. 왜냐하면 마음의 치유가 더 필요했었거든요. 그때 어린 왕자를 그리면 그 철부지 때 그렸던 제 모습이 오버 랩이 되는 거예요. 용기를 주는 것이죠. 또 그때로 돌아가기만 한다면 그전에 깔깔 웃던 그 소년의 제가 떠오르는 거

예요. 그래서 저한테 어떻게 보면 이야기나 이미지의 발상은 더 행복했던 소년 시절로 돌아가기 위한 창구 역할을 했던 것 같아요.

(김) : 강선생님 입장에서는 내 시도 그런 바람, 시를 통해서 과거를 회상하고, 과거의 어떤 기억들을 소환하는 어떤 부분에서 우리를 정화시키고... 힘든 세상을 살아가는 데 있어서 순수함을 유지하고, 용기를 가지게 하고 이런 개념이겠네요. ...(중략)...

화가는 자신의 아내가 투병할 때 집안을 돌보느라 붓을 접었고, 힘들고 고독한 시기에 어린 왕자에게 도움을 청했다고 한다. 바로 어린 왕자가 지닌 순수한 소년성에 호소하여 용기를 얻고자 했던 것이라고 한다. 어린 왕자를 그리워한 것은 맑고 밝은 순수의 소년기로의 그리움이었다고 한다. 그리움은 때로 행복한 과거를 소환하는 마술이라고 본다. 그러면서 화가는 그리움을 시간에 대한 그리움으로 규정하며, 어린 왕자를 행복한 존재로 등치화 한다. 어린 왕자를 소환하는 행위는 그리움을 행복과 연결하려는 의례임에 충분하다.

(강) : 저한테는 어떤 그리움은 '시간에 대한 그리움'이 많았던 것 같아요. 그래서 항상 자기 안에 행복한 소년이 살고 있잖아요. 그 행복한 소년은 어디에 있는가, 그 소년에 대한 그리움이기도 하고, 사랑에 대한 기억이 나한테 있었던가, 거기로 찾아가면 또 시간의 그리움에 연결이 되는 거고요. 그렇다면 그리움과 슬픔은 나에게 어떤 느낌이었을까? 지금은 좌절이나 용기가 떨어지는 역할이었다면, 그때 슬픔, 사랑, 그리움이란 것은 또 한 번 성장할 수 있는 계기이지 않을까 싶어요. 그래서 저는 제가 이렇게 해서 어린 왕자를 재해석하는 다시 그려낸 이미

지보다 제가 추구하고 싶은 것은 제가 그랬듯이 어린 왕자라는 작품을 보면 그때, 자기의 모습으로 돌아가는 매개 역할을 해주면서 제 역할, 목표나 희망이 많이 이루어졌지 않았나 싶어요. 그런 마음으로 수년째 그림 작업을 하고 있습니다. 그렇게 작업을 하는 바람, 모습하고 교수님이 쓴 시를 읽으면서 그리움이라는 시간적인 어떤 대상, 의미가 와 닿았어요. 마음이 저리면서 그렸었거든요. 그런 부분에서 교수님께서도 '시라는 언어를 통해서 또 사람을 스스로 성찰하거나 생각할 수 있고, 추억할 수 있는 시공간을 만들어내시는구나.' 생각했어요. 그 작업이신 거에요. ...(중략)...

시인은 화가가 어린 왕자를 고집스럽게 일관성 있게 그리려 하는 것을 충분히 이해한다고 한다. 마치 어린 왕자가 자신의 별로 돌아간 것처럼 우리 인간 모두 순수함으로 회귀하려는, 행복을 추구하는 존재라는 것을 강조한다. 그러면서 시인의 그대 나아가 우리 모두의 그대에 대해 다음과 같이 설명한다.

🔘 김 : 나의 그대가 먼저 간 저 세상에서 분명히 자신의 별로 되돌아갔다고 생각합니다. 우리 모두는 떠나 온 별을 그리워하며 하며 지난한 인생의 순례길을 걷는 것이겠지요. 인간은 원래 하늘에서 지상으로 떨어진 수많은 별들 아닐까요. 그 별들로의 회귀하고자 하는 향수가 그리움을 낳는다고 봅니다. 내가 쓰는 시가 힘든 세상에서, 순례 길을 걷는 그대가 내게 준 희망처럼 나도 수많은 영혼들에게 그대를 선물하고 싶답니다. 내가 쓴 시는 꽃씨가 될 것입니다. 봄이면 그 꽃씨가 꽃 피어 힘든 이 세상에 희망으로 가는 꽃길을 만들 것입니다. 겨울에도 꽃이 만발한 꽃동네를 만들 것입니다. 나는 어두운 밤이면 떠나온 별을 그리워합니다. 떠나 간 그대를 더욱 그리워합니다. 그대가 온 별로 다시 돌아간 그대를 내가

무척 그리워합니다. 어느 날 문득 나도 내 별로 돌아가야겠지요. 그날까지 내 시는 멈추지 않고 그대를 부를 것입니다. 들판은 노랗고, 하늘에 꽃이 만발한 그날까지 말입니다.

이 글을 읽는 우리는 모두 그리움의 대상, 즉 '그대'를 가지고 있다. 그 것이 사람이던, 장소이던, 사건이던 중요하지 않다. 우리가 가슴속에 그리움을 가지고 그대를 소환해내려는 노력이 중요하다. 이 그리움이란 공감각은 우리를 인간답게 살게 하며, 행복이 만발하게 할 것이다. 어느 날 그리움이 첫눈처럼 마음에 훅 들어오는 것을 두려워 말자. 그대를 그리워하며 사는 삶은 행복하다.

06

내가 나여서 행복한 날에

이원형 **(Lee Won Hyoung)**

세계적 조각가

행복이란 찾아 헤매는 것이 아니라 그때 그때 다가오고
의심이 아닌 느낌으로 다가오고 또 어떤 때는 지나간 과거의 느낌이 다시
다가와 나를 행복하게 해준다. 가족이 있어 오늘도 내일도 행복하다.

내가 나여서 행복한 날에

아름다운 관계 속에 흐르는 행복

　　　　　　　　　　행복에 관한 글을 쓴다는 핑계로 드디어 혼자가 되었다. 결혼 후 이렇게 철저히 혼자가 되어보긴 처음이다. 누군가에겐 외로움이라고 할 수도 있겠지만 나는 살아오며 외로움이나 쓸쓸함을 느낀 적이 없다. 토론토에서 차로 한 시간 삼십 분 떨어진 한적한 이곳은 별장이라기보다 오두막집이라고 해야 맞다. 차를 세우고 솔나무와 백양나무 사이로 60계단을 내려오면 오두막집이 있고, 40계단을 더 내려가면 확 트인 호수가 나온다. 간단하게 짐을 풀고 베란다로 나가 일렁이는 호수를 본다. 바람이 제법 쌀쌀하다. 하루 종일 찌푸린 하늘과 햇살이 번갈아 바뀐다. 스토브에 장작불을 지폈다. 조금 후면 냉기가 가실 것이다. 몸이 불편한 나를 위해 후배 청공이 함께 와 참나무 장작 백여 개를 지하실에서 옮겨 쌓아주고 계단을 올라가다 말고 뒤돌아보며, "정~말 혼자 괜찮겠어요? ……" 고개를 갸우뚱하고 돌아갔다.

아내가 정성스레 챙겨준 음식들과 와인 다섯 병, 적막 속 고요함을 깨고 들리는 파도 소리, 무심히 창문을 스치는 나뭇잎 사이에 걸린 바람 소리…. 이 작은 행복한 순간에 맘껏 취해본다.

우주 만물이 생성되고 변화하고 사라지는 중에 한 점인 나라는 존재. 우주 만물들과의 만남에서 나는 행복을 느낀다. 그 만남은 우리의 생각을 통해서라기보다는 걸러짐이 없는 감각을 통해 순수하게 느껴진다. 그 만남에서 느끼는 우리의 감성이 행복으로 다가올 때도 있고 불행으로 다가올 때도 있다. 다가온다기 보다는 우리가 어떻게 받아들이느냐에 따라 달라질 것이다.

갑자기 배가 고파져 급한 김에 라면을 끓여 김치와 먹었다. 그사이 바람이 더 거세져 담쟁이 가지가 창문을 척척 치는 소리가 혼자 있는 느낌을 더 한다. 이제 낚시 철은 지난 듯 해 옆집 피터에게 문자를 보냈다. 피터는 10여 년을 돌보지 않아 다람쥐와 너구리 소굴이 되어버린 자기 별장을 불태우고 창고만 한 작은 집을 지어 가끔 주말에 반려견 바니와 함께 술 마시러 나타난다. 곤드레가 아닐 때엔 우리 집을 돌보는 게 일이다. 철 따라 낚시 배를 보트 하우스에 넣어주고 또 물에 내어주고 우리 집 주변의 잔일들을 해준다. 대신 우리 집에서 전기를 연결해 조그마한 냉장고를 쓰고 있다. 물도 쓰라 해도 사양하고 돈을 준다 해도 마다한다. 다음 해부터는 억지로라도 챙겨줘야겠다. 이제 거동이 불편해 피터가 없으면 이 오두막집도 포기해야 할지도 모르겠다. 다른 쪽 이웃은 오누이 헬렌과 스텐의 집이다. 오누이가 평생 결혼도 하지 않고 둘만 오손도손 살고 있다. 오두막집에 사소한 일이라도 새로운 일이 생기면 항상 연락해 주고 도움이 되어 주는 고마운 이웃이다. 이렇게 가깝게 지내고 서로 살뜰히

챙겨 주는 이웃들이지만, 우리가 오두막집에 머무를 때는 꼭 필요한 일 외엔 연락조차 하지 않고 편히 쉴 수 있게 배려해 준다. 게다가 양쪽 이웃 모두 집 사이에 덩치 큰 나무들이 우거지고 거리가 떨어져 있어 서로 어떠한 방해받는 일도 없어 더욱 애틋하고 좋다.

글을 쓰다 보니 나의 주변에는 늘 고마운 사람들이 참 많다. 회계 사무실에 열여덟 꽃다운 나이에 입사해 36년째 나를 지극히 돌봐주는 트레이시, 사무실의 든든한 기둥이 되어주는 33년 차 에스더, 늘 묵묵한 21년 파트너 카이, 각국의 아트 딜러들, 갤러리 관장들. 그리고 늘 응원해 주는 사랑하는 가족과 친구들… 내가 소소한 작은 걱정 없이 세계를 돌아다니며 작품 활동을 할 수 있도록 뒷받침이 되어주는 고맙고 또 고마운 이들과 함께하는 나는 인복이 정말 많은 행복한 사람이다.

자연속에 묻혀, 내 영혼과 함께 하는 행복

한국말이 서툴러 문장과 문체가 너무 메마를 것 같아 김연수 님의 "산책하는 이들의 다섯 가지 즐거움"이라는 책을 읽다 잠이 들었었다. 김연수 작가의 문장 스타일이 좋아서 좀 따라 하고 싶어서였다. 깨어보니 해는 서쪽 하늘로 거의 저무는데, 검은 구름이 해를 가리고 있어 하늘은 노란 기운으로 덮여있다. 창가 식탁에 앉아 밖을 내다보며 펜을 들었다. 오랫동안 앉아 있으면 허리가 너무 아파 집중이 잘 안 돼 글을 쓸 땐 꼭 엎드려서 쓰는 버릇이 생겼다. 엎드린 자세로 오래 있으니 어깨가 아파와 진통제를 먹었다. 소리라곤 담쟁이 흔들리는 소리, 파도 소리밖에 들리지 않아 너무 좋다. 이 오두막집이 참 좋다. 25년 전 당시 동거하던 헬레나와 부동산 업자가 준 지도를 들고 찾아왔다. 길에서는 집이 전혀 보이지도 않았다. 숲 속 사이로 난 계단을 내려가며 내 마음은 이미 결정되었었다. 꼭 천상에서 내려가는 느낌이 들었기 때문이다. 정말 그렇다. 오두막집 베란다에 앉아 계단을 올려 다 보면 "Stairway to Heaven(천국의 계단)"이라는 잔잔한 노랫소리가 들린다. 가격도 싸고 은퇴하는 노인들에게 10년 동안 한 달에 얼마의 돈만 주면 되었다. 그냥 주운 것이나 다름없었다. 부동산 침체기이긴 했으나 억세게 운이 좋았다. 스토브에 장작을 하나 더 넣고 베란다에 나가 보았다. 구름이 다 걷히고 별이 참 많다. 별똥별을 기다려 소원을 빌고 싶었다. 작은 소원들은 수없이 머릿속을 스쳐 가는데 역시 큰 소원은 하나이다. 별똥별은 영 없고 바람은 차가워 포기했다. 배가 출출해 녹여 놓은 갈비 한대와 와인 한잔, 두잔, 세잔 하고 평소 나답지 않게 일찍 자야겠다는 생각이 들었다. 오늘 아침 청공 시간에 맞추려 너무 일찍 일어났으니 피곤도 하다. 생각은 생각일 뿐 몸시계는 침대를 아직 거부하고 있다. 아, 비가 오기 시작했다. 이 작은 오막살이집 지붕에 다행히 창문이 나 있어 소낙비가 유리에 떨어지는 빗방울 소리는 어떤 오케스트라의 화음보다도 더 아름답다. 유리문도 활짝 열었다. 좀 춥긴 하지만 빗소리는 내 영혼을 빨아들여 같이 춤추게 한다. 이것이 행복일까? 나의 영혼과 함께 할 수 있다는 것이?

바깥 불을 켜고 실내 불을 모두 껐다. 빗줄기가 빛을 받아 호수와 나뭇잎의 캔버스에 선으로 그림을 그리고 있다. 이것이 진정한 작품 일게다. 나의 영혼을 다독여 주는 음악과 화폭이니까. 뒤돌아보고 행복했었구나! 가 아니라 지금이 행복하다고 느낄 수 있게 해 주니까.

작품 속에 빠져 맛보는 성취감과 행복

비 맞기 싫은 파리 한 마리가 들어왔다. 용서하기로 했다. 어젯밤, 젊을 적 붓을 꺾을 수밖에 없었던 회상을 하며 가슴이 많이 아팠었다. 오늘도 어째 가슴이 답답하고 마음속 깊이 깔려 있는 자잘한 슬픔들이 그 정체도 나타내지 않고 나를 누르고 있던 것 같다. 그때 붓을 꺾지 않았다면, 이혼하고 누군가를 책임지기 위해 발버둥 치며 회계사가 되지 않았다면, 나의 인생이 어떻게 변화했을까? 젊은 날 별명인 면도칼처럼 계속 그렇게 살았을까? 둔도가 되려고 정말 도를 닦으며 살았는데… 젊은 시절 조각가로 변신해 미술계가 인정하는 작가가 되었다면 나의 인생은 어찌 바뀌었을까? 작품은 많이 했을까? 젊은 나이에 성공한 작가가 되어 건방지게 우쭐대며 작품도 별로 열심히 하지 않고 환각 속에서 나를, 작품을 망가트렸을까?

멕시코에 사는 친구 미국 작가 데이비스는

"나도 너처럼 생활부터 안정시키고 작품을 할 걸 그랬나 봐."

"가난하긴 하지만 아직도 네가 하고 싶은 작품 하고 있잖아."

"내 아내에게 너무 미안해서…"

"돈부터 벌었으면 네가 지금과 같은 작품을 할 수 있었을까?"

그는 개념 미술 작품을 하고 있고, 나는 고집스럽게 인간의 언어로, 인간의 두뇌로 이해해야 하는 작품을 믿지 않는다.

시각을 거쳐 가슴을 치며 공명을 일으키는 개념미술 작품이 가끔 있긴 하지만 대부분 포스트모더니즘 영향이 밑에 깔려 있는 구조주의 혹은, 후기 구조주의의 영향으로 아직도 Deconstruction(해체이론) 류의 작품들이 미술 시장을 제패하고 있기 때문이다. 그런 미술시장을 잡고 흔드는 큰손 미술상들이 판을 치는 미술계라, 나만이라도 그 시장성화 된 자본주의의 신하가 되지 않고 그 전 풍의 작품들을 치고 나가, 신선하고 새로운 다른 세계의 가능성을 느끼게 하는 작품, 스스로 살아 우리의 감성을 울려주는 그런 작품을 추구하려 한다. 나의 작품들에 몇 가지 나만의 조건을 만들었다.

첫째, 작품은 스스로 살아 있어야 한다.

스스로의 언어로 우리의 감성에 다가와 속삭이고 소리 질러야 한다.

둘째, 작품은 새로운 세계의 가능성을 암시해 주어야 한다.

돈이 신이 되어 자본주의의 노예가 되어버린 우리, 구태의연한 교육의 희생물이 되어버린 우리, 전통, 가치관, 종교, 언어의 테두리에서 벗어나지 못하는 우리, 그것을 넘어선 신선한 세계로의 가능성을 찰나의 순간일지라도 뿜어낼 수 있는 작품이어야 한다.

위의 두 가지 조건들은 나와 뜻을 같이하는 작가들에게, 나의 미학 강의에서 늘 하는 이야기이다. 그러나 나 스스로에겐 세 번째 조건도 있다.

작품에서 시간을 느끼게 하고 싶다. 우리와 시간의 흐름을 재는 세계에 맞추어 흐르는 시간(Chromos)이 아닌, 그 시간의 흐름을 멈추고 영겁의 시간(Aeon)의 느낌을 줄 수 있는 작품, 흐르는 시간이 느껴지든, 정지된 시간이 느껴지든 거기에 영겁의 시간이 담겨있는 느낌을 주는 작품. 우리를 종으로 만들어놓은 그 시간을 작품 속에서 부수고 Chaos(혼돈)의 시간, Dionysus(디오니소스)의 시간을 담고 풍겨 나오게 하고 싶단 말이다. 이 작업은 정말 어렵다. 시간을 담아 넣는 작품 말이다. 10년 이상을 이 과제와 투쟁해 왔다. 그래서 나는 작품 할 맛이 난다. 도전과 투쟁 없는 작품의 가치도 없지만 작품을 할 가치조차 없을 것 같다. 그 투쟁 속에서만 나는 행복을 찾을 수 있다. 그러고 보니 마치 나의 인생과도 같다. 치열하게 살았으니, 도전하며 살았으니, 특히 나와 피 터지게 싸우며 살았으니 행복하게 산 것 같다. 가끔은 시지프스가 오르페우스의 음악을 들으며 쉬었듯이 나도 가끔은 쉬고 싶었다. 이 오두막집에서 나만의 시간은 그런 시간인 것 같다. 지금 이 순간만큼은 이대로 행복하다고 말 하고 싶다.

그러나 어려운 문제는 작품에 시간을 담는 일이 의도적인 노력이 되어서는 절대로 안 된다는 것이다. 시간에 대한 의식의 저 뒤편, 나의 무의식의 세계로 몰아넣고 꺼내면 안 된다. 많은 작가의 문제가 거기에 있다. 우선 명제를 세우고 그 명제를 표현하려 애쓴다. 그래서 작품은 그 명제에 눌려 우리 인간의 언어, 더럽혀지고 조립된 그 언어와 함께하는 죽은 작품이 되어 버리기 때문이다. 내가 작품을 할 때 가장 두려운 것이 아이디어가 떠오를 때다. 이미지가 선명하게 보일 때다. 완성 작품이 이미 머릿속에 있을 때다. 그 이미지를 억지로 만들어 내다보면 작품은 손댈수록 죽어 버린다. 작품은 작가와 함께 스스로 살아나야 한다. 물론 예술가는 많이 공부하고 많이 생각하고 많이 고민해야 한다. 새로운 세상의 가능성을 제시해 주려면 세계를 알아야 한다. 세계가 어떤 병에 걸려 있는지 알아야 한다. 철학, 과학, 사회학, 수학, 물리학 등을 공부하여 지금 우리가 어디에 있으며, 어디에서 왔고, 어디로 가는 것인지 미래에의 위험과 희망을 느낄 수 있어야 한다. 자본주의의 행패, 사회주의의 위험, Robot Technology(로봇 산업), AI(인공지능), Genetic Manipulation(유전자 조작), 인간과 기계와의 결합, 천체 물리학의 발견, 망가져 가는 지구 환경… 많이 알아야 한다. 지금 우리가 살고 있는 몸담고 있는 이 세계를.

작가의 생각들을, 어떤 명제나 디자인이나 아이디어들을 작품에서 표현하려 하면 안 된다. 작품 자체가 하나의 살아있는 생명으로 숨 쉬게 하려면 작품과 숨 쉴 수 있는 작품의 영토를 주어야 하고, 작가는 작품과의 무언의 대화를 통해 작품과 만나고 작품의 세계로 같이 몰입할 수 있어야 한다. 이런 순간들이야말로 작품 할 때의 몰아의 경지로 Extacy(외도)로 또는 지옥으로 같이 할 때, 행복의 극치로 다다르는 것이다.

시간의 흐름을 잊고 자유를 만끽하며 작품을 만난 행복

작품이 기지개를 켜며 나에게 "나 이제 살아있어, 고마워." 할 때까지 작가의 철학이나 의도는 저 무의식의 세계로 밀어 넣어 그 생각들은 의도적이지 않게 작품 속에 스며든다. 그래서 나의 작품이 풀어내는 시간의 표현이 그리도 어려운 것이다. 그러나 어려워서 도전의 가치가 있고 작품과 한바탕 전투를 치르고 신나게 춤을 추고 그 시간의 감각이 작품 속에

빼꼼 비칠 때 나는 작가로서의 기쁨과 행복이 넘친다. 이렇게 지난 10년이 넘게 내 작품에 시간이 흐르는 소리를 담으려 했고, 시간의 미스터리를 철학적, 천문학적, 물리학적으로 설명한 책들을 수없이 읽으며 시간에 대한 사색, 시간과 예술에 대한 사색을 많이 하였다. 또한 언어, 문화, 역사, 정치 등의 구조적인 틀 밖에서, 걸러지지 않은 그 자체 나름대로의 벌거벗고 선명한 세계를 그대로 보고 싶다. 이런 권력의 구조적인 틀 안에서는 우리들의 사고와 감성도 그들의 지배를 받게 마련이다. 예술가가 정돈되고 구조적인 Sign 시스템 속에서 어떤 전략적인 태도로 작품을 대한다면 미안의 세계, 표지 되지 않은 혼돈의 세계로 날아가 한 줌의 맑은 공기를 작품 속에 담을 수가 없다. 작품을 만드는 과정에서 모든 것을 있는 그대로 보며, 상식 밖에서의 또 미리 정해진 개념 밖에서의 순간의 빛 속에서 그들 나름대로의 '다름'과 그들 나름대로의 '되어감'을 표현하고 싶다. 구조적 Sign 시스템 밖에서만이 순간은 모든 과거와 모든 미래를 함유할 수 있고, 죽음과 자유와 원초적 욕망은 나래를 펴고 탈영토화 할 수 있다. 작품은 벌거벗은 순간과의 만남이고, 그 순간의 '다름'을 형상화시킨다. 그 형상은 또 그 자신의 '다름'을 분출하고, 스스로 살아나서 우리를 영원의 순간에 끌어들인다.

오늘 지는 해는 유난히도 크고 붉다. 마치 커다란 붉은 풍선이 보이지 않는 끈에 매달려 둥실 대며 시간과 싸움질하는 듯하다. 끊임없이 흘러가는 우리가 알고 있고 느낄 수 있는, 아니 그렇게 느끼게 훈련된 그런 흘러가는 시간, 정돈되어 일정하게 흘러가는 시간과의 싸움을 크로노스의 노예가 되어버린 그런 시간이 아니라 이온의 세계, 혼돈의 세계로 돌아가자고 버티고 있는 붉은 해의 처절한 싸움 같다. 그래서 나는 오히려 그 해

보다는 좀 승산 있는 싸움을 나의 작품세계에서 하고 있다. 내가 나의 작품과 한 덩이가 되어 작품과의 춤이 시작되면 나와 작품은 시간의 흐름 속에서 빠져나와 그 혼돈의 카오스로 들어갈 수가 있다. 작품과 내가 항상 같은 음악에 맞추어 춤을 추는 것은 아니다. 어떤 때는 피나는 전투로 싸우고 어떤 때는 서로 타협하고 또 어떤 때는 같이 울고, 깔깔거리며 웃음을 터트린다. 그래서 우리는 시간을 잊는다. 그곳에 시간은 없다. 자유만 있을 뿐. 시간을 잊고 잃는 나의 작업 과정에서 작품으로부터 시간이 새어 나와 주는 것이 나의 소망이다. 이렇게 추구하다 단 한 작품이라도 그 소망을 이루어주면 그보다 더 행복한 게 또 있을까. 행복은 작업하면서 그때 그때 인지되는 것은 아닌 것 같다. 작업이 끝난 후 그 시간을 되돌아보면 '참 행복한 시간이었구나.'라고 의식한다.

이 적막한 곳에서 멀리 망치 소리가 들린다. 피터의 옆집 브라이언이 집을 짓고 있는 중이다. 2층 집을 짓고 있다는데 1층의 나무 벽만 두른 상태다. 혼자 겨울 전에 전부 짓겠다는데 가능할 것 같지 않다. 피터의 말에 의하면 마리화나(캐나다는 마리화나가 합법화되어있다)만 피워대며 물끄러미 구경만 하고 대부분의 시간을 보낸다니… 환기를 시키느라 문을 활짝 열어 놓은 사이에 또 파리 한 놈이 들어와 내 머리를 왱왱 돈다. 내가 사흘 동안 샤워 안 한 것을 알고 있는 놈은 이 세상에서 이 파리 한 마리뿐이다. 죽일까 말까 고민하다 하도 나의 신경을 자극해서 죽이기로 결정했다. 달달한 커피를 휴지에 조금 흘려 유혹해 살충약을 쏘았다. 정면은 아니지만 맞은 것 같은데 아직도 돌아다니고 있다. 곧 죽을까? 파리를 죽여 놓고 다시 찾은 적막이 행복일까? 참 알쏭달쏭한 행복이란 단어를 이렇게 저질화시키고 있다. 나는 지금 행복할까? 대체적으로 행복하다 해야 맞다. 내가 좋아하는 적막함이 있고 호수 물도 아름답고 오두막 주위를 둘러싸고 있는 아직은 푸르고 드높은 나무들이 있기 때문이다. 그러나 저 깊이 스멀스멀 들끓는 상념들을 아주 잠재우기는 힘들다. 이 상념들을 저 스토브에 장작과 함께 태울 수 있으면 좋겠다. 현재 지금 이 순간만 접하고 만나고 느끼려 훈련 하지만 어려운 일이다. 작품 속에 빠져 들 때만 가능한 일이다. 그래서 작품 하는 일이 좋다. 그것만 하고 살았으면 좋겠다. 좀 쌀쌀한 느낌이 들어 스토브에 장작을 넣다가 하필 스토브 위에서 파리 시체를 찾았다. 거의 타버린 형태로... 마지막 화장을 해 주었다. 이제 내가 사흘 동안이나 샤워를 하지 않았다는 것을 아는 존재는 세상에 없다.

또 해가 지고 있다. 오리 가족이 꽥꽥대고 있다. 어둠이 내려앉은 호수도 좋고, 화려하지 않지만 조용한 석양이 사랑스럽다. 집은 따뜻하고, 배도 부르고, 달려가야 할 곳이 없는 지금 이 순간이 너무 행복하다. 가만히 눈을 감고 지나간 삶을 뒤돌아본다. 나는 행복을 찾고 추구하며 살아본 적이 없다. 행복을 찾는다는 것이 무엇인지도 몰랐지만 그럴 여유가 없었다. 앞만 보고 또 현재를 열심히 살다 보면 어떤 때는 행복하다는 느낌을 느낄 수 있었고 또 가끔 과거를 뒤돌아보며 '아 그때 참 행복했었구나.' 그 행복이 다시 느껴진다. 행복이란 찾아 헤매는 것이 아니라 그때그때 다가오고 의식이 아닌 느낌으로 다가오고 또 어떤 때는 지나간 과거의 느낌이 다시 다가와 나를 행복하게 해준다. 행복이란 어떤 때는 내 피부에 감각적으로 스머드는 행복이 있고 어떤 때는 내 이성과 감성이 합해져 아늑하게 느껴지는 그런 행복이 있는 것 같다.

죽음을 경험하고도 73년을 살아온 나만의 행복

곧 10월 10일 73번째 생일이 오고 있다. 십 대 때 이십 대 때, 나는 삼십 대 초반이면 이 세상에 없으리라 줄곧 생각했다. 왜 삼십대 초반인지는 잘 모르지만 부서진 내 몸이 그냥 그때쯤이면 끝나리라는 생각이었다. 그런데 참 많이도 살았다. 몸, 특히 하체가 많이 약해지는 걸 거의 매일 느끼고 산다. 요즘 골프를 나가면 주로 걷는 것에 주력하지만 가끔 공을 쳐 보면 스윙 끝에 곧잘 넘어지곤 한다. 왼쪽 하체가 지탱해 주질 못해서다. 죽을 때까지 휠체어에 앉지 않을 생각이다. 지팡이 두 개를 의지해서라도 악착같이 내 다리로 걷다가 죽을 작정이다. 참 오래 살았다. 나보다 더 연세 있으신 분들께 죄송한 말이지만 내 몸으로 이렇게 버텨 온 것이 신통하기도 하고 이제 곧 올지 모르는 죽음을 생각하지 않을 수 없다. 죽음이 나를 스쳐간 적이 있었다. 나는 죽음을 보았다. 멕시코 구아달라하라 프란시스코의 스튜디오에서. 2008년 2월 프란시스코의 권유로 "Meditators"를 4M 크기로 만들기로 했다. 청년 작가들이 몸체의 전체 부분은 대부분 만들어 놓은 상태였다. 얼굴 표정과 작품 전체의 질감이나 분위기는 내 손으로 마무리해야 작품이 살아난다. 그날 아침부터 일을 시작해 미친 듯이 2m Caesura #3을 끝냈었다. 하루 만에 첫 끼로 저녁을 먹으니 몸이 더욱 나른해졌다. 식탁에서 조수 작가 헤수스가 자신의 포트폴리오를 보여주며 조언과 평을 부탁하니 피로가 더해졌다. 프란시스코는 헤수스가 있을 때 "Meditators"를 손보자며 나를 재촉했다.

"오늘은 못 하겠어."

"조금만 해보자. 다 준비해 놓았거든." 그 답지 않게 재촉한다.

평상시에는 내 마음과 몸 상태를 잘 파악해 아주 침착하게 서두르지 않는 친구인데.

"그럼 그러지…"

현장에 가보니 과연 내가 작업 할 수 있게 조각을 둘러싸 발판을 설치해 놓고 있었다. 그 성의가 고마워 일단 올라가 보기로 했다. 발판을 4m 머리 꼭대기에 설치해 놓아 좀 의아했지만 그럭저럭 앉아서 작업할 수는 있을 것 같았다.

"흙 좀 올려줘."

프란시스코가 흙을 들고 사다리를 타고 올라오는데 순간적으로 이건 아닌데 라는 느낌이 들었고 때는 이미 늦었다. 발판은 쏟아 넘어지고 나는 이미 허공에 내동댕이쳐졌다. 다음 기억은 없다. 아픔이 지독해 잠시 깨었다. 몇 초쯤 의식이 있었을까? '아! 이제 죽는구나. 이렇게 가는 거구나.'

평생의 필름이 한순간에 스쳐 갔다.

'열심히 살았어…'

'아내는? 잘 살 수 있을 거야…'

'아이들은?'

'다 잘됐고 잘 살 거야…'

안심이 되었고 죽음에 대한 두려움은 없었다. 그리고 의식을 잃었다.

나는 6.25 직전에 소아마비에 걸렸다. 열이 높아 죽기 일보 직전이었다. 검은 똥을 싸면 죽는다는데 검은 똥도 쌌다고 한다. 어머니가 수혈해 운 좋게 살아나기는 했지만 걷지 못하는 아이가 되고 말았다. 그렇게 뛰기 좋아하고 등치도 큰 아이였다는데….

한국에 있을 땐 나의 장애를 넘을 수 있는 길은 모든 분야에서 일등을 하는 것이라 생각하며 누구보다 열심히 살았다.

　26살에 한국을 떠나 LA에 갔으니 외국 생활로 46년이란 세월이 흘러갔다. 맹렬히 산 46년인데도, 그래서 그런지는 몰라도 아주 짧은 시간인 것 같다. 주류 사회에서 그들이 우러러볼 수 있는 삶을 살기 위해 열심히 살았다. 새벽 5시에 일어나 7시까지 출근, 4시간 일하고 수업을 듣기 위해 페퍼다인 미대로 가며 햄버거와 세븐업 한 캔을 먹고 마시고 오후 한시쯤 도착해 개인 작업과 수업, OTIS(오티스) 미술대학에 일주일에 한 번씩 라이브 드로잉, 토요일은 Live Model Painting에 등록하여 다녔다. 조각가 강사였던 크리스와 친해지며 밤샘 작업하는 날이 집에 가는 날 보다 많았다. 저녁과 밤샘 끼니는 흙을 굽는 가마 불에 구운 핫도그로 때웠다. 또 학교에 사진 현상 시설이 없어 일주일에 하루 Central Art Academy라는 학교도 다녔다. 일을 하며 세 학교에 다닌 미친 세월이었다. 사진 공부하고 12시에 집에 올 땐 녹초가 되어 졸면서 운전하는 버릇이 생겼다.

그래도 나는 참! 행복한 사람이다

100m쯤에 목표를 정하고는 눈감고 저기까지만… 하고 가면 잠에 곯 아떨어진다. 드르륵 해서 깨어나면 놋쇠를 박아 표시해 놓은 차 라인을 넘 어가는 소리였다. 놋쇠 표시들이 없었다면 어찌 되었을까? 지금 생각하 면 아찔하다. 300불짜리 고물 중고차, 바닥에 구멍이 뚫려 도로가 훤히 내려다보이고 브레이크를 밟으려면 미리 50미터 전부터 펌프질해야만 멈 출 수 있는 그런 차였으니 말이다. 목숨을 내놓고 다니던, 그러면서도 나 자신에게 투정 한 번 해볼 겨를이 없던 젊은 시절이었다. 전공과목 공부에 치여 부전공 과목을 공부할 시간이 없어서 직장 끝나고 학교로 향하면서 운전대 앞에 책을 놓고 공부하며 부전공과목 시험을 보러 갔다. 졸업할 때는 수석의 영예를 안았고 그 덕에 학교 소속의 뮤지엄에서 개인전도 열 수 있었다. 나는 그렇게 바쁘게 지내면서도 화초 기르기를 참 좋아했다. Duplex 아파트에도 각종 선인장과 열대 실내 화초로 가득했었다. 그들이 새싹을 들이밀고 나오며 매일 매일 조금씩 커지는 것이 그렇게 기적같이 신비스러웠다. 생명의 신비를 그들로 하여 느낄 수 있었다. 집 앞에 약 1m x 2m 정도의 텃밭도 갈아 오이, 고추, 토마토를 심어 정성껏 키웠다. 땅의 관대함 이란 참 대단하다. 그 조그만 텃밭에서 먹고도 나눠줄 만큼 수확 을 할 수 있다는 것도 씨앗에서 솟아나는 그 힘찬 에너지가 그렇게 장해 보였다. 그 당시엔 몰랐지만 치열하게 살아가던 때에 텃밭을 가꾸고 그곳 에 작은 화초들이 움을 트는 시간들이 나에게 행복을 주었던 것 같다.

당시 합격하기 그렇게 어렵다는 오티스 대학원에 합격했지만 사정상 등록을 못하고 또 페퍼다인 대학에서 강사로 남아달라고 했지만 미국 주 정부와 학교에서 나의 유학생 신분에 대한 미묘한 갈등으로 좌절되면서 화초 가게를 열어 뒷마당에 스튜디오를 만들려는 계획도 세웠었다. 히피 전업 작가로는 아내를 책임질 수 없어 돈을 벌어 생활을 안정시킨 후 다시 아티스트가 되기로 했다. 그리고 스스로 5년 후에 다시 돌아올 약속을 하며 내가 가진 모든 붓을 꺾었다. 그렇게 선택한 캐나다 이민·공인회계사가 되는 길이 가장 빨리 돈을 버는 길이라 생각해 특수 대학원 프로그램인 UBC(University of British Columbia) 상경대학원에 진학했다. 지독히 공부해 수석으로 졸업하여 들로이트라는 큰 회계 법인에 지원해 합격하였고 3년 후 국가공인회계사 자격시험에도 합격했다. 회사에서 큰 공을 세워 매니저로 남아 달라는 요청을 하였지만 회사원으로 성공하는 것이 나의 궁극적인 목표가 아니었기에 사절하고 토론토로 이사해 회계사 사무실을 오픈했다. 나한테 주어진 5년의 약속이 훨씬 지나고 10년이 된 어느 날부터 다시 작품을 시작하였다. 매일 5시에 사무실 문을 닫고는 새벽 1시, 2시까지 작업에 몰두했다. 2001년 55살의 나이에 다시 미술 대학원에 진학하여 조각가로서의 제2의 인생을 시작하여 오늘에 이르렀다. 이렇게 한 계단 한 계단 열심히 살다 보니 인정받으며, 존재감 있게, 어느 누구에게도 아쉬운 소리 안 하며 살 수 있게 된 것 같다. 살아오면서 수많은 고난과 역경을 뛰어넘었지만 내가 특별히 불행하다고 생각해 본 적은 없는 것 같다. 그저 그런 고난과 어려움이 내 삶의 일부라고 생각하며 열심히 살아왔다.

이렇지만 나는 행복한 사람이다.

행복 또한 어찌 보면 불행함을 모르고 지내는 것인지 모르겠다. 불행이란 자기 스스로가 만들어낸 악귀이고 불행하다고 생각하는 건 그 악귀를 내가 초대하기 때문이란 생각이다. 물론 어려움, 고통, 외로움 등 우리가 불행하다고 느끼게 하는 요소들은 참 많다. 그러나 불행하다고 생각하는 건 내가 불러들여야 느낄 수 있는 감정이다. 그러고 보니 행복도 마찬가지다. 좋은 일이 있어서 행복을 느낀다기 보다는 같은 좋은 일도 행복으로 받아들일 수도 있고 그냥 스쳐 지나갈 수도 있다. 우리의 감성과의 만남이 없어서 일게다. 행복하다고 느끼게 할 수 있는 요소도 많다. 내가 이렇게 별장에 와 혼자 책 읽고 글 쓰는 것이 너무 좋아 행복감을 느끼고 밥에 물 말아 김치로 한 끼 때울 수 있어 행복하지만, 다른 때 다른 이들에게는 초라해 보이는 나의 지금이 외로움으로 느껴질 수 있을 테니 말이다.

간밤에 정말 잘 잤다. 새벽 2시쯤 잠들었는데 깨어보니 12시 정오였다. 이곳은 숲이고 산소가 많아 깊은 잠을 잘 수 있어 좋다. 햇볕이 좋아 따뜻하더니 이내 구름이 덥히며 좀 쌀쌀해졌다. 불씨만 남은 스토브에 장작을 하나 더 넣었다. 나흘째 사람을 보지 못했다. 육성도 듣지 못했다. 참 좋다. 하루에 두 번 씩 안부 전화하는 아내도 조용하다. 꿈이가 충전기 선을 끊어먹었다는 문자 메시지가 어제 밤에 왔었다. 두 달 전 입양한 이 강아지는 불행을 모른다. 성격이 활달해 무조건 좋단다. 사람을 너무 좋아해 오줌을 지리며 달려든다. 입에 물고 있는 먹이를 빼앗아도 고개를 한번 갸우뚱하고는 다시 다른 놀이에 집중한다. 동물이 행, 불행을 알까? 행, 불행은 인간만이 느낄 수 있는 감성이라 생각한다. 감성이라기보다는 즐겁다 언짢다는 잣대를 놓고 이성적으로 규정을 내려, 순간순간의 감성 변화를 무시하고, 나는 행복하다 불행하다를 결정하고 그 결정을 연장하여 느끼려 하는 것이 아닐까? 또 잣대를 미리 설정해 놓고 기대처럼 되면 행복하고 기대에 못 미치면 불행해하고 그러는 것도 같다. 우리는 순간순간을 산다. 나의 감정도 순간순간 바뀌고 그 감정을 두드리는 외부의 요소들과 교감하며 산다. 즐거울 때는 그 즐거움을 푹 느끼면 되고 괴로울 때는 그 괴로움의 원인을 찾아 물끄러미 쳐다보면 된다. 슬플 땐 슬픈 나를 바라보며 실컷 슬퍼하고, 아플 땐 아픔을 바라보며 아파하면 된다. 왜 슬픈지 왜 아픈지도 볼 수 있다. 왜 미운지, 왜 화나는지 한 발치 떨어져 물끄러미 바라보면 이해할 수 있고 용서할 수 있다. 그 부정적 감정들은 참고 억누르고 묻으려 노력하기 보다는 그런 감정을 일으키고 있는 나를, 또 그 원인을 물끄러미 관조하면 된다. 순간순간을 발가벗고, 가죽도 벗긴 채로 그대로 느끼며 살아가면 된다.

"Immanence is Life" Deleuze(들뢰즈)의 말이다. 생각의 틀에서 느끼고 생각하며 살지 말고 있는 그대로를 만나면서 살아야 한다는 뜻이다. 우리의 생각으로 규정된 틀 속에 다가오는 순간순간의 세계를 보지 말고 순간순간 다가오는 세계를 있는 그대로 느끼고, 생각 하자는 말이다. 행, 불행으로 말하자면, 아 나는 이래서 행복하다. 아 나는 이래서 불행하다라기보다는 순간순간을 깊이 느끼고 사색하다 보면 아! 행복, 아 ! 불행 정의를 내릴 시간이 없다는 이야기이다. 꼭 정의를 내려 규명하며 살고 싶다면

"이렇지만 나는 행복한 사람이다. 운 좋은 사람이다."
"이래서 나는 행복한 사람이다. 운 좋은 사람이다."

이렇게 사는 것도 한 방법이겠다.

하늘에 구름이 꽤 끼었다. 곧 비도 한차례 할 것 같은 날씨다. 호수에 낚시 배 하나가 떠 있다. 물결도 조금 있고 구름이 끼었으니 대어 한 마리쯤은 건질 수 있을 것 같다.

다시 한국말에 익숙해지려 김연수 작가의 '세계의 끝 여자친구'를 읽다가 온기에 몸이 녹으며 깜빡 잠이 들었었다. 해가 서산을 넘기 전 수평으로 쏟아지는 햇빛으로 오두막집이 온통 노란빛이 되어 나를 깨웠었다. 해는 그냥 그렇게 가기가 좀 아쉬운 지 조금 남은 근처의 구름 뒤에서 자기의 자취를 내뿜어 빨강과 보라를 보내주고 있다.

대학을 졸업할 때까지 25년을 깨우치고 써온 한글인데 무엇을 좀 쓰자고 보니 너무 서툰 것 같아 속상하다. 또 영어로 쓰자 생각하니 그것도 녹록지가 않다. 영어로는 한국어로 표현되는 이런 맛을 낼 수가 없다. 내고 싶은 맛도 못 내지만 말이다. 글을 쓰기 시작할 때 달력을 보다 오늘이 아들 크리스의 생일임에 깜짝 놀라 전화했더니 파티에 가 있는지 답이 없어 메시지만 남겼다.

나를 행복하게 하는 남다른 아들의 가치관

Nigeria, Liberia, 전염병들이 전 세계에서 가장 기승을 떠는 나라들에서 2개월을 체류하고 지난주에 뉴욕으로 돌아온 자랑스러운 아들이다. 하버드 의대를 최고 성적의 졸업생에게 주는 마그나 쿰 라우데로 졸업하고 옥스퍼드, 존스 홉킨스 대학원을 전액 장학금으로 졸업하고도 참 돈도 못 버는 그런 자랑스러운 아들이다. 전 세계를 헤집으며 에볼라 같은 못된 전염병이 확산되면 WHO와 손잡아 의사들을 진두지휘하는 것이 크리스의 일이다. 많은 경험 덕분에 항상 현장 지휘의 선봉장으로 현지에 출동한다. 지금은 마이크로 소프트의 빌 게이츠, 페이스북 회장 마크 저커버그, 세계 최고 갑부이며 뉴욕 시장도 지낸 마이클 블룸버그 세 사람이 만든 재단에서 후원하는 "Resolve to save lives"(생명을 구하는 결의) 라는 단체에 소속되어 있어 일생 처음으로, 하버드 의대 졸업한 지 10년이 넘어서야 경제 자립의 대망을 이루었다. 뉴욕에 거주하고 있지만 일 년의 대부분을 아프리카 등 전 세계 전염병이 도는 오지로 돌아다닌다. 정말 피곤할 텐데 다행히 아직은 젊어서 인지 잘 버텨주고 있다. 조금 쉽고, 안전하고, 편안한 자리로 옮길 수도 있을 텐데 지금 하는 일이 너무 기특해 함부로 조언할 수도 없다. 이렇게 바쁜 가운데도 나의 생일과 추수감사절에 맞추어 토론토에 온다니 너무 고맙다. 아들놈은 글 쓰는 재주도 탁월해 그 와중에도 소설을 한 편 끝내 출판사와 편집에 들어갔다고 한다.

가족이 있어 오늘도 또 내일도 행복하다.

일 년에 한 번씩 딸 유나와 아들 크리스는 서로 바쁜 시간을 쪼개 우리의 겨울 집이 있는 멕시코 푸에르토 바야타에 와 일주일 정도 함께 시간을 보낸다. 오기 전에 서로가 서로에게 일 년에 읽은 책 중 가장 좋았던 책을 한 권씩 추천해 각자 읽은 뒤 저녁에 둘러앉아 와인을 마시며 각각의 책에 대한 대토론이 벌어진다. 셋 모두 워낙 책 읽는 양들이 방대하고 서로의 주관이 확고해 큰 견해차로 가족 와인 파티는 항상 전쟁터를 방불케 한다.

"자, 잠깐 쉬고 와인 한잔, 건배!!!"

"안주 뭐 더 만들어 올까?"

늘 중재는 아내의 몫이다. 그런데 지난겨울은 정말 나를 행복하게 한 사건이 있었다. 나의 미학에서 풀지 못한 숙제가 항상 "시간이 무엇인가" 라는 질문인데 철학자건 물리학자건 시원스런 답이 없었다. 시간 철학, 시간 물리학에 대한 수많은 책을 읽었는데도 말이다. 헌데 Carlo Rovelli 라는 이태리 물리학자가 쓴 "Order of Time"이라는 책을 접하고 동이 트는 느낌이었고 "The Reality is not what it seems(실제는 보이지 않는다.)"를 읽으며 시간에 대한 미스터리의 실마리가 풀렸었다. 풀렸다기보다는 이해와 동의 한단 말이 맞겠지만 현재, 또 앞으로 한참 동안은 Rovelli의 마지막 구절보다 시간의 의미와 이해를 누구라도 더 구체적으로 설명 할 수 없을 것 같다는 생각이다. 크리스가 멕시코 집에 있는 동안 이 두 책을 속독했다. 크리스가 시간에 대한 관심이 그렇게 클 줄은 몰랐다.

아들이 샤워를 마치고, "아빠 내가 샤워하면서 또 생각해 보았는데..." 라는 시작으로 우리는 Rovelli의 시간의 본질에 대해 많은 토론을 할 수 있었다. "The Reality is not what it seems"는 하루에 모두 읽어 버렸기 때문에 다음에 다시 한 번 천천히 읽겠다고 한다. 그 후 내가 쓴 에세이 "The Beautiful Ending"을 크리스가 유럽에 있을 때 보내 주었는데 나의 생각에 전적으로 동감한다는 메시지가 왔다. 시간의 철학(물리학)과 나의 미학을 접목한 글인데 사사건건 의견 차이가 있던 아들이 전적으로 동의 한다니, 더군다나 스위스에서 독일 천문학자들과의 저녁 모임에서 나의 글을 가지고 토론을 하였다니, 아들이 자랑스러워하는 아빠가 되었다는 것이 여간 행복한 게 아니었다. 나는 크리스에게 언제나 죄책감이 있고 크리스는 언제나 나에게 섭섭함이 있다. 아들이 13살 때 내가 집을 나왔기 때문에 우리 둘의 관계는 항상 이 죄책감과 섭섭함이 끼어 들어와 친밀한 부자 관계가 어려웠었다. 그래서 잠깐 잠깐이지만 서로의 공통 관심사인 책을 통해 그리고 '시간'이라는 주제를 통해 그동안 어려웠던 아들과의 관계가 더 나아지고 있어서 행복했다.

아이들....

이런 남을 도우려는 힘든 일을 하면서도 크리스는 철저한 부르주아다. 무엇이든 최고치만 좋아한다. 음식, 의류, 소지품, 여행, 모두 최고만 좋아한다. 일 년 전까지만 해도 나와 자기 엄마의 지원을 받았으면서 말이다. 반면에 딸은 정 반대다. 좌파에다 여성운동, 인종차별 반대 등 완전 정의의 사자다. 그래픽 디자이너인데 모든 주제가 사회운동이다. 돈 버는 회사의 위촉은 받지 않는다. 오직 이런 운동의 자선단체들만 손님으로 받는다. 그런데 아이러니 하게도 꽤 부자로 산다. 내가 사라고 조언할 때 토론토에 집을 사고 결혼하여 미국 버몬트로 이주할 때는 3배를 넘겨 팔았다. 그 돈으로 버몬트에 집을 사고 남은 돈은 주식에 투자해 놓고 사업도 번창해 캐나다에서도 벌고 미국에서도 벌어 부자로 살지만 취향은 항상 서민적이다. 멕시코 집에서 벌어지는 사상전에 한 치의 양보도 없이 늦은 밤까지 싸우지만, 싸워도 서로 존경하게 된다.

며칠 전 딸에게서 전화가 왔다.

"아빠, 전번에 아빠가 추천한 주식들 중에 아마존도 있었어요?"

"당연하지."

"아빠, 나 그 주식 모두 팔래요."

"왜?

"이번 디트로이트 컨퍼런스에서 아마존 주제도 있었는데 완전 악마 조직인 거야."

"알아, 아마존이든 알리바바든 전 세계의 시장경제를 장악할 텐데 적과의 동침이지… 'Saramago(사라마고)'의 'Cave'가 모델이고."

"제가 알면서 거기서 이득을 취하긴 싫어요."

"네 은퇴 자금에 큰 도움이 될 텐데?"

"제가 좀 더 일해서 그 돈 벌래요…"

너무나 다른 것 같은데 또 너무나 닮은 아이들. 아빠로서 아이들에게 어릴 적부터 보여 준 건 책 읽는 모습밖에 없는데……. 아이들 때문에 오늘이 또 내일이 행복하다.

나를 잊어버릴 때 갖는 행복

글을 마무리하며 생각해보니 나는 엄청나게 행복한 사람이다. 다른 많은 이유도 있지만 가장 큰 이유는 내가 지금도 작품을 할 수 있기 때문이다. 새 작품을 시작하기 전 나는 걱정과 긴장으로 새 작품을 대한다. 디자인된 형태가 이미 설정된 것이 아니므로 작품이 어떻게 시작하고 진행되고 끝날지 나는 전혀 알 수가 없다. 가끔 '아 이거다' 하면서 미리 형상화된 작품을 이루어 내려고 노력하면 그때마다 꽝이다. 진흙과 철사 등 필요한 재료들을 준비해 놓고 모델의 몸짓과 모델과의 대화, 스튜디오 밖의 햇살과 새 소리를 들으며 획- 하고 지나가는 한 줄기 실마리를 끌어내어 형상화되지 않은 작품이 시작된다. 살짝 움직이는 모델의 움직임에서 훨훨 타오르는 삶의 에너지를 잡아낸다. 모델의 역할은 그것으로 충분하다. 그다음엔 나의 손과 눈과 나의 감성에 어우러져 춤을 추기 시작한다. 비 형상화되어있던 에너지는 점점 형상화 되어 나아간다. 이런 작업의 과정 중에 '나'는 존재하지 않는다. 나의 영혼이 서서히 형상화 되는 작품과 함께 하늘로 치솟는다. 이 순간이 진정한 행복이라는 것을 당시에는 느끼지 못하지만 지나가 보면 '나'라는 자아를, 세상이 규명하는 '나'라는 자아를 잊어버리는 그 순간이 진정한 행복을 느끼는 때가 아닌가 싶다. 그래서 나는 행복 속에 있고 작품은 서서히 살아서 숨을 쉬기 시작한다. 작품은, '나는 이제 살아있어'라고 말하고 나는 피로한 허리를 편다.

이 글을 쓰며 연습 해 보았다.
나는 지금 이런 이유로 행복하고 이래서 행복하고 또 이래서 행복하구나.

그러다 보니 정말 내가 지금 행복하다는 것이 의식적인 부름으로 느껴질 수도 있었다. 평생 생각해보지 않았던 "행복"이라는 단어를 이 글을 쓰며 주의 깊게 들여다보니.... 나는 참 행복한 사람이구나!

내가 나여서 참 행복한 날에,

조각가 이원형

최근에 쓴 짧은 에세이로 이글을 마무리하려 한다.

* Pure happiness -

I spend too much time in human games,

Speaking too much of their language.

Pretended I could be both an artist and a worldly gamer.

"I just play games with them." I said.

"My art is in a safe sacred somewhere untouched by the world,
I can go to, whenever I want to."

I am realizing now that sacred box was loosing its blood, drying up.

It's not about getting old and loosing the spark.

It's about getting old and too deeply in the game.

I don't need the world to applaud my work.

I do art because I need to do it.

That is where I find ecstasy and pure happiness.

I can't let that fire put out, not just yet, ever.

* 순수한 행복

　나는 인간들이 하는 수많은 게임에 많은 시간을 소비 했습니다.

　너무나 많은 인간의 언어로 말하고 있었습니다.

　나는 인간들의 세속적인 게임의 세계와 예술가로서의 영역을 넘나들 수 있다고 생각했습니다.

　나는 그냥 그들과 게임을 할 뿐 이라고 생각했습니다.

　나의 예술세계는 인간의 손이 닿지 않는 신성한 어떤 세계에 속해 있어, 내가 가고 싶을 때 나만이 언제든지 갈수 있다고 믿었습니다.

　이제 나는 그 신성한 세계가 그 안에서 피 흘리며 메말라가고 있다는 것을 깨닫습니다.

　작품에 대한 열정의 불꽃이 늙음으로 시들어 갈 수는 없습니다.

　이제 인간의 게임 속에 너무 깊이 빠져들지 않을 수 있는 나이가 되었습니다.

　나는 내 작품에 박수갈채를 보낼 세상이 필요치 않습니다.

　나의 간절한 원함이 있어 나는 늘 작품을 합니다.

　그곳에서 나는 황홀함과 순수한 행복을 얻습니다.

　그 불이 아직 꺼지게 놔둘 수는 없습니다. 그리고 영원히.

짧은 오두막 생활을 마친 후,

그해 겨울 멕시코로 가서 열심히 작업하고 수영하고 골프치고 살다가 덜컥 위암 판정을 받고는 지금 6개월째 투병 중이다. 네 차례의 항암치료와 9시간의 대수술을 마치고 퇴원 후 침대에 누워 회복하고 있다. 고통스럽긴 하지만 그래도 살아있으니 행복하고 또 작품도 다시 열심히 할 수 있는 시간이 더 주어졌으니 행복하다.

내가 나여서 행복한 날에

원고를 마친 후, 거의 일 년의 암 투병 끝에 일주일 전부터 스튜디오에 나가 일할 수 있게 되었다. 미치도록 가슴이 떨리는 행복감에 취해 있다. 행복이 무엇인지 생각조차 하지 못하고 앞만 보며 뛰어온 칠십 넷 인생인데, 행복에 관한 원고 청탁을 받고 글을 쓰며 내 인생의 행복한 날들을 발견할 수 있었고, 또 투병 덕에 행복이 무엇인지 몸에, 살갗에 닿아옴을 느낀다. 투병 중 받은 주위 많은 분들의 응원과 사랑에 인생 헛살지 않았구나 하는 행복감. 수술조차 어렵다는 초기 진단에, 이제 가야 하는데 무엇을 남기고 어떻게 가야 멋지게 생을 마무리하는 것일까를 담담히 생각할 수 있는 기회가 주어져서 행복했고, 또 이제 그것들을 실천할 수 있는 시간이 주어지고 여건도 되는 듯하여 행복하고 또 얼마의 시간일지 모르지만 다시 얻은 새 삶과 새 작품 창작에 미쳐 또다시 최고의 행복을 느낄 수 있는 내가 나인 오늘이 행복하다.

2021년 1월 1일

2021년 5월 29일

　하늘의 별이 되신 이원형 작가님과 함께한 20년이 너무 행복 했습니다. 남편에게 받은 생일카드를 보며 오늘도 그를 그리워합니다.

　　사랑하는 마누라 현주

　　많이 사랑해 주어서 고맙다.

　　많이 예뻐져서 고맙다.

　　많이 사랑해 줄게

　　행복해 주라.

　　　　　　　　　　　Love, Won

07

행복을 만드는 기술

전영 (Chun Young)

전) 월드피스코 아카데미 대학원 원장 겸 교수

'감사'를 아는 삶, '감사하다'는 마음을 갖는 것이 행복의 제1조건이다.

감사하며 사는 삶이 가장 행복하다. 그래서 다섯 가지 감사일기를

14년 동안 하루도 빠짐없이 쓰는 것을 실천하고 있다.

오늘도 계속 (다섯가지 감사×365일×14년)......

07
행복을 만드는 기술

행복이란 무엇인가

　　　　　　　　　　　행복이란 무엇인가라는 질문을
참 많이 받는다. 이 세상을 살아가면서 행복하고 싶지 않은 사람은 단 한
명도 없을 것이다. 그런데 행복이 무엇이냐고 물으면 똑 부러지게 이것이
다라고 정의를 내리지 못한다.

　이같이 행복은 실체가 없어서 눈에 보이지도 않고 손으로 만질 수도
없으며 사람마다 받아들이는 것이 다 다르기 때문이다. 행복의 정의는 매
우 다양하다. 일찍이 고대 철학자 아리스토텔레스는 인간이 지향할 궁극
적인 가치를 행복한 삶이라고 규정하고, 행복은 삶의 의미이며 행복은 사
람의 목적이고, 행복은 인간 존재의 총체적 이유라고 했다. 같은 맥락에
서 긍정심리학자들을 비롯하여 세계 석학들이 모여 '행복은 무엇인가',
'행복은 어디에서 오는가', '어떻게 하면 더 행복할 수 있을까?'하는 질문
에 대답하고자 끊임없이 질문을 던지고 연구해 왔다.

행복 연구의 대가 일이노이대학교 심리학 석좌교수 에드디너(Eddinner)는 '행복은 주관적 안녕감(Subfective well-bing)이다'라고 정의한다. 즉 행복은 정서적 요소(즐거움)와 인지적 요소(우리가 어떤 경험에 부여하는 의미; 만족)를 둘 다 포함하고 있다는 것이다.

인간의 행복을 수 십 년간 연구해 온 그는 행복이란 기쁨의 강도가 아닌 빈도라고 분석하고, 행복한 사람은 행복감을 강하게 느끼는 것이 아니라 자주 느끼는 사람이라고 한다. 특히 행복은 주관적 경험이라는 것을 강조하며 오로지 자기 스스로 세워놓은 내면의 기준이 충족될 때 인간은 행복감을 느낄 수 있다는 것이다.

행복학 강의로 유명한 하버드대학교 탈벤-샤하르 교수는 "행복은 즐거움과 의미의 포괄적인 경험이라고 정의한다. 또한 산의 정상을 향해 올라가는 과정이며 삶을 측정하는 궁극적인 가치다"라고 한다.

우리 국어사전에서는 행복은 일상생활에서 충분한 만족과 기쁨을 느끼는 흐뭇한 상태라고 정의한다. 미국의 대사전 웹스터(Webster)에는 "행복(Happiness: the state of being happy)이란 삶에 있어 가치를 부여하고 단순한 만족으로부터 더 깊고 농도 짙은 즐거움에 이르기까지 바람직한 정서 상태가 오랫동안 지속하여 나타나는 마음이 평온한 상태이다"라고 쓰여 있다.

이외에도 마틴 셀리그만을 비롯하여 많은 긍정심리학자들의 견해를 종합하여 '행복이란 무엇인가?'에 대한 답을 구한다면 행복은 삶이 즐겁고, 삶이 의미가 있고, 삶이 만족스럽고, 일시적 순간적이지 않고 지속적으로 정서적으로 마음이 평온한 상태라고 할 수 있다. 다시 말하면 '사람들이 즐겁고 의미 있는 시간을 보내면서 만족할 때 행복하다'라고 하는 것이다.

현재 세계 인구는 80억이다. 이 사람들이 생각하는 행복은 과연 어떠한가 물론 매우 다채롭다. 행복의 정의는 그야말로 천차만별이다. 행복이 무엇인지 아직 모르겠다는 대답을 제외한다면 우리들 각자가 내놓은 그 답 역시 행복의 정의다. 여기서 나온 정의도 나름대로 무게감을 가지고 존중받아야 한다.

이렇게 행복은 각자 마음먹기에 달려있다. 행복은 매우 주관적이다.

사실, 행복의 가치는 볼 수도 없고 색깔도 없다. 모양도 없고 셀 수도 없다. 그래도 우리는 누구나 행복한 삶을 끊임없이 추구한다.

이렇게 행복의 정의는 각양각색이다. 이 다양성 속에서도 그 내재하는 의미와 가치에는 동일성이 깔려있다. 80억 개란 행복의 정의가 나오지만 공통적으로 느끼는 요소들이 존재한다. 우리 학자들이 할 일은 근원적인 동일성을 찾아내고, 행복의 참뜻이 무엇인지 보다 더 가깝게 접근하는 것이다.

행복은 어디서, 어떻게 오는가

19세기에 들어서면서 현대 사회과학자들의 행복론은 사회경제적 차원에서 논의되기 시작하여 행복은 개개인의 문제가 아니라 사회 전체의 문제이므로 국가나 사회체제가 개인의 행복 증진에 기여해야 한다는 논리가 부각되었다. 개인은 행복을 추구할 권리를 갖는다는 행복추구권이 미국 독립선언에서 나오고 난 뒤부터는 공공복지 차원에서 국가의 역할이 조명되기 시작되었다.

이에 발맞추어 한국도 행복을 추구할 권리가 헌법 제10조에 "모든 국민은 인간으로서 존엄과 가치를 가지며 행복을 추구할 권리를 가진다"고 명시되어 있다.

세계에서 행복지수가 가장 높은 부탄뿐만 아니라 유럽 선진국에서는 국민행복을 위해서 국민 총행복(GNH)과 국민 총생산(GDP)을 동일선상에 놓고 국가정책에 반영하고 활발하게 관심을 갖고 연구하고 있다.

따라서 심리학 차원에서는 말할 것도 없거니와 교육학, 복지학, 사회학, 경제학까지도 행복을 바라보는 연구가 활발해졌다.

과연 행복은 어디에서 오는가?

대부분의 사람은 물질적 풍요에서 행복을 찾으려고 하였다. 그리고 성공 속에서 행복을 찾으려 하고 있다.

그래서 돈, 권력, 명예에 혈안이 되었던 것이다. 물론 이런 물질적인 요소들이 어느 수준까지는 행복에 도움이 되나, 최근 들어 이러한 것들이 행복의 필수 요소가 아니라는 것을 심리학, 사회학, 경제학 등 각 분야에서 밝혀내고 있다.

한국에서도 최고 권력을 잡았던 대통령, 도지사, 국회의원이 인간의 최고 가치인 생명을 스스로 끊어 버리고, 우리나라 최고 재벌의 자녀가 스스로 목숨을 버린 일이 있다. 또 서울대학교 법과대학에 입학하여 학부를 마치고 법학전문대학원에서 공부하는 우수한 학생이 자살하는 현상은 무엇을 뜻할까! 세계적인 석학 하버드대학교 종신교수가 자살하는 것은 어떻게 표현할까! 이들은 돈이 많아도, 권력을 누리고 있어도, 명예를 누리고 있어도 결코 행복하지 않은 사람들이다.

네잎클로버의 꽃말은 '행운'이다. 많은 이가 네잎클로버를 찾기 위해 수많은 세잎클로버들을 헤집고 다닌다. 세잎클로버의 꽃말이 무엇인지 아는가? 바로 '행복'이다. 우리는 발밑의 무수한 행복은 뒤로 한 채 행운만을 찾기 위해서 삶을 허비하는 것은 아닐까? 그것도 행운으로 행복을 구하려고 말이다.

행복은 먼 데 있지 않다. 바로 나의 가족, 친구, 직장 동료, 이웃, 동포, 나의 회사, 내가 소속한 조직에 있다. 당신을 불행하게 만드는 것은 생각이지 사건 자체가 아니다. 행복은 의식적인 선택으로 시작된다. 바로 머리를 잠시 식히고 한 번 힘껏 웃어 보자. 행복은 바로 불행이 없는 상태이다. 이 세상은 어느 누구도 일(work)과 관계를 떠나 혼자 살아갈 수 없다. 타인과의 소통을 통해 인간관계가 형성되고 그 인간관계(human relationship)가 살아가는 데 초석이 된다.

이처럼 첫째, 더불어 사는 삶(관계)에서 행복이 오고, 정서적으로 즐거운 감정이 행복이다. 부정적 정서보다 긍정적 정서를 더 많이 품고 있는 사람일수록 삶의 만족도가 높고, 행복한 삶을 더 많이 영위한다고 긍정심리학자들은 역설한다. 목적의식을 느끼려면 정한 목표가 자신에게 의미가 있어야 하고, 스스로에게 내리는 가치와 의미는 삶을 풍요롭게 하는 중요한 요소로써 행복한 삶을 이루는 데 핵심 요소이다. 이처럼 만족스럽고 행복한 삶을 살기 위해서는 즐거움을 추구하는 욕구와 의미를 추구하는 욕구 모두 충족되어야 한다. 그래서 둘째, 즐거운 삶 속에서 행복이 오고, 셋째, 의미 있는 삶 속에서 행복이 나온다.

우리는 누구나 일상생활에서 다양한 긍정적인 경험을 한다. 즐거움, 기쁨, 평안함, 친밀감과 같은 심리적 경험을 하면서 행복감을 갖게 된다.

쾌감 및 쾌락은 오감을 통해 직접 경험되는 순수한 쾌감에서부터 인지 과정이 개입되어 체험되는 복합적 쾌감에 이르는 다양한 긍정적 경험을 포함한다.

맛있는 음식이 주는 즐거움, 향수 냄새를 맡을 때 느끼는 즐거움, 재미 있는 영화(만화)가 주는 즐거움, 코미디가 주는 즐거움, 섹스가 주는 즐거움, 따스한 햇살이 주는 즐거움, TV 프로그램 <불후의 명곡>, <전국 노래자랑>, <복면가왕>, <미스트롯> 등에서 음악이 주는 즐거움 등은 우리를 감각적으로 즐겁게 해 주는 즐거움이다.

또한 우리는 살아가는 동안 의미 있고 가치 있는 일을 하고 나서 뿌듯함을 느낀다. 비록 그 일을 하는 동안 정신적·육체적으로 힘들지만, 마음만은 보람 있는 일을 했다는 자부심에 그 어느 때보다도 즐거운 상태가 된다. 즉, 의미 있는 일을 하면서 발견하는 즐거움이 행복의 세 번째 모습이다(행복교과서 2013).

우리나라의 수많은 직업 가운데 사명감이 가장 높은 직업이 소방관이라고 한다. 직업이 단순히 불 끄는 일이 아니라 한 삶의 생명을 구하는 일이라고 생각한다면 얼마나 뿌듯하고 힘이 나겠는가. 자신이 하는 일로 세상을 바꿀 수 있다고 믿는 병원 청소부는 자신의 일에서 의미를 느끼지 못하는 병원 의사보다 행복할 수 있다.

넷째, 몰입하는 삶 속에서 행복이 나온다. 칙센트 미하이(M. Csiksehtmihalyi)는 '어떤 활동에 고도로 집중하는 정신 상태'를 몰입이라고 한다. 즉, 무슨 일을 하는데 시간 가는 줄 모르는 것이 몰입이다.

사람들은 자신이 좋아하는 일에 몰두하다 보면 시간의 흐름을 잊는다. 일에 푹 빠져서 시간과 공간 그리고 자기 자신에 대한 생각마저 잊어버리게 되는 상태를 몰입이라고 한다. 그때 경험하는 즐거움이 바로 행복의 즐거움이다.

마지막으로 다섯째, 성취하는 삶이다. 자기 수준에서 스스로 목표를 세우고 스스로 원하고 좋아하는 것을 이루면 어떤 성취든 다 가치가 있고 당연히 행복하다. 그래서 아이가 행복을 맛볼 수 있으려면 성취의 경험이 필요하다. 성취 경험은 또 다른 성취를 만들어 내는 원동력이 된다는 점에서 매우 중요한 행복의 도구이다.

셀리그만이 긍정심리학을 처음 발표한 '진정한 행복 이론'에서는 긍정 정서, 의미, 몰입을 핵심 요소로 하고, 행복을 주제로 하며, 만족하는 삶을 목표라고 하였다. 하지만 셀리그만은 '진정한 행복 이론'이 완벽하지 않다고 고백하고 긍정심리학의 행복 이론의 핵심요소에 관계와 성취를 추가하였다. 그래서 최근 새로운 긍정심리학의 주제는 행복을 넘어 웰빙이라고 하고, 목표는 플로리시(번영, 번성; 행복의 만개)라고 하였다. 여기서 플로리시는 우리의 숨어 있는 잠재 능력과 감정을 발휘하여 활짝 꽃피우는 것을 뜻한다.

결국 앞의 다섯 가지 행복의 핵심 요소, 긍정 정서, 의미, 몰입, 관계, 성취가 충족될 때 우리는 플로리시한 삶, 즉 만족도를 지속시켜 '인간이 누릴 수 있는 최고의 삶'에 다가설 수 있다.

긍정심리학의 창시자 펜실베니아 대학교수 마틴 셀리그만(M. Seligman)은 "진정한 행복은 자신의 대표 감정을 찾고 일상에서 발휘하는 것이다"라고 역설하고 "대표 감정을 발휘하면 삶의 만족도가 자연스럽게 높아지고 그만큼 행복해지기 때문이다."라고 주장한다.

본인은 물론 부모님이나 교육자들은 태어날 때부터 하나님이 주신 행복추구권을 극대화할 수 있도록 함께 노력해야 한다. 왜냐하면 인간은 누구나 천재성을 가지고 태어난다. 다시 말하면 무한한 지성, 무한한 지혜, 무한한 힘, 무한한 사랑이란 유전인자를 지니고 이 세상에 태어난다. 이러한 귀중한 보물덩어리를 지니고 남자의 원리와 여자의 원리가 작용하여 3억 대 1이란 선의에 엄청난 경쟁력을 뚫고 정정당당하게 공정한 절차를 걸쳐 정의롭게 이 세상에 태어난 존재란 것을 깨우쳐 주고 함께 노력해서 숨어 있는 잠재력을 찾아내어 최선의 삶을 살아갈 때 인간이 행복해진다는 방법을 제시한 것이다.

하버드 대학에 '행복학 열풍'을 불러일으킨 탈벤-샤하르 교수는 "우리는 우리 자신에게 의미와 즐거움을 주면서 다른 사람들을 도울 수 있는 일을 할 때 가장 행복함을 느낀다"고 힘주어 강조한다. 그는 현재 하버드생의 약 20퍼센트인 1,400여 명의 맨토가 되어 치열한 경쟁과 스트레스에 갇혀있던 그들의 삶을 의미있게 변화시키고 있다.

'버트런드러셀'은 우리가 하는 일에 열정을 느끼고 우리 자신을 완전하고 훌륭하게 사용하는 일을 하고 있다고 느끼면 누구나 행복해질 수 있다고 한다.

20세기 최고 기업가인 찰스 슈워브도 열정이 있으면 무슨 일을 해도 성공할 수 있다고 한다. 자아존중감을 고양시키는 인간교육이 행복한 인간을 기르는 첩경임을 간파한 것이다.

심리학자들의 연구에 의하면 자존감이 높은 사람은 자신을 가치 있는 유능한 존재로 생각하며 인간관계에서의 만족도, 친밀감, 타인을 배려하는 능력을 갖게 되고 생산적 활동에 긍정적인 영향을 미쳐 행복을 증진하게 된다고 한다. 즉, 자기가 하는 일에 열정을 다하고 행복감에 젖어보라고 한다.

'헤럴드 휘트먼(Whitman)'은 "세상이 너에게 무엇을 요구하는지 묻지 말고, 먼저 무엇이 당신에게 활력을 주는지 물어보라. 그리고나서 그것을 하라 왜냐하면 세상은 활기차게 살아가는 사람들을 필요로 하기 때문이다.”라고 했다. 그러므로 우리가 해야 할 일은 가능하면 하루라도 빨리 내가 가장 좋아하는 것이 무엇이고, 내가 가장 잘하는 일이 무엇인가를 빨리 찾아내는 일이다. 그래서 부모님이나 선생님의 절실한 도움이 요청되는 것이다. 그리고 여기에는 그것을 바로 실천하라고 하는 교육적 의미가 담겨있다. 따라서 궁극적 가치의 풍부한 원천이 되는 행복 교육이 요구되는 것이다.

‘데이비드 마이어와 에드디너’는 더욱 행복해지는 방법을 이렇게 말한다. “좋은 환경을 마지못해 수동적으로 받아들이기보다 의미 있고 가치 있는 활동에 적극적으로 참여하고 목표를 향해 갈 때 한층 더 행복해진다”고 역설한다.

목표가 있는 삶은 하루하루가 즐겁다.

만약 우리가 목적지를 정하지 않고 여행을 떠난다면 여행 자체가 재미있을까요? 내가 지금 어디로 가고 있고, 내가 지금 어디로 가고 싶은지도 모르고 가고 있다면... 이 길로 가면 어떻게 될까? 이곳에서 오른쪽으로 돌아가면 무엇이 나오고 어디로 가게 될까? 맹수들이 나오면, 낭떠러지가 나오면 어떻게 될까? 이렇게 갈림길에서 주저하게 되고 걱정이 되면 그 여행은 참으로 재미가 없을 것이다. 그래서 목표를 향한 여행이어야 그 자체가 즐겁고 우리는 행복해진다. 우리가 무엇을 하든지 간에 반드시 목표를 설정해야 하고, 그 설정된 목표가 반드시 의미가 있어야 된다.

무엇을 위해 살 것인가? 어떻게 하면 더 행복할 수 있을까? 란 질문에서도 똑같은 원칙이 적용된다. 바로 의미가 있고 즐거움이 주는 목표는 현재에 우리가 충실할 수 있는 동기를 부여해 주기 때문이다.

의미 있는 목표를 설정하고 행동하면, 그 순간은 자유롭게 즐길 수 있다. 왜냐하면 이때 하는 일은 마지못해 수동적으로 따라간 것이 아니고 스스로 원하고 내적인 동기에 따라 움직이고 자신이 하는 일에 만족하고 있기 때문에 이때 감정은 바로 행동으로 이어지고 이때 감정은 우리를 움직이는 원동력의 원천이 된다. 이처럼 행복은 스스로 가치 있게 생각하는 목표를 추구하는 과정에서 얻을 수 있다.

다음은 하버드 대학교 경영대학교 비즈니스 스쿨 MBA 과정에 있는 재학생을 대상으로 1979년부터 1989년까지 10년간 연구추적조사로 밝혀진 목표설정에 관한 실제 사례다.

A그룹 3%는 뚜렷한 목표를 설정하고 구체적인 계획을 수립했고 B그룹 13%는 뚜렷한 목표는 있지만 구체적인 계획이 없었고 C그룹 84%는 뚜렷한 목표도 없고 그냥 삶을 즐기려고 하는 부류였다.

1979년 A, B, C 그룹 졸업 동문이 10년 후 1989년에 어떤 생활을 하고 있는가에 대한 연구 결과이다.

첫째 A그룹 3%는 B그룹과 C그룹을 합한 97%보다 무려 평균 10배의 수입을 올린 것으로 나타났고 둘째, 단순히 목표만 있었던 B그룹 13%는 목표가 없었던 C그룹 84%의 졸업생들보다 평균 2배의 수입을 올린 사실이 밝혀졌다.

3%의 「목표설정의 위력」은 예일대에서도 1953년부터 1973년까지 20년간 추적조사하여 연구한 결과에서도 똑같이 적용되는 양상이 나타났다.

1953년 예일대는 학생들을 대상으로 인생 목표를 조사하여 「타임캡슐」에 넣는 행사를 다음과 같이 실시했다.

첫 번째 당신은 인생의 구체적인 목표와 실천 계획을 글로 써 놓은 것이 있는가? 라는 질문에 졸업생 중 단지 3%만이 인생의 구체적인 목표와 계획을 글로 써 놓았다고 질문에 답했다고 한다.

두 번째 나머지 97%는 단지 생각만 했거나 목표도 실천 계획도 없는 상태였다.

세 번째 20년이 지난 후 1973년에 타임캡슐을 개봉해 졸업생들의 현재 상황을 추적조사해서 나온 결과는 3%의 재산 총합이 나머지 97%의 재산보다 더 많았다는 사실이다.

위의 하버드대와 예일대 사례처럼 반드시 목표를 설정하고 구체적인 계획을 하나하나 실천한다면 반드시 성공할 것이다.

목표는 앞에서 끄는 힘이 있고, 마감 시간은 긴장을 고조시키며 뒤에서 미는 힘이 있다. 다시 말해 목표를 잘게 나누면 그것은 계획이 된다. 그 계획을 철저히 실행에 옮기고 상상하면 꿈이 실현되고 성공과 행복은 함께 온다. 오늘부터 바로 실천하자. 실천이 답이다.

무엇이 행복을 결정하는가?

긍정 심리학의 대가들로 인정받고 있는 소냐류보머스키, 케논셸던 그리고 데이비드슈케이드의 연구에 따르면 행복의 정도는 크게 세 가지 요인에 의해 결정된다면서 다음과 같은 행복 공식을 제시했다.

$$H(행복) = S(유전적\ 요인) + C(환경적\ 요인) + V(본인의\ 노력)$$

행복은 개인의 유전적 요인(50%), 외부 환경적 요인(10%), 그리고 본인의 노력과 행동을 수반한 의지적 활동(40%)에 의해 결정된다는 것이다.

소냐류보머스키 등(2005)의 말에 의하면 첫째, 어느 정도는 행복을 느낄 수 있는 유전적 성향에 의해 결정된다. 하지만 각 개인은 타고난 유전적 요소를 통제할 힘이 없다.

둘째, 나를 행복하게 만드는 외부적 환경도 조금은 영향을 미친다. 그렇지만 영향을 미친다고 해도 아주 미미하다는 것이다.

셋째, 마지막으로 행복해지려는 본인의 노력과 행동이다. 이 의지적 활동은 훨씬 막강한 조절 능력을 갖추고 있다. 이 같은 본인의 노력과 행동은 계속해서 행복을 키워나갈 수 있는 가장 큰 원동력이 된다는 것이다.

대부분의 심리학자들은 유전적 요소가 완전하게 행복 수준을 결정짓는 것은 아니며 삶의 상황, 외부적 환경요인도 약간의 영향을 미치지만 절대적인 것은 아니라고 한다. 하지만 우리의 의지와 노력과 행동에 의해서 변화시킬 수 있는 양은 무한하다는 것이다. 결국 후천적으로 어떤 마음을 가지느냐에 따라 얼마든지 달라질 수 있다. "행복해지는 것은 우리 자신에게 달려 있다"고 일찍이 아리스토텔레스는 말하지 않았던가!

아이의 잠재력은 무궁무진하다. 본인의 노력과 행동, 부모와 교육자들의 노력이 함께 어우러져 행복 습관이 정착될 때 보다 더 행복해지는 것이다.

어떻게 하면 더 행복해질 수 있을까?

'무엇이 나를 더 행복하게 해줄 것인가?'에 대한 해답을 아래 물음에서 찾기 바란다. 이 세 가지 질문은 상호연관 관계를 맺고 있다. 이 질문에서 적극적으로 공통분모를 찾고 스스로에게 '무엇이 나의 소명인가?'를 찾는다면 더 행복해지는 법을 발견하고 기뻐할 것이다.

첫째, 나에게 의미 있는 일을 찾아라. 즉, 자기가 하는 일에서 자기와 일치하는 목표를 설정하고 자신에게 가치가 있고 의미 있는 다양한 목표를 향하여 스스로 적극적으로 추구하면 행복감이 증진된다.

둘째, 나에게 즐거움을 주는 일을 찾아라. 즉, 자신이 하는 일이나 자신의 직업을 좋아하고 만족하는 사람은 행복도가 높다. 이러한 사람들의 심리적 경험을 분석하여 나온 공통적 요소는 자기가 하는 일에 몰입하면서 행복감을 갖게 된다는 것이다.

일찍이 공자는 "지지자 불여호지자(知之者 不如好之者: 아는 자는 좋아하는 자만 못하고) 호지자 불여락지자(好之者 不如樂之者: 좋아하는 자는 즐기는 자만 못하다)"라고 하지 않았던가! 즉, 단순한 수동적 지식만 습득하고 암기에 그치는 것이 아니라 자기 주도적이고 능동적인 관심속에서 체득하는 것이 보다 더 값진 가치를 얻을 수 있다는 것을 의미한다.

셋째, 나의 강점이 무엇인가를 찾아라. 즉, 내가 잘 할 수 있는 일, 장점이 무엇인가를 하루라도 빨리 적극적으로 찾아내라. 왜냐하면 인생은 매우 짧다. 내 강점을 찾아낼 때 비로소 "진정한 내 모습"을 알 수 있다. 이렇게 찾아낸 나의 강점, 나의 장점이 바로 나의 정체성이다. 이런 감정들을 일상의 활동 속에서 날마다 발휘한다면 큰 만족감과 참된 행복을 찾아낼 수 있을 것이다. 내 강점을 활용할 때, 피곤하기는커녕 오히려 힘이 넘치고, 때로는 황홀경에 빠질 수도 있다.

내 강점이 실생활에 적용될 때, '진짜 나답다'라는 자신감이 생겨 처음 이 강점을 발견한 이후부터 급속하게 발전하기도 한다.

때로는 그 감정을 밑천 삼아 용기가 생겨 창업이나 개인사업을 하고 싶다는 강한 욕망이 솟구쳐 오르기도 한다.

존 듀이 이후 최고의 교육이론가로 손꼽히고 있는 하버드대학교 교육심리학과 교수, 다중이론의 창시자 하워드 가드는 셀리그만과 피터슨의 성격강점 발견을 '심리학 반세기 중 가장 위대한 업적'이라고 밝혔다. 경영의 아버지 피터 트러커 또한 극찬했다.

누구나 다 약점은 있다. 약점을 보완하려 하지 말고 자기 강점을 찾아 잘 할 수 있는 것에 집중하고 활용하는 것이 훨씬 더 생산적이고 경제적이다. 강점은 내 삶 속에 누구나 다 들어 있다.

강점 검사 전문기관이나 「구글」, 「네이버」, 「다음」에 문을 두드려 보시고 자기 강점을 찾아내기 바란다.

한국에 긍정심리학을 최초로 도입한 「한국긍정심리연구소」 홈페이지 (www.kppsi.com)에도 자세하게 소개되어 있다.

당신이 정말, 정말 하고 싶은 일은 무엇인가?

하버드 대학에서 철학과 심리학을 전공한, 탈벤-샤하르 교수는 종신 직 교수가 되기 위해 필요한 코스를 밟는 일이 녹록하지 않아서 행복전 도사를 자처하며 '행복하게 사는 법'을 가르치는 일에 전념하고 있다.

그는 "행복은 즐거움과 의미가 만난 곳에 있다"고 한다. 그러면서 "직 장과 가정에서 삶에 의미를 주면서 즐거움도 느낄 수 있도록 활동을 하 라"고 역설한다. 하버드 대학생 1,400명을 대상으로 전 세계인의 주목을 받으면서 열정을 다하고 강의하고 있다.

그런데 그가 대학을 졸업하고 어디로 가야 할지 고민하고 있을 때 하 버드 대학 철학교수인 오하드 카민은 아래와 같이 조언했다.

"인생은 짧다. 진로를 선택할 때 네가 할 수 있는 일이 무엇이 먼저인지 생각해 보라. 그중에서 하고 싶은 일들을 선택하라. 그리고 다시 그중에 서 정말 하고 싶은 일들로 선택의 폭을 좀 더 줄여라. 마지막으로 그중에 서 정말 정말 하고 싶은 일을 선택해서 그 일을 하라" 그러면서 오하드는 동심원 네 개를 그려서 보여 주었다. 가장 안쪽에 있는 원이 우리를 가장 행복하게 해주는 일이다. 바깥쪽의 원은 우리가 할 수 있는 일이다.

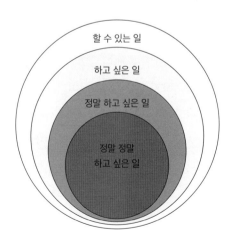

"가장 안쪽의 원은 우리가 가장 깊은 바람과 욕망을 뜻한다. 그러한 바람과 욕망을 추구하면 확신과 자신을 갖게 되고, 자신의 인생 이야기를 스스로 쓸 수 있게 되는 것이다. 물론 때로는 우리가 원하는 일만 하면서 살 수 없을 때도 있고 어쩔 수 없는 제약도 있다. 하지만 이 질문에 진지하게 대답함으로써 꿈을 실현하는 여행을 시작할 수 있다. 무엇보다 말은 현실을 강조하는 힘이 있기 때문이다."

[출처 : 위즈덤하우스 2007 해피어 137p-138p 탈벤샤하르]

인생은 태어나서 죽을 때까지 매번 선택하면서 살아간다. 미소를 지으면서 행복을 선택하면 행복해지는 것이고 불행을 선택하면 불행해지는 것이다. 그러면 어떤 방법으로 선택하면 좋을까?

왜 행복이 돈보다 더 상위개념인가?

돈과 행복의 상관관계 연구 가운데 행복경제학의 고전이라고 일컬어지는 것은 1974년에 미국 펜실베니아대학교 경제사학자 리처드 이스털린 교수가 주장한 '이스털린 역설 (Easterlin Paradox)'이다.

1946년부터 28년간 부유한 국가와 빈곤국가, 자본주의와 사회주의 국가 등 30개 국가의 행복도 연구에 따르면, 소득이 일정 수준을 넘어서면 행복도와 소득이 비례하지 않는다는 것이다. 다시 말하면 일정 기간 소득과 행복은 정비례하지만 일정 수준을 넘어서면 소득이 증가함에도 행복은 더 이상 증가하지 않는다는 의미이다. 예컨대 1960년 서독의 1인당 GNP는 나이지리아의 20배였는데 행복도는 오히려 조금 낮아졌다는 것이다.

'어떻게 이렇게 엄청난 부의 차이가 행복과는 관련이 없을까?'라는 것이 바로 이스털린의 역설의 한 사례이다. 이 학설이 뒷받침해 주는 것은 물질적 풍요만으로는 행복할 수 없다는 주장을 입증해 준 셈이 되는 것이다.

크린스턴 대학교 동료 교수 2002년도 노벨경제학상 수상자 대니얼 카너먼과 2015년도 노벨 경제학상 수상자 앵거스 디턴의 '돈과 행복의 상관관계 연구'에서도 같은 양상이 나타났다.

2008년부터 2009년까지 미국 전역 45만 명을 대상으로 행복지수와 경제지수 간의 상관관계를 연구한 결과 밝혀진 사실이다. 소득이 높아질수록 삶에 대한 만족도는 비례해서 높아진다. 하지만 연봉 7만 5천 달러(8,500만원)까지만 행복지수가 돈의 액수와 비례해서 높아진다는 것이다. 그 이상 소득은 사실상 행복에 영향을 주지 않는다는 것이다. 9천만 원, 1억 원, 2억 원처럼 수입이 더 많아진다고 해서 더 행복해지지는 않는다는 것이다.

결국 디턴, 카너먼 교수 주장은 "연구 결과는 어느 정도 안정적인 소득을 얻게 되면 그 후로는 행복이 돈 이외의 요소에 영향을 받을 확률이 높아진다"는 뜻이다.

돈과 행복의 상관관계

노벨 경제학상 수상자 대니얼 카너먼은 집중적인 연구를 통해 부와 행복 사이의 상관관계를 뒷받침할 만한 결정적인 근거는 나타나지 않는다고 결론을 내렸다.

다음은 <사이언스>지에 실린 카너먼의 연구 내용 중 일부이다.

"높은 수입이 행복감에 영향을 준다는 믿음이 널리 퍼져 있지만, 사실 그것은 거의 환상에 가깝다. 평균 이상의 수입이 보장된 사람들은 자신들의 삶에 비교적 만족하는 편이다. 그러나 단지 순간순간의 경험에 기뻐하는 것일 뿐 좀 더 강렬한 행복은 느끼지 못하며, 특별히 더 하고 싶은 일들에 많은 시간을 투자하지 못하는 것으로 밝혀졌다. 게다가 높은 수입이 사람의 행복에 주는 영향은 일시적이다.

우리는 사람들이 자기의 삶이나 다른 사람의 삶을 평가할 때 오래된 기준인 성공에만 관심을 가지기 때문에 수입이 행복에 주는 영향을 부풀려서 이야기한다고 결론지었다. 놀랍게도 사람들은 원했던 것보다 더 큰 부를 얻게 되면 오히려 우울해한다. 쳇바퀴 돌 듯 바쁘게 사는 사람들은 지금의 노력이 미래에 좋은 결과를 가져다주리라는 믿음을 가진다. 이 믿음이 힘든 시간을 견디게 해준다. 그런데 일단 목표를 달성하고 물질적인 부가 그를 완벽히 행복하게는 해주지 못한다는 사실을 깨달으면 그를 받쳐줄 버팀목이 사라지게 되는 것이다. 이들은 더 이상 추구할 것도, 행복한 미래로 자신을 인도할 것도 없다는 사실에 좌절하고 절망하게 된다.

무엇인가를 결정하거나 판단할 때 우리는 감정적인 것보다 물질적인 것을 기준으로 삼는다. 물질적인 것이 측정하고 평가하기가 좀 더 쉽기 때문이다. 우리는 측정 가능한 물질적인 부와 명예를 측정하기 어려운 감정과 목표보다 더 높이 평가하고 있다."

[출처 : 2010 하버드대 52주 행복연습(탈 벤-샤하르, 위즈덤하우스)

왜 물질주의(돈, 명예, 권력)가 행복보다 더 하위 개념인가?

부와 행복의 상관관계에 대한 노벨경제학상 수상자 및 세계 권위 있는 석학들의 장기간에 걸친 연구에 따르면, 돈은 기본적인 의식주를 해결

해 주고, 긍정적인 여유를 갖게 하고, 의미 있는 일과 즐거움을 줄 수 있는 기회와 자유를 제공한다.

이처럼 돈은 일정 기간 어느 정도 행복에 영향을 미치지만 그 영향은 매우 미미하다. 그렇지만 일정 기간을 넘으면 물질적인 부와 행복 사이에는 거의 상관관계를 찾을 수 있는 근거가 없다고 주장한다.

예컨대 지난 50년 동안 많은 나라의 국민이 더 부유해졌지만 행복 수준은 증가하지 않고 오히려 줄어들고 있다. 미국의 경우에서도 지난 50년간 국민의 평균 소득이 3배 이상 증가했는데도 불구하고 국민의 행복도에는 거의 변화가 나타나지 않았다. 국가 간 비교에서도 1인당 소득 수준에 비해 국민의 행복도가 증가하지 않았다는 사실이 밝혀졌다. 한국도 예외는 아니다. 경제 규모는 세계 10위권에 도달했지만 행복도는 OECD 꼴찌 수준이다.

물론 돈은 매우 중요하다. 돈으로 할 수 있는 유용한 일들이 너무 많기 때문에 사람들은 돈이 많으면 행복해질 것이라고 생각한다. 과연 그럴까? 절대적으로 그렇지 않다는 것이 세계 석학들의 일반적인 견해다. 돈은 행복의 필요조건이지 행복의 충분조건은 아니다.

돈이란 것은 어느 정도의 수입에는 상당히 행복하지만 그 이후에는 특별한 감흥도 행복도 나타나지 않았다. 로또에 당첨이 돼도, 고급주택으로 이사를 해도, 고급 승용차를 구입해도, 명품 가방, 명품 옷을 사고, 고가의 가전제품을 구입해도 행복은 생각보다 그리 오래가지 않았다. 행복은 아주 잠시 내 마음에 머물러 있다가 예고도 없이 순식간에 떠나버리곤 했다.

물질적인 부에 대한 가치만을 중요하게 생각하고 돈에 매달려 살면 오히려 행복에 방해가 된다. 자연히 사회적 관계가 끊어지고 가족관계도 소원해지고 인간관계도, 친구도 멀어지고 한정된 시간에 쫓겨 살면서 행복의 주요 원천인 중요한 요소들을 챙길 여유도 없이 하루하루 바쁜 삶으로 이어진다.

명예, 지위, 권력, 성공에서도 돈처럼 같은 현상들이 나타난다. 명문대학에 입학해도 기쁨은 잠시이고, 대기업에 입사해도, 사법고시에 합격해도, 올림픽에서 금메달을 목에 걸어도 하버드대학에서 정년을 보장받고 종신교수로 재직해도, 대통령에 당선되고, 국회의원 뱃지를 달아도, 백만장자 억만장자가 돼도, 인기가수 인기배우로서 국민들로부터 존경과 사랑을 한 몸에 받아도 그 기쁨은 오래 머물지 않고 금방 사라진다. 왜냐하면 돈, 권력, 인기, 명성을 위한 목표는 희소성 때문에 다른 사람과 늘 경쟁해야하며 시기심과 질투심을 유발시키기 때문이다.

돈을 쏟아 붓고 악전고투 끝에 선거에서 승리하거나 낙선해도 사랑하는 연인과 알콩달콩하다가 이별을 해도 그렇게 바라던 승진을 하거나 못해도 우리가 생각하는 것보다 행복에 미치는 것은 순간이고 슬픔도 오래 가지 않는다는 것이다.

좋은 일이 생기면 우리는 잠시 축복 속에 머물다가 다시 평상심으로 돌아온다. 교통사고, 홍수, 지진, 천재지변, 암 등 예기치 못한 안 좋은 일이 일어나도 눈물을 흘리고 슬퍼하다가 다시 기운을 차리고 원래 생활로 다시 복귀한다. 그렇게 바라던 대학에 가면 또 취업을 해야 하고 그렇게 바라던 곳에 취업을 하면 원하는 자리에 승진을 해야 하고 멈출 줄 모르는 인간의 본능적인 욕구는 계속되고 행복이 항상 저 강 건너로 도망가는 느낌은 어쩔 수 없다. 행복에 도달하지 못하는 일상은 끊임없이 쫓기는 삶으로 이어진다.

그럼 어떻게 사는 사람이 가장 행복한가?

첫째로, 항상 자기가 가진 것에 만족할 줄 알고 마음속 깊이 감사하며 둘째로, 행복은 스스로 가치 있게 생각하는 목표를 설정하고 목표를 추구하는 과정에서 나온다. 남과 비교하지 말고 시기하지도 말며 셋째로, 남과 더불어 관계하는 사람들과 다각도로 좋은 관계를 유지하고 넷째로, 의미 있고 즐거운 일을 찾고 자기가 제일 잘할 수 있는 일을 찾아서 미래를 담보하지 말고 현재 자기가 하는 일에 몰입해서 열정을 다하고 최선을 다하며 사는 사람이 가장 행복한 사람이다.

마지막으로 매일 행복의 씨앗을 뿌리고 매일 행복을 가꾸는 삶을 사는 것이다. 왜냐하면 행복의 씨앗도 생각과 감정에서 나오고 행복의 열매, 말과 행동도 모두 생각과 감정의 상호작용에서 나오기 때문이다. 말한마디가 천 냥 빚을 갚는다고 하지 않았던가! 끊임없이 생각하고 또 생각하고 무엇보다도 그 생각을 실천하는 사람만이 행복해질 수 있다. 생각이 바뀌면 행동이 바뀌고 행동이 바뀌면 습관이 바뀐다. 습관이 바뀌면 인격이 바뀌고, 인격이 바뀌면 운명이 바뀐다. 운명이 바뀌면 행복과 성공은 자연스럽게 따라온다. 그 실천의 도구는 바로 감사다.

유대인은 3800년 동안 매사를 감사하면서 살아온 민족으로써 모든 면에서 세상을 바꿔 놓았다. 성경에서도 범사에 감사하라고 하지 않았던가!

가만히 생각해보면 이 세상에 감사하지 않은 것이 없다. 필자는 지금까지 하루도 빠짐없이 14년 동안 매일 다섯 가지 감사를 쓰고 있다.

그렇게 행복할 수 없다. 사실 나는 감사를 쓰고 감사를 알고 나면서부터 진정한 행복을 알게 된 것이다.

아인슈타인도, 슈바이처도, 타고르도 평생을 감사하면서 하루하루 살았던 사람들이다. 내가 만나는 사람 한 분 한 분, 내가 접하는 물건, 나와 가까이하는 사물, 내가 바라보는 자연, 늘 나와 함께하는 환경, 심지어 모든 사건까지도 모두 감사하다. 이제야 성경에 나오는 '범사에 감사하라'라는 뜻이 조금 이해가 된다. 더할 나위 없이 감사하다.

본 연구자는 감사 나눔 운동을 시작하는 첫해, 지금부터 14년 전에 '감사합니다. 감사합니다. 감사합니다'를 하루에 100개씩 노트에 1년을 꼬박 썼다. 매일 100개씩 '감사합니다'를 쓰고나면 마음이 그렇게 편안할 수가 없다. 명상, 기도 이상으로 마음이 차분해지고 힐링되는 기분이다. 아마도 알파파에서 세타파로 진입하는 것이 아닌가 생각된다.

세계에서 가장 위대한 과학자 아인슈타인도 자신의 삶이 다른 이의 노고에 의존하고 있다는 사실을 스스로 일깨우기 위해 자신이 받은 만큼 돌려주기 위하여 하루에 100번씩 '감사합니다'라고 했다고 한다. 성인으로 추앙받는 슈바이처 박사 또한 '인생의 성공 비밀은 감사이다'라고 했다. 또한 아시아 최초의 노벨문학상 수상자이자 세계적인 시인 타고르는 '감사의 분량이 행복의 분량이다'라고 하지 않았던가!

이외에도 성공한 사람들의 인생을 추적 분석한 후에 한 학자가 내린 결론은 그들의 인생은 성공 이야기가 아니라 '감사 이야기'라는 것이다. 우리는 종종 우리의 삶을 너무나 당연한 것으로 여기고 있다. 우리가 가깝게 접하고 있는 사람, 자연, 환경, 음식, 사물... 우리 인생의 의미 있고 좋은 것들을 사유하고 기회가 있을 때마다 감사를 표현하자. 글로 표현해도 되고, 말과 행동으로 표현해도 된다. 감사하는 마음 자체가 진정한 의미와 즐거움의 원천이 될 수 있기 때문이다.

감사가 행복에 어떻게 영향을 미치는가?

인간의 행동은 대부분 다른 사람들과의 관계, 즉 대인관계에서 비롯된다. 관계가 원만할수록 행복지수는 올라간다. 예컨대 삶 속에서 가장 어려운 것 중의 하나가 사람들과 좋은 관계를 만들어가고 그 관계를 잘 유지해 나가는 일이다. 더욱이 갈등과 어려움 속에서도 좋은 관계를 유지하는 것은 더 힘든 과제다. 중요한 것은 누구에게나 대립은 있을 수 있다. 이러한 인간관계를 돈독하게 해 주고 세상만사 관계의 문제를 풀어주는 열쇠가 바로 감사다.

생각과 감정의 상호작용에서 나오는 감사는 반드시 대상이나 대상물이 존재하고 반드시 이유가 있고 반드시 해석이 따른다. 더불어 말과 행동으로 표현되는 감사는 자기가 하는 일을 판단하고 분석하고 종합적으로 사고하게 되어 창의력은 물론 잠재력 개발에도 도움을 주며 인간의 궁극적 가치인 행복에도 많은 영향을 미친다.

우리가 표현하는 감사에는 사랑의 감정이 들어있고, 칭찬, 인정, 격려가 스며있고 친절, 배려, 나눔, 겸손이 깃들어 있다. 따라서 감사하면 행복해진다. 왜냐하면 '감사하다'는 마음을 먹으면 뇌가 긍정적으로 변해 세로토닌이란 행복 물질과 도파민이 분비된다.

좋은 관계를 갖고 사회적 유대관계가 좋으면 행복하다. 바로 감사가 관계를 좋게 만들어 준다. 행복이라는 것이 사람이 만나기 위해서 생겨난 감정이어서 더욱 그렇다.

우리 주변에는 감사할 일들이 너무 많다. 사람을 만날 때 그 사람으로부터 받은 느낌, 그리고 만남이 가져다준 기쁨 등을 기록한다. 이외에도 기분 좋은 일, 의미 있고 보람된 일, 만족스러운 일, 행복한 일 등의 감사한 일을 생각하면서 매일 밤 잠들기 전에 적는다. 이와같이 매일 운동을 하면 근육이 생기는 것처럼 하루도 빠짐없이 매일 다섯 가지 감사 쓰기로 행복을 연습하면 마음의 긍정심리 근육이 생긴다. 이 세상에 행동을 수반하지 않은 행복은 없다. 감사는 바로 행동과학이다. 왜냐하면 감사는 바로 말과 행동으로 표현되기 때문이다. 실천 없는 행복은 없다. 오늘부터 바로 실천합시다. 감사합니다.

매일 일상에 좋은 일을 찾아내고 감사하는 습관은 우리를 긍정적으로 이끌고 무한한 잠재력을 이끌어낸다.

하루에 다섯가지 감사일기 쓰는 방법

"심리학자 로버트 에먼스와 마이클 맥컬로프는 자신의 연구에 참가한 사람들에게 크던 작던 간에 그들이 감사하게 생각한 일을 하루에 적어도 5가지씩 쓰게 했다. 이 연구를 통해 하루에 1~2분 정도 투자해서 감사를 표현하는 것이 한 사람의 일생에 지대한 영향을 끼친다는 사실을 밝혀냈다.

"감사하는 마음을 표현하지 않는 보통 사람들과 비교해 볼 때 감사를 표현하는 사람들은 전반적으로 자신의 삶을 긍정적으로 수용했을 뿐만 아니라 행복한 사람과 긍정적인 감정을 좀 더 높은 수준으로 끌어올렸다. 감사를 표현하는 사람은 그렇지 않은 사람보다 더 큰 행복을 느끼고 결단력 있게 행동할 줄 알았으며, 활력이 넘치고 더욱 긍정적인 모습을 보였다. 또한 친절하고 다른 사람에게 기꺼이 도움이 되고자 하는 태도를 보였다. 무엇보다 그들은 잠을 더 잘 자고 운동을 많이 했으며 육체적 질병도 거의 발생하지 않았다."(탈벤샤하르 2010) 날마다 감사하는 습관은 행복한 삶을 향한 첫걸음이다.

어떤 이는 장미를 보고 왜 줄기에 가시가 있느냐고 불평하지만, 어떤 이는 가시가 있는 줄기에서 장미가 피는 것을 감사한다. 행복해지려면 감사에 눈을 떠야 한다. 내가 살아 있다는 사실에 감사하고 사랑하는 가족이 있음에 감사하고 직장생활을 통해 작은 일에도 보람을 찾게 되면 행복하고 감사한 인생이 되는 것이다.

* 감사일기, 5감사 쓰는 방법

큰 것보다 작은 것에 감사하십시오.

미래보다 현재에 감사하십시오.

가장 가까운 사람에 감사하십시오.

감사로 눈을 뜨고 잠자리에 들 때 감사하십시오.

날마다 반복되는 소소한 일상에 감사하십시오.

무슨 일이든 당연하게 생각하지 말고 의식적으로 감사하십시오.

입술에서 감사 찬양이 떠나지 않게 하십시오.

다른 사람에게 먼저 감사하십시오.

하루에 100번 이상 감사하십시오.

평생감사를 가훈으로 삼으십시오.

-365일 날마다 감사 중-

내가 가진 것, 우리가 함께 누리고 있는 것을 감사한다. 살아 있다는 것이 얼마나 감사한 일인가, 모든 것은 마음먹기 나름이다. 자족할 줄 안다면 행복은 분명 내 것이다.

평범한 것에 감사한다. 인간은 평범한 것을 너무 당연하게 생각하고 특별한 것이 주어졌을 때에만 감사한다. 평범한 것이 얼마나 감사한 일인가는 그것을 잃었을 때야 비로소 깨닫는다.

아래 적은 5감사는 인하대학교 컴퓨터공학과 3학년 김나연 학생이 병원에 입원한 어머니에게 적은 감사의 글이다.

❶ 아직 살아계셔서 제 옆에 계셔주심에 감사합니다.

❷ 저와 눈을 마주쳐주셔서 감사합니다.

❸ 엄마가 집에 없기 때문에 혼자 집안일을 하기에 집안일을 빨리 배워 감사합니다.

❹ 엄마가 병원에 계셔서 아버지와 더 가까워질 수 있어서 감사합니다.

❺ 건강하실 때 보험을 들어놓으셔서 재정적인 어려움 없이 병원에 입원 치료 받으셔서 감사합니다.

❹에서 엄마가 병원에 입원했는데 왜 감사하지? 평소에 아버지와 가까이할 시간이 없었는데 엄마가 병원에 계시기 때문에 아버지와 더 가까워질 수 있기에... 이렇게 스토리가 있고 감사에 대한 이유가 있고 감사에 대한 해석이 따른다.

❸에서 엄마가 집에 안 계시고 병원에 계시는데도 불구하고 왜 감사하지?, 일을 찾아 스스로 혼자 집안일을 하기 때문에 집안일을 빨리 배울 수 있어 감사하다. 상기 예)에서 볼 수 있는 것처럼 왜 감사한지 이유가 있게 되고 대상이 따른다. 이때 대상은 사람이 될 수도 있고, 감사를 느낀 상황이나 사건, 또는 사물, 자연환경도 될 수 있다. 그리고 반드시 해석이 따르게 된다. 감사는 깨달음이고 긍정적인 마인드다.

프레드릭슨 교수는 감사 습관이 몸에 붙으면 "감사의 힘이 마치 방탄복을 입은 것 같은 효과를 준다고 말한다. 감사의 힘은 스트레스와 분노의 파괴적 위협으로부터 우리를 지켜주며, 우리를 깎아내리려는 사람들로부터도 보호해준다." 감사의 힘(2011)

다음은 서울에 있는 초등학교 6학년 학생이 적은 부모님에 대한 다섯 가지 감사다.

❶ 매일 아침마다 아침 일찍 일어나셔서 따뜻한 아침밥을 차려주시고 학교까지 데려다 주셔서 엄마 감사합니다.

❷ 시험 성적이 좋지 않아도 화내지 않으시고 다음번에 더 잘하라고 해 주셔서 아빠 감사합니다.

❸ 귀찮아서 구석에 쌓아둔 빨래 찾아가며 세탁해 주시는 엄마 감사합니다.

❹ 떼쓰고 짜증내면서 철없이 원하는 걸 말해도 이해해 주셔서 아빠 감사합니다.

❺ 상을 받으면 그 누구보다 더 기뻐해주시고 맛있는 식사를 하게 해주셔서 엄마 감사합니다. 바른 인성을 지니라고 가르쳐 주시고 예의 바른 사람으로 자라라고 말씀해 주셔서 아빠 감사합니다.

다음은 인하대학교 사회교육과 전영 교수 5감사다.

❶ 김문선 팀장님, 바쁜 시간을 쪼개서 장시간 취재하느라고 수고 많았습니다. 감사합니다.

❷ '감사의 힘은 어디에서 오는가'란 행복학 강의를 마치고 5감사 쓰기 실습을 할 수 있어 감사합니다.

❸ 한 여학생이 본인이 쓴 5감을 읽다가 울음을 터뜨렸습니다. 아마도 어머니에 대한 사랑의 눈물이었던 것 같습니다. 감사교육의 효과가 나타났습니다. 감사합니다.

❹ 수업을 마치고 학생들과 함께 식사를 하면서 대화를 나눌 수 있어 감사합니다.

❺ 사회학과 행복학 강의에 대한 토론 수업을 짜임새 있게 하기 위해 심도 있게 구상할 수 있어 감사합니다.

다음은 포스택대학교 김용민 총장 5감사다.

❶ 저를 낳고 기르고 교육시켜준 대한민국과 국민 또 선생님들께 감사합니다.

❷ 꿈을 심어주고 응원해 주신 부모님께 감사합니다.

❸ 지난 36년 동안 저와 한 걸음 한 걸음 동반한 아내에게 감사합니다.

❹ 인내와 겸손을 배우게 한 아이들과 학생들에게 감사합니다.

❺ 오늘도 교육과 연구의 수월성을 향하여 노력하는 POSTECH 구성원들께 감사합니다.

다음은 서울대학교 융합기술대학원 손욱 초빙교수 5감사다.

❶ 박 박사의 제안으로 융합기술연구원장과 점심을 먹으며 회의를 했다. 시간도 절약하고 부드러운 분위기로 문제가 풀려 감사합니다.

❷ 집사람이 가래떡을 사다 구워놓았다. 어릴 적 화롯불에 구워 먹던 생각이 나서 즐거웠다. 감사합니다.

❸ TV를 새로 설치했더니 오늘 해피콜이 왔다. 믿을 수 없는 세상 만들어 가는 노력에 감사합니다.

❹ 허대리가 학생 시험지 정리하다 뒷면에 써놓은 글을 발견했다. 학생의 소중한 글을 놓칠 뻔했다. 감사합니다.

❺ 우연히 펼친 잡지에 필요한 자료가 눈에 들어왔다. 자료 준비에 큰 도움이 되었다. 감사합니다.

다음은 김옥자 할머니(만100세, 전 평양서정리국민학교 교사, 평양사범학교 1회 졸업생) 다섯 가지 감사일기 입니다.

❶ 오늘은 비가 옵니다. 주님, 집에서 편히 지낼 수 있도록 지켜주셔서 감사합니다.

❷ 오랜만에 누워서 기지개를 켜고 손 발 떨기 운동을 할 수 있어 감사합니다.

❸ 미스터 트롯 음악을 듣고 즐거운 노래를 부를 수 있어 감사합니다.

❹ 어제는 딸과 함께 맛있는 점심을 먹고 무등산에 벚꽃구경을 할 수 있어 감사합니다.

❺ 저녁에 팥을 삶아서 팥죽을 끓여 맛있게 먹을 수 있어 감사합니다.

행복은 내가 만드는 것이다.

본 연구자는 '행복은 그냥 오는 것이 아니라 내가 만드는 것이다'라는 가설을 세우고 '행복은 무엇인가? 행복은 어디에서 오는가? 어떻게 하면 더 행복해질 수 있을까?'란 질문에 대답하고자 긍정심리학자들을 비롯하여 세계 석학들의 보편적이고 일반적인 견해를 탐색하고, 특히 행복인식이 물질 인식보다 왜! 더 상위 개념인지도 심도 있게 고찰했다.

또한 행복은 사람들이 즐겁고 의미 있는 시간을 보내면서 만족하고 지속적으로 정서적으로 마음이 편안한 상태라는 사실도 살펴보았다. 그리고 행복은 더불어 사는 삶(관계)에서 나오고 즐거운 삶, 의미 있는 삶, 몰입하는 삶, 성취하는 삶에서 행복이 비롯된다는 사실도 고찰했다.

더불어 살아가는데 더 행복해질 수 있는 방안도 세계 석학들의 견해를 종합적으로 분석하여 알기 쉽게 제시했다.

첫째로, 항상 자기가 가진 것에 만족할 줄 알고 마음속 깊이 범사에 감사한다.

둘째로, 스스로 가치 있게 생각하는 목표를 설정하고 목표를 추구한다. 또한 남과 절대로 비교하지 말고 시기하지도 말며 남과 더불어 관계하는 사람들과 항상 다각도로 좋은 관계를 유지한다.

셋째로, 인생은 짧다. 하루라도 빨리 의미 있고 즐거운 일을 찾고, 자기가 제일 잘할 수 있는 일을 찾아서 현재 자기가 하는 일에 몰입해서 열정을 다하고 최선을 다한다.

마지막으로 결국 감사하면서 사는 사람이 가장 행복한 사람이고, 이것을 가장 지혜롭게 효과적으로 실천할 수 있는 도구도 바로 감사다.

본 연구자는 몸소 14년 동안 하루도 배지 않고 다섯 가지 감사일기를 쓰면서 심도 있게 감히 설파했다.

뿐만 아니라 행복의 씨앗, 행복의 열매, 감사도 모두 생각과 감정의 상호작용에서 나오고 우리가 말하는 언어와 행동도 모두 생각과 감정의 상호작용에서 나온다는 사실도 심도 있게 간파했다.

존경하는 선생님 여러분 그야말로 정신없이 달려왔습니다. 감사합니다. 모든 것이 미천한 필자가 더 행복해질 수 있는 방안을, 인간의 궁극적인 가치인 행복을 추구하는데 도움이 될 수 있는 방안을 세계 권위 있는 학자들의 의견을 토대로 나름대로 정리했습니다. 아무쪼록 삶의 질을 높이는데 조금이라도 도움이 된다면 감사하겠습니다.

끝까지 읽어주셔서 감사합니다. 항상 건강하시고 하시는 일마다 하나님의 은총이 가득하시길 기원드립니다. 행복하세요.(Be happy)

지난 40년간 세계에서 가장 존경받는 경영자 1위에 오른 "경영의 신 GE 회장 잭 웰치"의 과감한 경영혁신과 구조조정, 벽이 없는 사람중심 열린 조직문화 구축과 속도경영, 6-Sigma 품질경영, 등을 전사적으로 실행하여 GE를 세계에서 순이익 1위 기업, 시장가치 1위 기업으로 성장의 기적을 이루어 낸 잭 웰치의 첨단 경영기법과 전략을 삼성, LG, 현대, 포스코는 물론 한국의 유수한 기업들에게 전수하는 데 GE- Korea 강석진 회장의 역할과 기여는 지대하다.

현대그룹 정주영 회장과 함께 현대 자동차 첨단소재산업
GE-엔지니어링 플라스틱 공장 한국 설립, 현대 조선 선진화를 위한 GE-현대중공업
합작 중전기 회사 설립(강석진 회장 중추 역할)

GE 잭웰치 회장, 프레스코 부회장, 정세영 현대그룹 회장, 강석진 회장.
현대 자동차 국제 시장 진출을 위한 전략 회의

삼성그룹 이병철 회장, GE 잭 웰치 회장 첨단의료기기 합작 회사 설립 운영
GE 제트엔진 비행기 첨단 기술 한국에 최초 제공 결정

카자흐스탄의 천산 칸탱 그린봉 아래 해발 5000미터
빙하에 스케치, 강석진 화가

251

교육대토론 비정상의 정상화
– EBS 수업을 바꾸자 2014.03.07

2009년 이스라엘에서 교육 개혁 방법 모색을 위해 하브루타 연구중에 만난 랍비사무엘
우리 교육의 비정상의 정상화를 위해 점검해 보는 수업의 혁신 방향

하브루타를 적용한 가정의 밥상머리 교육 워크숍
– KBS 뉴스9, 2012.12.25

서울대학교의과대학을 입학하며 외과전공의를 마칠 때까지
10년동안 의대오케스트라에서 단원으로 프렌치 호른을 연주하였다

서울대학교 의과대학 외과 교수로 재직 시
외과 전공의들과 함께

한국유방건강재단을 설립하여 달리기 행사를 하는 장면

유방암환우분들과 히말라야 체르코리 5000미터 등반
KBS 영상산에 함께 하여 방영하기도 하였다. 고산증을 이기고 불가능이 없다는 의지를 보여줌

저자 김성숙

광주교대 교수시절
세계비교교육학회(CESA) 국제발표자들과
함께(인도네시아)

내 행복의 원동력인 어머니(100세)와 함께
– 여수 엑스포

주말이면 야외로 나가 그림을 그리며 심신을 재충전

전국여교수연합회 제18대 회장 당시, 2017.9.8.
국회에서 대학의 여성교수 임용확대를 위한 교육공무원법 개정 공청회를 좌장으로서 진행
– 법안으로 상정되어 임용률 향상.

2022년 월드킴와(국제결혼한인여성협회) 국제대회에서
'코리안 디아스포라와 이주여성 공동체'에 관한 기조강연

2019년 베트남 국가행정학원과의 베트남 사회통합정책 공동연구를 위한
국제워크숍에서 기조강연 '다양성과 사회통합'을 주제로 강연하는 모습

2018년 다문화교육 국제학술대회 조직위원장으로서 학술대회
주제 '초국적 이민, 문화다양성, 교육에 관한 인사말 모습

멕시코 최고문화도시 쟈카데카
고이티아 뮤지움 이원형 개인전 2016. 3.18-7.28

구아달라하라 대학교 들뢰르 강의

탕산 드 롱 전세계조각가국제조각심포지움초대
캐나다대표 이원형 조각가 2019. 5.11-5.27

TV토크쇼 2017.9.15
캐나다 대표 세계적 조각가 이원형 특별 인터뷰

2013.7.9 국회정기 교육부장관 특별정책과제 세미나
– 조선일보 2013.7.23

고려대 연세대 잠재능력개발 및
영어교육방법론 저자 전영 특강

2014. 2. 21 여가부 조윤선 장관 초청특강
감사나눔을 통한 행복교육실천방안

257

별첨 #1

GE와 함께한 28년의 소중한 시간과 최고의 경험

---세계 최초의 GE 세계화 경영의 성공모델을 한국에 구축하고 한국 산업의 선진화에 중요한 역할을 하였다.

1968년에 뉴욕의 미국투자금융회사 부사장 직을 맡아 아시아지역 투자 프로젝트 추진을 직접책임 졌던 필자는 1973년에 GE에 영입되어 GE의 한국사업 현지 경영의 책임을 맡았다.

4년 후인 1977년, 당시 30대 중반에 GE의 아시아 지역 사업개발과 경영전략담당 간부직을 맡게 되어 GE의 경영전략 임원회의에 참석하게 되었다. 필자는 당시 GE의 경영자들이 아시아를 단순한 해외 시장으로만 인식하고 제품 수출에 주력을 두었던 기존의 GE 해외접근 방식을 바꾸어, 아시아 국가들과 GE의 선진산업기술과 자본투자를 바탕으로 장기적인 동반성장을 추구하는 전략적인 협력관계를 구축해야 한다는 새로운 아시아 진출전략을 GE 경영자들에게 처음으로 제안하였다. 그러나 70년대 후반 당시에는 "세계화 경영"의 개념과 용어가 경제계에 존재하지 않았기 때문에 필자가 처음으로 제안하였던 GE의 새로운 아시아 진출 전략의 핵심과 장기적인 성과의 중요성을 회의에 참석하였던 GE의 임원들은 이해를 하지 못하였기에 동의를 하지 않았다. 그러나 필자는 그 당시 처음으로 제안하였던 새로운 세계화 경영전략을 논리적으로 보완하여 계속되는 경영전략 회의에서 다시 제안을 하였고 GE의 경영자들을 설득하였다.

필자가 새롭게 제안한 GE의 아시아 진출 전략에 대해, 당시 GE 최고

경영자였던 레지날드 존스 회장은 최초로 동의를 하면서 새로운 아시아 진출 전략을 GE에서 처음으로 실행하기 위해서는 실제 성공사례가 필요함으로 이를 제안한 Jean Kang이 GE- Korea 경영의 총책임을 지고 한국에 먼저 GE의 성공사례를 만들어야 한다고 제안을 하였다.

존스 회장의 이러한 제안과 결정에 따라 필자는 1979년부터 GE의 한국사업 경영을 책임지고 총괄하게 되었으며 사명감을 가지고 GE와 한국 경제계와의 전략적인 협력관계를 구축하기 위해 할 수 있는 GE의 모든 역량을 총동원하며 최선을 다하였다.

본인이 1979년 한국의 GE경영을 책임진 2년 후 1981년 신년 경영회의에서 레지널드 존스 회장은 자신의 GE은퇴 결정을 발표하면서 잭 웰치 당시 부회장이 후임자로 선정되었음을 소개하였다.

그날 첫 경영회의 중 휴식시간에 존스 회장은 갑자기 필자를 후임자인 잭 웰치에게 직접 데리고 가서 "Jack, This is a Crazy Korean. Why don't you talk to each others." 라고 소개를 하면서 나와 잭 웰치가 세계화 경영전략에 대한 의견을 함께 나누며 토론을 하도록 기회를 만들어 주고 본인은 자리를 비켜주었다.

잭 웰치는 나와 처음 만난 즉석에서 당시 내가 추진하고 있었던 삼성과의 첨단의료기기 합작 투자회사 설립 프로젝트를 왜 추진하려고 하느냐의 질문으로부터 시작해 난상 토론에 들어갔다. 당시 잭 웰치의 주변에서 두 사람의 신기한 토론을 지켜보던 GE의 고위 임원들은 젊은 Korean

이 차기 회장에게 거침없이 설명하는 장면을 흥미롭게 보고 있었다. 그의 칼날 같은 핵심 질문에 대한 나의 자신 있는 설명과 토론을 통해 잭 웰치는 내가 추진 중이었던 삼성과의 합작투자 프로젝트의 중요함을 이해 하였으며 삼성과의 의료기기 합작투자사업 추진을 즉석에서 승인해 주었다. 이것이 나와 잭 웰치 회장의 첫 만남이었으며 GE 한국 투자사업의 첫 출발이었다.

존스 회장이 왜 자신의 후임자로 선정된 잭 웰치에게 나를 'Crazy Korean'이라고 소개를 했을까 궁금했었다. 그 후에 생각해보니 존스 회장의 생각에 강석진(Jean Kang)은 1978년에 자신이 처음 GE에 제안하였던 세계화 경영의 개념에 동의를 하지 않았던 GE의 경영자들을 몇 차례 회의를 통해 끝까지 설득하여 추진하고 있으며, 차기 회장인 잭 웰치 또한 상사들의 눈치를 보지 않고 자신의 소신대로 GE의 첨단 소재산업인 엔지니어링 플라스틱 사업부를 경영하여 세계 최고의 첨단 소재산업으로 발전시킨 'Crazy American' 이므로 Crazy Korean과 Crazy American이 함께 세계화 경영에 대한 의견을 교환하고 협력해 보라는 취지였던 것 같았다.

그날 첫 만남에서 필자는 잭 웰치 신임회장 선임자에게 아시아를 방문해 본적이 있느냐고 물었으며 그는 일본만 몇 차례 방문하였다고 했다. 그의 답변을 들은 필자는 다음 GE회장은 경제가 빠르게 성장하게 될 아시아와 한국을 반드시 매년 방문해야 한다고 제안 하였으며 그는 나의 제안을 즉석에서 동의를 하였다. 그 후 20년간 GE회장 재임 기간 중 그는 아시아와 한국을 매년 방문하였으며 필자가 추진하였던 GE의 한국과 아시아 지역 세계화경영을 적극적으로 지원하였다.

필자는 GE의 세계 최첨단 다양한 산업분야의 산업기술을 바탕으로 하여 한국의 대표적인 기업들과 기술제휴와 합작투자를 하는 프로젝트를 추진하면서 상호 협력관계를 구축하였다. 특히 한국의 산업 선진화에 필요로 하는 GE의 첨단산업 분야의 선진기술들을 한국의 대표적인 기업들과의 기술제휴 협력 프로그램을 통해 적극적으로 한국에 제공하였다.

필자가 한국의 산업선진화를 위해 GE에서 첨단 산업기술들을 한국에 제공하면서 성공적으로 추진한 핵심 프로젝트의 실제 사례들은 다음과 같다.

1. GE의 첨단발전설비 생산기술을 제공하여 한국에 최초로 발전설비 산업을 구축하였다. (한국중공업---오늘의 두산중공업의 탄생) ---한국이 발전설비 수입국에서 수출국으로 성장 발전하였음.

2. 한국의 의료 산업 선진화를 위해 GE와 삼성이 선진 의료기기를 생산하는 GE-삼성 합작회사를 설립 운영하였다. (GE와 삼성 이병철 회장의 최초 공동 프로젝트였음)

3. 세계최초로 전투기용 GE의 제트엔진 제조기술을 한국에 제공하게 하여 삼성테크윈(오늘의 한화테크윈)이 탄생하였다. ---오늘의 한국 방위산업이 초음속 제트전투기를 생산 수출하는 국가로 발전한 기반이 되었음. ---이는 GE와 미국방성이 첨단 제트전투기 엔진 제조기술을 외부 국가에 제공한 첫 사례이며 유일한 마지막 사례였음. 고 이병철 회장이 생전에 필자와 함께 추진한 마지막 사업이었음.

4. 산업용 최첨단소재(Engineering Plastics)를 생산하는 공장을 한국에 건립하였다. (100% GE의 기술과 자본투자) ---한국의 자동차 산업과 중공업 선진화에 핵심 역할을 하게 됨.

5. 태양광발전의 핵심소재인 폴리실리콘(Poly-Silicone)을 한국에서 생산할수 있도록 GE의 세계 최첨단 실리콘 기술을 한국에 최초로 제공하여 동양제철화학(OCI)과 합작투자회사를 설립 운영하였다.

6. 현대중공업과 한국의 조선산업 선진화를 위한 첨단 산업용 모터를 생산하기 위해 GE의 첨단 기술을 기반으로 GE와 현대중공업과 공동 합작투자회사를 설립 운영하였다.

7. 1980년대에 한국의 정보통신산업 선진화에 핵심역할을 하였다. 위성통신 네트워크를 통한 국제간의 원격정보처리 방식을 최초로 한국에 소개하였으며 한국에 GE정보통신 합작회사를 설립 운영하였음

8. 1980 년대에 한국 최초 통신위성 무궁화 1호와 제2 통신위성 무궁화 2호를 GE에서 생산하여 미국 항공우주국(NASA)에서 발사하였으며 우주 궤도에 안착시켜 운영 중이다.

9. 포항제철의 제철공정 최첨단 선진화와 자동화를 위해 GE에서 설계하여 제작한 최첨단 자동화 시설인 Drive System을 포철의 모든 제철공정에 설치하였으며 그 결과 포철은 세계 최고의 제철산업으로 발전하였다.

10. LG전자와 삼성전자의 한국 공장에서 당시 세계최고의 GE Brand 가전 제품을 OEM 방식으로 생산하여 미국으로 수출하도록 하였다.

11. GE와 대우전자가 공동으로 선진 가전제품용 모터생산 합작투자회 사를 설립하여 운영하도록 하였다.

12. 다양한 분야의 선진 금융산업 (비은행분야)을 한국에 도입하기 위해 GE Capital 에서 한국에 직접투자와 합작투자를 통해 다양한 분야 의 금융사업을 운영하였다. (사례: GE Capital-Korea, GE-신도 리스금융 합 작회사, GE와 현대자동차 합작회사 (Hyundai Capital Corp). 등

13. 한국의 제2 항공회사인 아시아나 항공 설립이 가능하도록 GE에서 핵심적인 역할을 하였다. (아시아나 항공의 설립 시 필요한 모든 항공기를 GE Capital이 보잉 항공사에서 직접 구입하여 아시아나 항공에 장기 리스를 하였 음. 이로 인해 아시아나 항공이 제한된 자본금으로 한국 제2 항공사를 설립하여 운영 할 수가 있었음.)

14. 한국의 산업계와 경영계에 당시 세계에서 가장 존경 받는 기업이었 던 GE의 첨단 선진경영기법들을 적극적으로 전수하였다. 대표적인 사례로서, 기업의 상하간 부서간에 벽이 없는 열린 토론과 소통을 통한 창조적인 열린조직문화를 구축하는 GE의 워크아웃 타운미팅 기법과 기업의 모든 제품과 서비스의 품질뿐만 아니라 경영시스템 전제의 조직운영 품질 불량률 0%를 목표로 하는 GE의 6-Sigma품 질경영 시스템을 삼성, LG, 현대. 포항제철, 한국중공업, 대우 등,

한국의 주요 협력 기업들 뿐만 아니라 한국의 산업계와 경영학계에 적극적으로 전수하는데 최선을 다하였다.

* 세계화 개념의 경영을 세계에서 최초로 한국에서 실행

이처럼 다양한 산업분야에서 GE는 한국의 대표적인 기업들과 전략적인 제휴를 통해 장기적인 협력을 적극적으로 추진하였으며 한국에서의 성공 사례를 모델로 하여 세계진출을 추진하였다. 미국의 경제계와 학계에서는 80년대 중반부터 "세계화 경영"이라는 새로운 경영용어가 탄생하여 미국뿐만 아니라 선진국들의 세계적인 기업경영에서 가장 중요한 핵심과제가 되었다. 세계화 개념의 경영을 세계에서 최초로 실행을 결정한 것이 필자와 레지널드 존스 전 GE 회장이였으며, 이를 GE전체에서 추진을 하도록 적극적으로 경영을 리드하신 분이 잭 웰치 회장이었다.

세계화 경영전략계획을 성공적으로 추진하기 위해서 나는 당시 한국에서 추진하였던 여러 분야의 GE사업 프로젝트들에 대해 모든 열정을 쏟으며 집중을 했으며 잭 웰치 회장은 이를 적극적으로 지원하였다. 그 결과 GE는 한국의 대표적인 기업들, 삼성그룹, LG그룹, 현대그룹, 대우그룹, 한국전력, 한국중공업, 포항제철, 동양제철화학, 아시아나항공, 대한항공 등, 다양한 산업분야의 기업들과 합작투자, 기술제휴협력 등 전략적인 제휴와 동반자 관계를 구축해 왔으며 한국산업의 선진화와 세계화에 적극적인 역할을 하였다.

GE에서 세계화 경영을 한국에서 처음 시작한 후 10년이 지난 1988년에 GE의 신년 경영회의에서 잭 웰치 GE회장은 그 동안 필자가 GE한국에서 추진해온 세계화 경영의 실제 사례를 GE 전체의 세계화 경영 추진의 모델로 선정하였다. 그리고 GE의 모든 사업들이 한국GE의 모델과 같은 방식으로 세계에 진출하면서 세계화 경영을 추진하도록 제안하였다.

* GE와 함께한28년 동안 한국의 첨단산업 구축과 산업선진화에 기여한 핵심적인 중요 프로젝트의 구체적인 추진사례

1) GE의 세계 최첨단 발전설비 생산기술을 한국에 도입하여 한국의 발전설비 산업을 구축하였으며 한국의 수출산업으로 발전하였다.

1970년대와 80년대 초반까지 한국전력의 발전설비는 대부분 미국의 GE에서 공급을 하였다. 당시 한국정부는 민간기업인 현대양행을 국유화하여 한국중공업을 출범시켰으며 발전설비 산업을 기획하였다. 필자는 한국중공업과 한국전력 경영자들과의 심도 있는 논의를 통해 한국중공업을 한국의 발전설비 생산기업으로 만들기 위해서는 당시 세계최고의 발전설비 생산 기업인 GE의 첨단 발전설비 기술지원이 반드시 필요하다고 합의를 하였다. 또한 필자는 GE의 잭 웰치 회장과 발전설비사업부 경영자들을 설득하였으며 GE의 세계최첨단 발전설비 생산기술을 한국중공업에 제공하게 되었다. 이를 성공적으로 추진하기 위해 필자와 GE의 전문가들은 많은 시간과 노력을 통해 GE의 첨단 산업기술을 한국중공업에 지원하였다. 그 결과 한국중공업은 발전설비를 창원공장에서 생산하

여 한국전력에 공급하게 되었으며 이를 기반으로 한국은 발전설비의 세계시장 수출 국가로 발전하였다. 추후에 한국중공업은 민영화되어 두산중공업으로 명칭이 바뀌었다.

2) 삼성그룹 이병철회장과 상호신뢰를 바탕으로 GE와 삼성은 전략적인 제휴와 기술협력사업을 통해 동반성장을 추진하였다.

한국의 의료산업 선진화를 위한 이병철 회장의 간곡한 요청으로 GE와 삼성은 1981년에 한국최초로 첨단의료기기를 생산하는 한미합작회사인 GE삼성의료기회사를 설립하였다.

이를 계기로 한국의 의료산업은 발전하였으며 이러한 양사간의 상호신뢰를 기반으로 GE와 삼성은 가전산업 분야와 항공기 제트엔진 사업 등 다양한 분야의 협력 사업을 추진하였다. 이병철 회장이 처음으로 미국을 방문 하였을 때 첫 방문지가 GE의 본사였으며 잭 웰치 회장과의 경영회의가 끝난 후 필자와 함께 미국 루이스빌에 있는 GE의 세계적인 명품 가전제품 생산공장을 직접 방문하였다.

이병철 회장의 생전에 마지막으로 추진한 사업으로 GE의 최첨단 제트엔진 기술을 한국에 도입, 한국 최첨단 방위산업인 제트엔진 제조기업 "삼성테크윈" 탄생 --필자는 GE와 미국방성을 설득하여 미국 역사상 최초로 공군전투기의 제트엔진 제조기술을 한국에 제공하였으며 이로 인하여 한국이 아시아 최초 제트엔진 생산국가로 부상하게 되었다. --이를 기반으로 한국이 아시아 최초이며 유일한 초음속 전투기 생산 수출국가로 발전하게 된다.

* 그럼, 한국공군 제트 전투가는 어떻게 생산되고, 수출까지 하게 되었는가?

1980년대 중반에 국가 안보를 튼튼히 하려는 목적으로 전두환 정부에서는 방위산업의 역량 강화과제를 추진했다. 이에 전두환 대통령은 정부 사업을 수행하는 대기업들에게 방위산업에도 의무적으로 참여할 것을 권고하는 가운데 삼성그룹의 이병철 회장을 청와대로 초청하여 공군 전투기의 제트엔진 국산화 사업을 삼성이 추진하도록 직접 요청하였다.

당시 전두환 대통령의 거듭되는 요청으로 이병철 회장은 전투기의 제트엔진 제조 방위산업에 진출을 하기 위해 조사를 해보니 모든 한국공군 제트전투기는 미국에서 수입한 것이었으며 미공군 제트전투기는 100% GE의 제트엔진을 사용하고 있었다.

삼성의 이병철 회장은 극비리에 GE코리아 대표인 필자와 만나 GE의 제트엔진 제조기술을 도입할 수 있게 해 달라고 간곡히 요청했다. 이에 필자는 곧 바로 미국으로 가서 GE 제트엔진사업부 경영자를 직접 만나 한국에 제트엔진 기술을 지원하는 문제에 대해 의논을 하였다. 그러나 그는 즉석에서 "GE는 회사의 기본원칙에 따라 단 한번도 제트엔진 기술을 외부에 이전 한적이 없으며 특히 전투기에 사용하는 제트엔진의 기술은 미국방성의 철저한 보안규정에 의해 절대 해외로 이전 할 수가 없습니다." 라고 설명을 했다.

그렇다고 포기할 수가 없었다. 필자는 자신도 모르게 한국의 국방과 첨단 방위산업을 위한 애국심이 발동하여 회사의 기본원칙에도 불구하고 GE 최고경영자와 미국방성을 설득하는 방법을 찾기 위해 GE의 제트엔진 사업의 역사를 조사했다. 그 동안 대외에 공개되지 않았던 자료들을 조사 연구한 결과, GE의 제트엔진을 장착한 최초로 생산된 미공군 제트 전투기를 미군과 유엔군은 1950년의 6.25 한국전에 참전시켰으며 북한 군과 소련군의 침공에서 한국을 지켜준 핵심 역할을 했다는 놀라운 사실 을 발견하게 되었다.

1950년 한국전에서 북한이 남침을 하였을 때, 소련제 탱크와 전투기 와 무기로 무장한 북한군에 의해 2개월 이내에 경상남도와 경북 일부를 제외한 남한 전체가 공산군에 의해 점령되었으며 한반도 전체가 공산군 에 의해 완전히 점령되기 직전에 GE에서 세계 최초로 개발한 제트엔진을 장착한 미공군의 제트전투기가 시험비행을 성공적으로 끝낸 후 한국전 쟁에 처음으로 배치가 되었다. 그러자 소련군의 프로펠라 전투기보다 속 도가 몇 배나 빠른 미공군의 제트 전투기는 순식간에 공중전을 완벽하게 장악하였으며, 지상전도 제트전투기에 의해 장악하게 되어 위기에 처한 북한군은 즉시 후퇴를 시작했다. 이에 유엔군 사령관 맥아더 장군은 인천 상륙 작전을 통해 서울을 탈환하여 유엔군은 북한군의 후퇴 길목을 막았 으며 순식간에 평양을 점령하고 압록강까지 진격을 하였다. 그 결과 6,25 북침 전쟁은 유엔군의 승리로 종전이 되었던 놀라운 역사였다. 필자는 이 러한 놀라운 한국전쟁의 사실을 처음으로 알게 되었으며 GE의 제트엔진 과 미공군 제트전투기가 한국의 자유민주주의를 지켜준 역사적인 사실 을 알게 된 것이다.

최초의 GE 제트엔진을 장착한 미공군 전투기가 한국의 자유민주주의 국가를 지켜준 것이다. 제트 전투기 참여로 한국의 6.25 전쟁을 유엔군의 승리로 이끈 미 공군은 이 때부터 제트전투기를 공군의 주력 전투기로 사용하였다. 그 후 민간 항공사 여객기들도 제트엔진으로 대체되었다. 결국 한국 전쟁의 승리가 GE의 제트엔진 사업을 세계 최고의 사업으로 성장하게 한 출발점이 된 것이다.

이러한 역사적 사실을 발견한 필자는 GE의 제트엔진기술을 최초로 한국의 삼성에 제공하여 GE제트엔진과 미공군 제트전투기의 역사적 기념 사업을 한국에 만드는 것은 뜻 깊은 일이라고 논리를 정리하여 잭 웰치 회장을 직접 설득하였다.

그러자 잭 웰치 회장은 필자의 설명과 제안에 즉시 동의를 하면서 본인이 직접 GE제트엔진사업부와 미국방성을 설득하여 동의를 얻었다.

필자는 바로 이 사실을 이병철 회장에게 알렸으며 필자로부터 이 소식을 접한 이병철 회장은 감격스런 목소리로 필자에게 감사를 하셨다. 그 결과 GE는 한국 공군의 제트엔진 국산화에만 사용하고 외부에는 절대로 기술을 유출하지 않는다는 조건으로 삼성항공(추후 삼성테크윈)에 제트엔진 기술을 제공하였다.

이렇게 하여 한국에서 제트엔진을 제작하는 삼성테크윈이 탄생하였으며 이것은 한국의 첨단방위산업의 역사적인 출발이었다. GE의 제트엔진 기술 이전 초기에는 5년간 GE 전문 기술자들이 창원의 삼성테크윈 공장에 상주하면서 제트엔진 제조기술을 한국에 이전하였다. 이후 이를 바탕으로 한국형전투기를 생산하는 한국우주항공산업이 출발하였으며 한국은 아시아에서 유일하게 초음파 제트전투기를 생산 수출하는 국가로 발전하였다.

한평생을 국가 경제발전과 산업선진화를 위해 공헌 하신 이병철 회장께서 1987년에 고령으로 세상을 떠나시기 전에 생전에 대한민국의 방위산업 선진화를 위해 남기신 마지막 업적인 것이다. 필자가 삼성의 이병철 회장과 함께 추진하였던 가장 보람 있는 사업이었다.

* GE의 과감한 구조조정과 경영혁신 방식을 적극적으로 실행한 삼성그룹의 이건희 제2대 회장

매년 GE잭 웰치 회장의 방한시 삼성그룹의 이병철 회장과의 오찬 회의에는 삼성 그룹사의 핵심 사장들과 함께 이건희 당시 부회장도 반드시 참석을 하였으며 잭 웰치 회장의 과감한 구조조정과 경영혁신 전략을 가장 확실하게 이해를 하였다.

선친 이병철 회장의 타계 후 그룹 회장직을 승계 받은 이건희 회장은 잭 웰치 방식의 과감한 구조조정과 경영혁신 전략을 누구 보다도 적극적으로 실행하였다. 그는 회장 취임 후 삼성그룹 사장단의 독일 프랑크푸르트 신경영 회의에서 "처와 자식을 빼고는 다 바꾸어라" 고 하면서 삼성그룹의 과감한 구조조정과 경영혁신을 강조하였던 것은 이건희 회장의 경영 이념에 대한 유명한 이야기이다.

90년대 중반에 필자가 적극적으로 한국의 주요기업들에게 실행을 추천하였던 GE의 6-Sigma 품질경영 프로그램을 이건희 회장은 삼성전자와 삼성SDI등 그룹의 핵심 기업들이 이를 적극적으로 실행을 하도록 직접 지시를 하였던 것이다. 이로 인해 삼성의 6-Sigma 품질경영의 적극적인 실행은 오늘날 삼성전자가 세계 최고 품질의 제품과 반도체를 생산하는 기업이 될 수 있는 중요한 바탕이 된 것으로 사료된다.

3) LG그룹 경영자와 상호 존중하며 다양한 협력관계 구축

LG그룹의 구자경 회장, 구본무 회장은 대를 이으면서 GE의 잭 웰치 회장과 필자와 상호 신뢰하며 존경하는 관계를 지속하였다. 상호 신뢰를 기반으로 80년대와 90년대에 세계 최고의 명품 GE브랜드 가전제품을 LG의 국내공장에서 생산하여 미국과 해외로 수출하였다. 특히 필자가 2001년도에 GE를 은퇴 할때 구본무 회장의 간곡한 요청으로 필자는 LG전자 이사회의 사외이사 역할을 6년간 하면서 GE에서 직접 실행하였던 첨단 선진경영 기법과 경험을 LG전자와 LG그룹경영자들에게 직접 전수해 주었다. 특히 필자는 LG전자의 세계화 경영의 성공을 위해 LG전자에서 남미와 인도, 러시아 등 세계 주요 국가에 직접 투자한 사업들의 경영 현지화에 핵심지도 역할을 하였다. 또한 LG전자 세계화 경영의 성공을 위해 LG전자는 필자의 제안에 따라 주기적인 이사회를 LG전자가 해외에 투자한 여러 국가의 사업현장에서 실행을 하는 특별한 관례를 정착시켰다.

4) 현대그룹 정주영 회장과의 특별한 협력사업

잭 웰치회장이 매년 10월에 한국을 방문하면 현대그룹 정주영 회장과 함께 회의를 하였으며 경영의 귀재인 두 분의 토론 주제는 미래 경영에 대한 너무나도 앞서가는 새로운 아이디어 들이었다. 함께 참석했던 현대그룹 사장들 중에는 회의가 끝난 후에 필자에게 두 회장이 토론한 주제의 핵심 내용에 대한 문의를 하기도 했다. 당시 회의에서 정주영 현대그룹 회장의 요청으로 필자는 잭 웰치 회장의 동의와 함께 현대자동차의 선진화와 세계시장 진출을 위해 현대자동차의 자체생산에 반드시 필요한 철강을 대신하는 최첨단소재인 엔지니어링 플라스틱을 한국에서 생산하는 사업을 추진하기 위해 GE가 한국에 100% 외자를 투자하여 충주에 생산 공장을 건설하였다, 그 결과 현대 자동차는 세계적인 선진 자동차산업으로 도약 발전하였으며, GE의 최첨단 소재산업은 현대 자동차 뿐만 아니라 다양한 분야의 한국 산업의 제품 선진화에 핵심적인 기여를 하였다.

또한 현대자동차의 세계시장 진출의 기반 역할을 할 수 있도록 국제 금융리스산업을 설립 운영할 것을 당시 현대자동차 경영자에게 필자가 제안을 하였다. 필자의 제안을 받아들여 GE Capital과 현대자동차는 합작투자회사 현대케피탈을 설립하였다. 금융산업의 경험이 전혀 없었던 현대 자동차와 합작사업이었기 때문에 설립 초기에는 GE Capital의 금융 분야 전문가들이 현대케피털의 운영을 직접 책임을 졌으며 현대자동차의 세계시장 진출에 중요한 역할을 하였다. 한국의 경제개발 초기에 처음으로 출발한 당시의 현대 자동차가 오늘날 세계의 자동차 산업의 중심위치에 있게 된 데는 GE와의 협력이 중요한 역할을 하였다.

5) 포항제철의 제철공장 선진화에 핵심역할을 한 GE의 첨단생산기술
경제개발 5개년계획을 적극적으로 추진 하였던 박정희 대통령은 일본의 한국강점의 보상금으로 한국 최초의 제철회사 포항제철(POSCO)을 설립하였으며 모든 경영권을 박태준 회장에게 일임하였다. 박태준 회장은 일본의 신일본제철로부터 기술지원을 받아 포항에 POSCO 제철공장을 건립하였다. 초기에 POSCO의 제철공정은 용광로에서부터 철강제품 생산까지 수동형 재래식 생산 공정이었다.

필자가 경영에 참여하고 있었던 미국의 대표적인 기업GE는 다양한 분야의 첨단산업에서 세계의 선도적 기술을 유지하고 있었으며, 특히 철강산업의 공정을 자동화하는 GE Drive System은 세계 최첨단 기술이었다. 필자는 박태준 회장의 요청으로 포항종합제철의 모든 철강생산 공정에 GE의 Drive System을 설치하여 생산과정을 완전 자동화 하였으며, GE의 첨단 기술과 함께 포항제철은 일본의 철강산업을 추월하여 세계 최첨단 철강산업으로 발전하였다.

필자는 박태준 회장과 함께 여러 차례 포항의 포스코공장 현장을 방문하였고 포스코의 영빈관에 함께 체류를 했으며 박회장의 서대문 사저에도 수차 초대 받는 등 상호 확고한 신뢰관계를 유지하였다. 포스코가 광양에 제2의 제철공장을 건립할 때는 처음부터 GE의 Drive System을 설치하여 최첨단 제철산업단지가 형성되었다. 필자는 품질불량을 0%로 극소화를 목표로 하는 GE의 6-Sigma 품질경영 방식을 포항제철에 도입 실행하도록 적극적으로 자문을 하였다.

* 한국의 정보통신사업 전신화에 GE가 핵심역할을 하다

80년대 당시 오명 정보통신부장관이 주도하여 한국의 정보통신 산업의 전진화를 구축하는데 필자는 중요한 핵심 자문 역할을 하였다. 한국 최초의 통신위성 <무궁화 1호>와 <무궁화 2호>는 GE에서 생산하였으며, 미국의 우주항공국(NASA)에서 발사하여 위성궤도에 안착시켰다.

한국이 유선 전화선으로 통신을 하였던 80년대 초기의 한국통신 후진시대에 GE는 자체에서 생산한 통신위성을 통해 세계를 연결하는 통신위

성 네트워크를 직접 운영하고 있었으며 미국과 유럽 일본 등 통신 선진국들 간에는 국경을 넘어 컴퓨터의 원격정보처리를 가능하게 하였다.

필자는 GE의 세계적인 위성통신 네트워크를 한국의 통신 전문가들에게 인식시키면서 국경을 넘은 컴퓨터들간의 상호 원격정보처리 선진기술을 한국의 컴퓨터 전문가들에게도 알리기 위해 당시 KIST(한국과학기술연구소)의 컴퓨터 실장 성기수 박사와 뜻을 같이하여 한국 최초로 GE와 KIST가 공동으로 국제전화통신 연결을 통해 한국의KIST 컴퓨터와 미국의 GE컴퓨터가 국제간의 원격정보처리를 할 수 있는 특별 실험행사를 한국의 전국 컴퓨터 전문가들이 참석하여 직접 관람 하도록 KIST의 대강당에서 성공적으로 실행하였다. 이것이 한국의 정보통신 선진화의 출발계기가 되었으며, 전두환 대통령의 결단으로 오명 청와대 과학기술 수석비서관이 정보통신부(당시 체신부)의 장관으로 임명되어 세계최초로 광케이블 전국 설치와 함께 한국의 정보통신 선진화를 실행하였다. 필자는 오명 정보통신부 장관의 자문역할을 하면서 한국 최초로 설립된 정보통신기업 한국데이터통신사(DACOM)의 경영고문 역할도 하였다.

6) 한국의 항공산업 발전에 기여한 GE의 핵심 역할 (아시아나 항공의 탄생과 GE의 역할)

한국정부에서 제2의 항공회사 설립을 위해 정부는 호남지역의 대표적인 기업인 금호그룹을 지정하여 항공사 설립인가를 하였다. 그 해 10월에 한국을 방문한 잭 웰치 회장과 필자는 금호그룹의 박성용 회장과 오찬회의를 하였다. 박성용 회장은 미국의 버클리대 박사로서 예일대학의 교수였으며 금호그룹 설립자인 부친의 타계로 귀국하여 회장직을 맡게 되었던 것이다. 박성용 회장은 오찬 회의에서 금호그룹이 정부로부터 한국 제2의 항공회사를 설립 할 수 있는 특혜로 특별인가를 받았으나 항공사 설립을 위한 항공여객기 1대의 구매 금액이 금호그룹이 소유한 수십 대 고속버스 전체 금액보다 더 큰 금액이 필요하므로 한국의 제2항공사를 설립하는 것이 현실적으로 불가능하다고 잭 웰치와 필자에게 설명을 하였다. 필자는 잭 웰치 회장에게 GE의 금융사업인 GE Capital에서 아시아나 항공사의 설립 출발에 필요로 하는 여객기 전체를 미국의 보잉 항공사로부터 직접 구입하여 금호 아시아나에 장기 대여하는 리스계약을 체결하는 방안을 제시하였다. 잭 웰치는 필자의 제안을 듣고 "Good Idea"라고 답변하면서 그날 저녁 미국의 GE Capital과 직접 논의를 하였으며 GE Capital에서 여객기를 구입하여 아시아나 항공에 장기간 리스를 하기로 결정을 하였다. 이것이 아시아나 항공의 탄생이 가능하게 된 역사이다. 아시아나 항공의 처음 출발 시 모든 여객기는 GE Capital이 구입하여 장기 리스계약을 한 항공기였다.

　이를 계기로 필자는 금호그룹의 최고 경영자와 가장 신뢰하는 관계를 유지했었다.

7) GE의 세계 최첨단 실리콘 소재를 한국에서 생산하는 합작투자회사를 동양제철화학(OCI)과 공동으로 설립하였다. (추후에 태양광발전의 핵심 소제 폴리실리콘 생산기업으로 발전함)

　필자는 GE의 잭 웰치 회장을 설득하여 GE의 세계 최첨단 소재인 실리콘을 한국에서 생산하는 합작투자회사를 동양제철화학과 공동으로 설립하였다. 이것이 오늘날 한국이 태양광 발전의 기초소재인 폴리실리콘을 생산할 수 있는 기술을 보유한 세계 3위의 폴리실리콘 생산국가가 될 수 있게 된 것이다.

당시 세계에서 가장 존경 받는 기업이었던 GE의 선진경영 기법을 한국의 경영계와 산업계, 학계에 전달하는 역할을 적극적으로 추진하였다.

필자가 GE와 함께 했던 28년동안 존스 회장의 후임자 잭 웰치 GE 회장은 20년간 (1981-2001) GE를 경영하면서 필자와 약속한 대로 매년 10월에 한국을 방문하였으며 필자와 함께 한국의 대통령과 한국 경제계를 대표하는 기업들의 최고 경영자들과 직접 만나 상호협력과 동반성장을 위한 깊이 있는 토론과 함께 회의를 하였다. 그 결과 GE는 한국의 다양한 산업계와 협력을 하면서 첨단산업 분야의 GE기술을 바탕으로 합작투자와 직접투자회사를 설립 운영하였으며, 한국 산업의 선진화에 필요로 하는 다양한 산업분야의 첨단 선진 산업기술들을 한국에 제공하였다.

또한 필자는 당시 세계에서 가장 존경 받는 기업이었던 GE의 선진경영 기법을 한국의 경영계와 산업계에 전달하는 역할을 적극적으로 추진하였다. 비관료적인 벽이 없는 열린 조직문화를 구축하는 Work-Out Town Meeting을 한국의 경영계에 전달 확산하였으며, 제품의 생산과 기업경영에서 품질의 불량을 제로수준으로 하는 GE의 6-Sigma 품질경영기법을 삼성, LG, 포항제철, 한국중공업 등 대표적인 기업들과 산업 전 분야에 전달하였다. 또한 이를 산업 전분야에 확산하기 위해 필자는 한국의 대표적인 경영단체인 한국능률협회에 "품질경영 위원회"를 구성하여 위원장 책임을 맡고 한국의 많은 기업들이 6-Sigma 품질경영을 실행하도록 하였다.

6-Sigma 품질경영은 오늘날 한국의 산업이 세계최고 품질의 제품을 생산하는 국가로 발전하는데 중요한 역할을 하였으며 경영의 품질 불량이 초래하는 엄청난 경영의 손실을 극소화 하는데 핵심적인 역할을 하였다.

또한 필자는 GE 한국의 다양한 분야 사업경영을 위한 바쁜 일정 가운데에도 많은 시간을 투자하여 서울대와 서강대, 이화여대, 고려대, 연세대 등에서 미래의 리더를 꿈꾸는 젊은이들을 위해 각 대학의 대학원 초빙교수 및 겸임교수로서 강의를 하였다.

잭 웰치 회장은 필자가 GE의 선진경영 기법을 한국의 산업계와 기업들과 학계에 전달하기 위하여 많은 시간과 노력을 투자하는 것을 적극적으로 동의하며 지원을 하였다.

필자가 추진한 GE의 한국 사업은 GE 전체의 세계화 경영의 대표적인 성공 모델이 되었으며, 한국 정부에서는 GE의 한국진출과 협력사례를 한국이 가장 필요로 하는 선진국 기업들과의 협력사례로 인정을 하였다.

필자가 GE와 함께한 28년은 GE의 세계화경영 성공모델 구축과 함께 한국의 산업발전과 선진화를 위해 필자가 모든 열정을 쏟으며 최선을 다해온 가장 소중한 시간이었다고 생각한다.

대한전선에서 전자제품 수출을 총 책임지게 된 특별한 경험

---한국 최초의 자체개발 전자제품의 수출을 통해 대한전선은 한국의 전자산업 수출 1위 기업으로 발전하여 수출의 날 대통령 표창을 받게 되었다.

---가장 큰 고객이었던 GE로부터 필자는 아시아지역 현지경영의 책임을 맡아달라는 제안을 받게 되었으며, 이것이 GE와 함께한 28년의 출발이 되었다.

미국 투자금융회사의 부사장으로서 적극적으로 열정을 쏟으며 추진했던 반도체사업 한국투자 프로젝트를 더 이상 추진 할 수가 없게 되어 새로운 미래성장산업 분야의 한국투자 사업 프로젝트를 개발하기 위해 필자는 뉴욕의 본사로 돌아가야 했다.

뉴욕으로 떠나기 전에 반도체사업 프로젝트의 한국 파트너로 참여하기로 결정 하였던 당시 한국의 제1위 전선회사이며 제2위 가전회사였던 대한전선의 설립자 설경동 회장에게 아쉬운 작별의 인사를 하기 위해 명동에 있는 그의 사무실을 방문했었다.

그때 설경동 회장께서는 나에게 전혀 예기치 않았던 특별한 제안을 하셨다.

설경동 회장은 내가 미국으로 돌아가는 대신에 대한전선의 전자제품 수출을 직접 책임을 져 달라고 즉석에서 제안하였다. 나는 수출은 자신이 있는 분야 이지만 전자산업은 경험이 없는 분야라고 정중히 사양을 했었다. 그러나 설경동 회장은 대한전선에는 전자분야의 전문가들이 많으며 그들이 모두 나를 도와 줄 것이라고 했다. 그는 전자제품 수출 활성화는 한국정부의 수출 촉진정책으로 인해 대한전선이 직면한 가장 시급히 해결 해야 할 과제인데 당신을 만나면서 이 문제를 가장 잘 해결할 사람이라고 생각을 했다고 설명하면서 대한전선의 전자제품 수출을 책임져 달라고 나에게 간곡히 제안하였다.

수출이라면 경험과 자신이 있었던 나는 전혀 새로운 미래산업 분야인 전자산업의 수출에 대해서도 한번 도전해 볼 수 있다는 생각을 했다.

그날 저녁 국제 전화를 통해 미국 투자금융회사의 스코우론 회장에게 이러한 사실을 이야기 했더니 놀랍게도 그는 설경동 회장의 제안에 적극적으로 동의를 했다. "진 강, 당신이 한국 전자산업 제2의 기업에서 세계 수출시장 개척을 직접 책임지고 추진하며 경험을 해볼 수 있다는 것은 대단히 중요한 기회입니다. 앞으로 아시아지역 투자사업 프로젝트를 추진하기 위해서는 미래 성장산업인 전자산업 분야에서 현장경험을 직접하고 돌아 온다면 큰 도움이 될 것 입니다." 라고 하면서 나에게 대한전선에서 2년간만 전자제품 수출을 직접 책임을 지고 경험을 한 후 미국으로 돌아오라고 했다.

다음날 나는 설경동 회장을 다시 만나 스코우론 회장의 결정을 전하면서 2년간만 대한전선에서 전자제품 수출을 책임지겠다고 약속했으며 설 회장은 다음 날부터 함께 일을 하자고 결정을 하였다. 설경동 회장은 해외시장 개척에 필요한 일이면 무슨 일이든지 내가 제안하면 회장이 직접 결정하여 지원을 하겠다고 약속 했다.

이것이 내가 미국투자금융 회사의 부사장이면서 한편으로는 대한전선에서 전자제품 수출을 총책임 졌던 실제 경험에 대한 이야기이다.

70년대 초에 한국의 가전산업에서 1위 기업은 금성사(오늘의 LG전자)였으며 제2위 전자회사였던 대한전선의 전자제품 수출을 필자가 총책임 지면서 내 인생의 새로운 도전과 소중한 경험을 하게 되었다.

수출용 전자제품 개발을 위해 한국 최초 전자제품 개발팀을 만들다.

첫 출근을 한 다음날 처음 방문한 시흥 공장에서 당시 대한전선에서 생산하는 전자 제품들을 보면서 전자분야 비전문가였던 나의 시각에도 이들 제품은 구형 모델처럼 느껴졌으며 최신형 일본 제품과 경쟁을 하면서 수출하기에는 어렵겠다는 생각을 했다.

현장을 안내하던 공장장에게 물어보니 한국의 전자제품들은 전부 일본의 전자회사들이 4-5년간 생산판매 했던 구형 모델들이며 이들 디자인을 일본 기업으로부터 인수하여 한국에서 생산 판매하고 있으며 아직 한국기업이 독자적으로 개발한 자체모델 전자제품은 없다고 설명했다.

시흥공장을 방문 한 후 나는 설경동 회장에게 전자제품 해외시장 수출을 위해서는 대한전선의 수출용 신형모델을 자체적으로 독자개발을 해야 하겠다고 직접 제안을 했으며 그는 나의 제안을 즉시 받아들였다.

당시 대한전선에는 자체연구개발팀이 없었기 때문에 설경동 회장에게 대한전선 공장에 근무하는 최고의 전자기술자들을 모아서 연구개발팀을 만들어 달라고 요청을 했다.

그는 나의 앞에서 직접 공장장에게 전화를 하여 최고의 전자 기술자들을 선정하여 자체개발팀을 만들도록 하라고 지시를 하였다. 그로부터 며칠 후에 대한전선에는 한국 최초의 전자제품 자체모델 연구개발팀이 출발하게 되었다.

만약 한국 전자산업 분야에 경험이 있는 전문가였다면 그 당시 한국 전자산업의 기술 수준에서는 감히 생각 할 수도 없었던 전자제품의 자체모델 개발 기획을 추진하지 못했을 것이다. 당시 전자산업에 경험이 전혀 없었던 나는 한국 전자산업의 기술수준을 알지 못하였기 때문에 이를 추진하자고 설경동 회장에게 제안을 하게 된 것이며 그가 나의 제안을 즉석에서 받아들이고 적극적으로 추진을 지원하였던 것은 당시의 최고 경영자로서 대단한 결단이며 모험이었다.

자가모델 전자제품 개발팀과의 첫 회의에서 자체모델 개발경험이 전혀 없는 한국에서는 첫 단계로서 일본과 유럽의 최신형 전자제품들의 디자인과 전자회로 설계기술을 모방하는 리버스 엔지니어링 방식을 사용하여 자체모델을 개발하기로 하였다.

나는 설경동 회장에게 이를 보고하고 즉시 일본을 방문하여 소니와 도시바의 최신형 음향기기 전자제품들을 구입하여 한국으로 가져와 개발팀에게 전달했으며, 유럽을 방문하여 당시 유럽의 대표적인 전자회사 필립스와 텔레풍켄의 신형 전자제품들을 구입하여 한국으로 가져와 연구개발팀에게 전달했다.

한국에서 최초로 시작한 전자제품 자체모델 개발은 쉬운 일이 아니었다. 개발팀은 많은 어려움과 시행착오를 경험하면서 밤을 세우며 모든 열정을 쏟은 결과 그로부터 7개월 후에는 한국 최초의 자체개발 수출용 음향기기 전자제품이 탄생했다.

한국 전자산업의 역사적인 순간이었다.

<내가 책임지고 하는 일에서 보람과 성취감을 느꼈다.>

한국 최초의 자체개발 전자제품 수출을 통해 한국 전자산업 수출 1위
기업으로 발전하다.

나는 외국의 전자제품 수입회사 대표들을 직접 만나 제품설명서를 보
여 주면서 일본의 전자 제품과 성능은 같으나 20-30% 낮은 가격으로 수
출 하겠다고 제안을 하였으며 반응은 대단히 좋았다.

그 결과 프랑스와 동남아, 남아프리카 등의 전자분야 무역회사의 대
표들로부터 직접 주문을 받았으며 수출한 자체개발 제품들에 대한 반응
이 좋았다. 이를 위해 나는 프랑스와 먼 남아프리카의 요하네스버그까지
수차래 방문을 했었다. 한국 기업으로서는 처음 진출 하였던 남아프리카
시장 개척은 나에게 가장 어려웠지만 좋은 경험 이었으며 최초의 한국산
자체개발 전자제품 음향기기 수출은 현지 아프리카 고객들로부터 반응
이 좋았으며 성공적이었다.

전자제품 해외시장 수출에 자신감을 가지게 된 나는 세계 최대 전자
시장인 미국으로 수출을 하기로 결심을 하였으며 이를 위해서 미국의 대
표적인 기업 GE를 직접 접촉하여 경영진을 설득하기로 하였다. 여러 달
동안의 적극적인 노력의 결과 세계최고의 GE상표 브랜드의 전자제품을
최초로 OEM(original equipment manufacturer)방식으로 한국에서 생산하여

미국으로 수출하는 2년간의 장기 수출계약을 GE와 체결하였다. 한국 최초로 세계 최대시장인 미국으로 GE상표의 전자제품을 한국에서 생산 수출하게 된 것이다.

대한전선의 전자제품 수출을 책임지고 모든 열정을 쏟으며 해외시장 개척과 수출에 최선을 다한 결과 설경동 회장과 약속한 2년이 되었을 때는 대한전선은 한국전자산업의 수출 1위 기업으로 성장하였으며 1972년 12월 수출의 날에 대통령의 전자산업수출 1위기업 표창을 받는 영광을 가질 수가 있었다.

대한전선이 전자분야 수출 1위 기업으로 대통령 표창을 받은 후 나는 설경동 회장에게 약속한 2년이 되었으며 책임 진 역할도 다 했으므로 이제는 미국 투지금융회사의 유진 스코우론 회장님과의 약속대로 미국으로 다시 돌아가야 한다고 이야기를 드렸다.

대한전선을 떠나 미국으로 돌아가기 위해 설경동 회장을 설득하고 있었던 나에게 당시 대한전선의 가장 큰 고객이었던 미국의 GE에서 예기치 않은 제안을 해왔다. GE의 아시아 지역 현지 OEM방식 생산수출 사업은 앞으로 중요한 역할을 하게 될 것이며 이러한 OEM방식을 처음으로 GE에 제안하여 추진하였던 Mr. Kang이 GE의 아시아 현지경영을 책임져 달라고 제안을 해왔다.

설경동 회장도 대한전선의 가장 중요한 고객인 GE의 요청을 거절하기가 어려웠다. 설경동 회장은 GE의 임원에게 Mr. Kang의 소속은 계속 대한전선에 두고 Mr. Kang을 GE에서 2년간 빌려가는 조건으로 하자고 제안을 하였으며 GE에서도 설경동 회장의 독특한 제안에 동의를 하였다.

그러나 GE의 제안을 받아 들이기 위해서는 내가 속한 뉴욕 투자금융회사의 스코우론 회장님의 사전 동의가 반드시 필요하다고 생각했으며, 그날 저녁 뉴욕으로 국제전화를 하여 스코우론 회장에게 GE의 제안에 대해 설명을 하였다. 스코우론 회장은 미국의 가장 존경 받는 최고 기업인 GE에서 2년간 중요 업무를 책임지는 것은 가장 중요한 경험이 될 것이므로 자신은 GE의 제안에 적극 동의를 한다고 했으며 2년 후에는 투자금융회사로 돌아와 달라고 했다. GE와 대한전선 설경동 회장은 경영인 강석진을 2년간 GE에서 빌려가는 세계 최초의 "경영인 차용계약"을 체결하였다.

이것이 내가 GE와 28년을 함께 하게 된 첫 시작이었다. 그로부터 2년이 되기 전인 1974년에 설경동 회장은 고령으로 세상을 떠났으며 나는 대한전선으로 다시 돌아가지 않게 되었고 28년간을 GE와 함께 하게 되었다. GE에서 2년간 근무 후에 돌아가기로 한 미국 투자금융회사의 스코우론 회장과 약속을 지키지 못한 것이 나의 평생 아쉬움으로 남아 있다.

이병철 회장의 생전에 마지막으로 추진한 한국 최초로 GE의 최첨단 제트 엔진 기술을 도입, 삼성테크윈 첨단 방위산업 탄생

--- GE와 미국방성의 역사상 최초로 공군전투기의 제트엔진 제조기술을 한국에 제공하여 한국이 아시아 최초 제트엔진 생산국가로 부상하게 되다.
   --- 이를 기반으로 한국이 아시아 최초이며 유일한 전투기 수출국가로 발전하게 되다.

80년대 중반에 국가 안보를 튼튼히 하려는 목적으로 전두환 정부에서는 방위산업의 역량 강화과제를 추진했다. 이에 전두환 대통령은 정부 사업을 수행하는 대기업에서 방위산업에 의무적으로 참여할 것을 권고하는 가운데 삼성그룹의 이병철 회장을 청와대로 초청하여 공군 전투기의 제트엔진 국산화 사업을 추진하도록 직접 요청하였다.

당시 전두환 대통령의 거듭되는 요청으로 이병철 회장은 전투기의 제트엔진 제조 방위산업에 진출을 하기 위해 조사를 해보니 모든 한국공군 제트전투기는 미국에서 수입한 것이었으며 100% GE의 제트엔진이었다.

대통령의 거듭되는 요청을 삼성의 이병철 회장은 극비리에 GE코리아 대표인 필자와 만나 GE의 제트엔진 제조기술을 도입할 수 있게 해 달라고 간곡히 요청했다. 이에 필자는 곧 바로 미국으로 가서 GE 제트엔진사업부 대표 부회장을 직접 만나 한국에 제트엔진 기술을 지원하는 문제에 대해 의논을 하였다. 그러나 그는 즉석에서 "GE는 회사의 기본원칙에 따라 단 한번도 제트엔진 기술을 외부에 이전 한적이 없으며 특히 전투기에 사용하는 제트엔진의 기술은 미국방성의 철저한 보안규정에 의해 절대

해외로 이전 할 수가 없습니다."라고 설명을 했다.

그렇다고 포기할 수가 없었다. 필자는 자신도 모르게 한국의 국방을 위한 첨단 방위산업을 위한 애국심이 발동하여 회사의 기본원칙에도 불구하고 GE 최고경영자와 미국방성을 설득하는 방법을 찾기 위해 GE의 제트엔진 사업의 역사를 조사했다. 그 결과 GE의 제트엔진 사업과 미공군 제트전투기의 출발은 1950년 한국의 6.25 전쟁과 직접 관련이 있다는 놀라운 사실을 발견하게 되었다.

1950년 한국전에서 북한의 남침 때 소련제 탱크와 무기로 무장한 북한군과 소련군은 1-2개월 이내에 경상도 남쪽을 제외한 남한 전체가 공산군에 의해 점령이 되었다. 한반도 전체가 공산군에 의해 점령되기 직전에 GE에서 세계 최초로 개발한 제트엔진을 정착한 미공군 제트전투기가 시험비행을 성공적으로 끝낸 후 최초로 한국전쟁에 배치가 되었다. 그러자 소련군의 프로펠라 전투기보다 속도가 몇 배나 빠른 미공군의 제트전투기는 순식간에 공중전을 완벽하게 장악하였고, 북한군은 즉시 후퇴를 시작했다. 이어 맥아더 장군은 인천상륙 작전을 통해 유엔군은 북한군의 후퇴 길목을 막았으며 순식간에 평양을 점령하고 압록강까지 진격을 하였다. 그 결과 6.25 북침 전쟁은 유엔군의 승리로 종전이 되었다.

최초의 GE 제트엔진을 장착한 미공군 전투기가 한국의 자유민주주의 국가를 지켜준 것이다. 제트 전투기 참여로 한국의 6.25 전쟁을 유엔군의 승리로 이끈 미 공군은 이 때부터 제트전투기를 공군 주력 전투기로 사용하였다. 그 후 민간 항공사 여객기들도 제트엔진으로 대체되었다.

결국 한국 전쟁의 승리가 GE 제트엔진 사업을 세계 최고의 사업으로 성장하게 한 출발점이 된 것이다.

이러한 역사적 사실을 발견한 필자는 GE의 제트엔진기술을 최초로 한국의 삼성에 제공하여 GE제트엔진과 미공군 제트전투기의 역사적 기념사업을 한국에 만드는 것은 뜻 깊은 일이라고 논리를 정리하여 잭 웰치 회장을 직접 설득하였다.

그러자 잭 웰치 회장은 필자의 설명과 제안에 즉시 동의를 하면서 본인이 직접 GE제트엔진사업부와 미국방성을 설득하여 동의를 얻었다.

필자는 바로 이 사실을 이병철 회장에게 알렸으며 필자로부터 이 소식을 접한 이병철 회장은 감격스런 목소리로 정말 감사하다고 거듭 말했었다. 그 결과 GE는 한국 공군의 제트엔진 국산화에만 사용하고 외부에는 절대로 기술을 유출하지 않는다는 조건으로 삼성항공(추후 삼성테크원)에 제트엔진 기술을 전수하였다.

이렇게 하여 한국에서 제트엔진을 제작하는 삼성테크원이 탄생하였으며 이것은 한국의 첨단방위상업의 역사적인 출발이었다. GE의 제트엔진 기술 이전 초기에는 4-5년간 GE 전문 기술자들이 창원 공장에 상주하면서 제트엔진 제조기술을 한국에 이전하였다. 이후 이를 바탕으로 한국형전투기를 생산하는 한국우주항공사업이 출발하였으며 한국은 아시아에서 유일하게 초음파 제트전투기를 수출하는 국가가 되었다.

한평생을 국가 경제발전과 산업선진화를 위해 공헌을 하신 이병철 회장께서 1987년에 고령으로 세상을 떠나시기 전에 생전에 대한민국의 방위산업 선진화를 위해 남기신 마지막 업적인 것이다. 필자가 삼성의 이병철 회장과 함께 추진하였던 가장 보람 있는 사업이었다.

참고 문헌

2장 - 행복과 성공을 동시에 성취하는 비결

김유미(2002), 두뇌를 알고 가르치자. 서울: 학지사.

박재선(2010). 세계를 지배하는 유대인의 파워. 서울: 해누리.

변순복(2006). 삶의 지혜를 찾아 성경 속으로 탈무드 속으로. 연세목회자신학 세미나 26.

전성수(2011). 복수당하는 부모들. 서울: 베다니.

전성수(2012). 헤브루타 그림성경. 서울: 두란노 키즈.

전성수(2012). 헤브루타. 고양: 위즈덤하우스. 근간.

현용수(2006). 유대인 아버지의 4차원 영재교육. 서울: 동아일보사.

Eran Katz. 박미영 역(2007). 천재가 된 제롬. 서울: 황금가지.

Shmuley Boteach. 정수지 역(2009). 유태인 가족대화. 서울: 랜덤하우스코리아.

Aaron Parry(2004). The Talmud. NY: Alpha.

Brodie, Rachel(2002). Jewish Family Education: A Casebook for the Twenty-First Century. LA: Alef Design Group.

Fuchs-Kreimer, Nancy & H. Wiener, Nancy(2005). Judaism For Two: A Spiritual Guide for Strengthening and Celebrating Your Loving Relationship. Woodstock Vermont: Jewish Lights Publishing.

Rynn, Richard(2006). Race Differences in Intelligence. London: Washington Summit Publishers.

Stadler, Nurit(2009). Yeshiva Fundamentalism: Piety, Gender, and Resistance in the Ultra-Orthodox World. NY:NYU Press.

Torah Aura Productions(2007). Talmud with Training Wheels. LA: Joel Lurie Grishaver.

http://www.rlynn.co.uk

http://www.jinfo.org

참고 문헌

7장- 행복을 만드는 기술

Mo Gawdat, D. (2017), 행복을 풀다(Solve for Happy). 강주헌 역, 서울: 한국경제신문사

John E.Saron M.D. (2011), 통증 유발자 마음(The Divided mind). 승영조. 최우석 역, 서울: 승산

Tal Ben-shar, Ph, D. (2007), 해피어 (Happier) 노혜숙 역, 서울: 위즈팀하우스

Tal Ben-shar, Ph, D. (2010), 하버드대 52주행복연습(Even Happier). 서윤정 역 , 서울 : 위즈덤하우스

Eric R. kandel. (2009), 기억을 찾아서 (In search of memory). 전대호역, 서울: RHK

Eric R. kandel. (2014), 통찰의 시대(The age of In sight) 이한음역, 서울: RHK

김종윤, 박성실 공저 (2011), 인간관계 심리학, 서울: 학지사

Damon, W. (2012), 무엇을 위해 살 것 인가(Path to purpose). 정창우, 한혜연 역. 서울: 한국경제신문사

노중석(2017). 4차 산업혁명시대의 조직 경쟁력을 위한 조직코칭. 한국조직코칭 연구회.

전영(2015). 인성교육, 실천이 답이다. 위즈덤교육포럼 2015 학술세미나.

전영(2014). 감사 나눔을 통한 행복 교육실천방안, 위즈덤교육포럼2014 학술세미나.

전영(2013). 인간의 행복은 관계에서 나온다, 위즈덤교육포럼 2013 학술세미나.

전영(2012). 감사나눔을 통한 창의·인성교육. 위즈덤교육포럼 2012 학술세미나.

전영(2016). 행복학과 삶. 한국교육연구원.

전영, 이어령 외(2016). 우리는 무엇으로 행복해지나. 서울: 프런티어.

전영, 노동영 외. (2019), 행복은 어디에서 오는가, 서울: 학지사

이군현 외(1997). EQ·IQ 창의력. 서울: 여성사.

문용린(2014). 문용린의 행복교육. 서울: 리더스북.

권석만(2015). 긍정심리학. 서울: 학지사.

조선일보(2015). 인하대 행복 동아리 '라온제나' 끊임없이 행복 훈련.

문경은 역(2003). 유대인의 천재교육. 서울: 아이템북스.

서울대학교행복연구센터(2013). 행복교과서. 경기: 주니어김영사.

문용린(2010). 배려와 나눔을 실천하는 창의인재 육성을 위한 창의 인성교육 활성화 방안 연구. 서울: 한국과학창의재단.

Baker, S. (2009). Putting a price on social connections. Bloomberg Business Week.

Mark F., BEAR/Barry W.connors/Michael A. Paradiso. Neuroscience Exploring the Brain. 강봉균 외 역[바이오 메디북]

David Peat, F (1987).T he Bridge Between Matter and Mind.

Vailliant, George E. (2003). Aging Well: A Smart Important Book about Human Development Everything about It is Profoundly Provocatively New.

Seligman, M. E. P. (2004). Authentic Happiness: Using the New Positive Psychology to Realize your Potential for Lasting Fulfillment Happiness: Using the New Positive Psychology to Realize your Potential for Lasting Fulfillment. Free Press.

Ben-Sarhar, T. (2009). The Pursuit of Perfet: How to Stop Chasing Perfection and Start Living a RICHER. Happier Life.

Emmons, R. (2004). Gratitude. In C. Peterson. & M. E. P Seligman (Eds), Character strength and virtues (pp. 563-568). Oxford University Press.

Seligman, M. E. P. & Csikszentmihalyi, M. (2000). Positive psychology. American Psychologist, 55.

Luthans (2002a). The need for and meaning of positive organizational behavior. Journal of Organizational Behavior, 23.

Norville, D. (2007). Thank you power: making the science of gratitude work for you.

Emmons, & McCullough, (2003). Couning blessings versus burdens: An experimental investigation of gratitude and subjective well-being in daily life. Journal of Personalith and social Psychology, 86.

Wood et al. (2008). Gratitude uniquely predicts satisfaction with life: Incremental validith above the domains and facets of the five factor model. Personalith and Individual Differences, 45.

Alder, & fagley (2005). Appreciation: Individual differences in finding value and meaning as a unique predictor of subjective well-being. Journal of Personality, 73.

McCullough et al. (2001). Is gratitude a moral affect. Psychologist Bulletin, 127.